**Kurt Lütgen
Nur ein Punkt auf der Landkarte**

Kurt Lütgen

Nur ein Punkt auf der Landkarte

Geschichten von Abenteurern, Glücksrittern und Idealisten

1. Auflage 1973
© 1973 by Arena-Verlag Georg Popp Würzburg
Alle Rechte vorbehalten
Schutzumschlag und Illustrationen: Kurt Schmischke
Gesamtherstellung: Richterdruck Würzburg
ISBN: 3 401 03671 8

Inhalt

Nur ein Punkt auf der Landkarte

Mujiti kehrt heim	9
Der Fluch des Kaimakam	24
Grau-Eule und das Volk der Biber	36
Gericht im Urwald	48
Die alte bittere Geschichte	64
Nur ein Punkt auf der Landkarte	72

Unter Schatzsuchern, Glücksrittern und Fallenstellern

Sullivans Silber	95
Die Königin von Comstock	101
Jeder lebt von seinem Traum	110
»Bringt Fleisch nach dem Yukon, Boys«	122
Der reißende Strom tief drunten in der großen Schlucht	144
Crandalls langer Lauf	157
Eine wunderliche Wildwestgeschichte	172

Zwölf Tage weit jenseits des Stroms

Zeigt, daß du ein Mann bist	183
Erinnerung an Rio Gonzalo	196
Das Paradies der Piraten	202
Auf der Straße des wandernden Todes	233
Die Läuse des Herrn Ermenonville	241
Zwölf Tage weit jenseits des Stroms	257

Nachwort	279

Nur ein Punkt
auf der Landkarte

Mujiti kehrt heim

Der Vorfall, von dem hier berichtet werden soll, hat sich vor zwanzig Jahren, im Frühling und Sommer 1953, zugetragen. Das Land, in dem er sich abspielte, Guinea in Westafrika, war damals noch eine französische Kolonie. Wenige Jahre später wurde es ein Freistaat.
»Aber nur ein unverbesserlicher Optimist« – so sagte mir der Afrikakenner, dem ich mein Wissen von den Vorgängen um Mujiti verdanke – »könnte annehmen, durch diese politische Veränderung seien ähnliche Geschehnisse unmöglich geworden. Die Farben der Flaggen und die Grenzen mögen sich ändern. Der Urwald aber bleibt, und seine Gesetze ändern sich nur langsam, wenn überhaupt...«
Geschehen ist folgendes: An einem Frühlingstag des Jahres 1953 stiegen im Hinterland von Guinea zwei Männer von dem Lastwagen, der sie von der Küste bis zu jenem Dorf mitgenommen hatte. Beide waren noch vor wenigen Wochen Soldaten der französischen Armee gewesen – der eine, Mujiti Kotoro, als Feldwebel; der andere, Paul Safiré, als Unteroffizier. Das Dorf, in dem die beiden Männer abstiegen, hieß Sanakoto. Es liegt am Rand des Stammesgebietes der Abege an einer alten Karawanenstraße, die zwei wichtige Handelszentren im Hinterland Guineas miteinander verbindet. Seit diese alten Handelswege zu Lastwagenpisten geworden sind, lungern in den Dörfern, die sie streifen, ständig Leute herum, die darauf warten, mitgenommen zu werden. Denn der Karawanenverkehr ist weitgehend vom Lastwagen abgelöst worden, und diese bestreiten nicht nur den Güterverkehr, sondern befördern auch – sozusagen als Beiladung, die den Fahrern eine kleine Nebeneinnahme verschafft – immer einige Passagiere.
Deshalb konnte es nicht ausbleiben, daß sich die beiden entlassenen Sol-

daten sofort einem Gedränge neugieriger Zuschauer gegenübersahen, zumal sie beide von Kopf bis Fuß europäisch, und zwar mit einer gewissen verwegenen Eleganz, gekleidet waren, die selbst die lange Reise noch nicht ganz hatte ruinieren können. Vor allem ihre sehr bunten Buschhemden erregten beträchtliches Aufsehen. Besonders ein gebeugter alter Mann drängte sich immer wieder an die Ankömmlinge heran und starrte vornehmlich Mujiti zudringlich ins Gesicht. Der Alte trug die landesübliche Tracht — einen weiten blutroten Umhang aus Baumwollstoff und ein weißes Käppchen auf dem glattrasierten Schädel.

Auch der Feldwebel Mujiti sah sich neugierig unter den Zuschauern um. Doch er entdeckte kein bekanntes Gesicht. Alle kamen sie ihm wie Fremde vor, obwohl sie, wie ihre Tracht verriet, seinem Stamm, den Abege, angehörten. Es lag an ihm, nicht an ihnen, daß er sich fremd unter Fremden fühlte. Doch das wurde ihm nicht bewußt, jetzt noch nicht...

Mujiti hatte während seiner zwölfjährigen Dienstzeit in der französischen Armee viel von der Welt gesehen — Dakar erst, dann Casablanca, Marseille, Paris und schließlich sogar Hanoi im fernen Asien. Französisch sprach er jetzt geläufiger als seine Muttersprache, und daß er es bis zum Ausbildungsfeldwebel gebracht hatte, erfüllte ihn mit Stolz; denn die Abege sind seit jeher ein kriegerisches Volk gewesen, geschickt im Umgang mit allen Waffen und wegen ihrer Rauflust bei den Nachbarn gefürchtet. Die französische Kolonialverwaltung hatte sich diese Veranlagung der Abege geschickt zunutze gemacht. Seit Anfang des Jahrhunderts stellte dieser Stamm der Kolonialarmee stets eine große Zahl langdienender Berufssoldaten.

Aber fast noch mehr als auf seinen militärischen Rang und das bunte Bändchen der Dienstauszeichnungen am Rockaufschlag war Mujiti auf den Inhalt seines gelben Lederkoffers stolz. Er bestand aus einem prall mit Papiergeld gefüllten Beutel, einem halben Dutzend sehr bunter Hemden, einigen zerlesenen französischen Magazinen, einer französischen Bibel, die ihm ein Missionar in Indochina geschenkt hatte, und aus einem alten Koffergrammophon mit einem Stapel abgespielter Maurice-Chevalier-Platten. So zweifelhaft die Habe auch sein mochte, gemessen an seinen Landsleuten war Mujiti ein recht wohlhabender Mann. Er wußte es und trug ein dementsprechendes Selbstgefühl zur Schau. Daß ihn alle neugierig und beinahe ehrfürchtig anstarrten, fand er ganz in der Ordnung. Doch nachdem das erste Vergnügen an diesem Staunen verflogen war, wurde ihm das unentwegt stumme Glotzen der Zuschauer und insbesondere des Alten in dem roten Umhang allmählich lästig. Die Dorfbewohner kamen ihm unsäglich dumm und ungehobelt vor, und die Hütten von Sanakoto erschienen ihm noch niedriger, schäbiger und schmutziger, als er sie in Erinnerung hatte. Am meisten aber beunruhigte ihn der Anblick des Urwaldes, der bis an den Dorfrand herandrängte und als starre, dunkelgrüne Kulisse jeden Blick abfing, der ins Weite strebte. War dieser Urwald wirklich einmal auch für ihn die Heimat, die Welt, die Wohnung des Gottes, den anzubeten man ihn in seiner Kindheit gelehrt hatte, und eine Stätte furchteinflößender Geheimnisse und Gesetze gewesen, denen er sich hatte zuschwören müssen, als man ihn zum Mann weihte? Nur widerwillig erinnerte sich Mujiti, daß er selbst ein Teil dieses Urwaldes gewesen war und wie Busch und Baum, Schlange und Vogel, wie Pflanze und Tier seinen Gesetzen unterworfen. Mit der widerstrebenden Erinnerung regte sich auch wieder die Angst, die ihn von Kindertagen an bedrängt hatte – die Angst vor der Übermacht dieses Waldes und seinen dunklen und schrecklichen Geheimnissen und Gesetzen.

Mujiti versuchte sich mit spöttischer Überlegenheit gegen diese Erinnerung zu wappnen. Doch er spürte, wie sich in der Tiefe des Herzens jene alte, vom Abenteuer der Welt jenseits des großen Waldes überspielte Angst immer bedrängender und fordernder zu regen begann. Schon jetzt, wenige Minuten nach seiner Ankunft, fing er an zu bereuen, daß er nicht in Dakar oder doch wenigstens in Conakry geblieben war.

Würde sich hier im Bannkreis des Urwaldes jemals der Plan verwirklichen lassen, den er und sein Freund Paul Safiré sich ausgedacht hatten, fragte Mujiti sich bänglich. Dieser Plan sah vor, daß sie bei einem Ort im Binnenland, wo sie den Einheimischen an Wohlstand und Welterfahrung weit voraus waren, ein Rasthaus mit Tankstelle und Kramladen errichten wollten.

Sie hofften, auf diese Weise würden sie die Lebensgewohnheiten beibehalten können, die sie unter dem Einfluß der Weißen angenommen hatten. In einem Haus, das mit Wellblech und nicht mit Palmstroh gedeckt war, wollten sie hausen, Bilder an die Wände heften, Hemd und Hose tragen, Briefe schreiben und empfangen und womöglich ein Rundfunkgerät besitzen. Vor allem aber wollten sie frei sein von der Tyrannei des Urwaldes: von der engen Bindung an Stamm und Sippe, an alte Bräuche und grausame Gottheiten mit blutigen Opferfesten, an die Herrschaft der Häuptlinge und Zauberer.

Während sie auf der Schiffsreise nach Conakry ihren Plan besprachen, hatte sich Mujiti ganz fern und frei vom Urwald gefühlt. Trotzdem trug er am Hals noch immer ein Kettchen, an dem ein Beutel mit allerlei Amuletten hing — Vogelknöchelchen und -federn, Wurzelstücke und Steinchen, die böse Geister abwehren sollten. Paul Safiré, der ein getaufter Malinke-Mann war, hatte ihn deswegen oft geneckt. Doch Mujiti hatte sich davon nicht beirren lassen, denn trug nicht auch Paul ein Kettchen mit einem geweihten Bild der Mutter Gottes um den Hals und einen Rosenkranz in der Hosentasche, dessen Perlen er in bedrohlichen Augenblicken murmelnd durch die Finger gleiten ließ?

Mit einem schnellen Seitenblick erkannte Mujiti, daß Paul auch jetzt die Perlen seines Rosenkranzes bewegte. Auch Paul empfand also Angst beim Anblick des Urwaldes von Sanakoto, Angst und Unbehagen beim Anblick dieses alten Mannes im roten Umhang, der ihnen unentwegt forschend ins Gesicht glotzte. Mujiti spürte: Wäre jetzt eine Lastwagenkolonne aufgetaucht, die als Reiseziel die Küste hatte, dann würde Paul Safiré ebensowenig wie er selbst auch nur einen Augenblick gezögert haben, aufzusteigen und sich mitnehmen zu lassen in eine Gegend, wo das unheimliche, tyrannische Gesetz des Urwaldes keine Macht mehr hatte. Aber es kam keine Lastwagenkolonne, und nun zeigte Mujiti Kotoro, daß ihn die Jahre im Lebenskreis der Weißen noch etwas anderes gelehrt hatten, als Französisch zu sprechen, ein Maschinengewehr zu bedienen und Hosen zu tragen. Er besann sich darauf, daß er auch gelernt hatte, Angst durch Handeln zu überwinden, die »Flucht nach vorn« anzutreten, die Paul Safiré einmal spöttisch als den eigentlichen Glaubenssatz der Weißen bezeichnet hatte. »Daraus« — so hatte Paul ihm erklärt — »entspringt ihr unbändiger Wille, auf ein Stück Welt die Hand zu legen und in das zu verwandeln, wovon sie träumen. Glaube mir, Mujiti, das ist der Fetisch, der ihnen hilft und sie schützt.«

Mujiti hörte sich plötzlich, als er der Mutlosigkeit beim Anblick des Urwaldes fast schon nachgab, laut und trotzig zu Paul Safiré sagen: »Unser Plan, ein Rasthaus mit Tankstelle zu bauen, ist gut. Komm, Paul, wir wollen feststellen, ob Sanakoto wirklich der rechte Platz dafür ist. Wir können hier nicht ewig herumstehen und uns anglotzen lassen.«
»Du hast recht, Mujiti. Auch ein Weißer könnte sich keinen besseren Plan ausdenken«, erwiderte Paul. »Gehen wir!«
Dieser Entschluß stellte ihre gute Laune wieder her. Es verlieh ihnen sogar den Mut, die bedrohliche Nähe des Urwaldes und diesen ihnen immer unheimlicher werdenden, stumm glotzenden Greis im roten Umhang wenn nicht zu vergessen, so doch zu übersehen.

Die beiden Freunde schlenderten durch das Dorf, um sich nach einem Platz umzusehen, der für ein Rasthaus geeignet sein mochte. Dabei mußten sie die schmerzliche Entdeckung machen, daß ihnen in Sanakoto bereits jemand zuvorgekommen war. Ein Franzose betrieb am anderen Ende des langgestreckten Dorfes ein Gasthaus, das er »Grand Hotel« nannte – ob aus Eitelkeit oder mit einem gehörigen Schuß Selbstironie, wußte wohl nur er selbst.
Nachdem sie ihren Verdruß über diese unliebsame Überraschung hinuntergeschluckt hatten, suchten sie Monsieur Perriers »Grand Hotel« auf und knüpften beim Abendessen ein Gespräch mit dem Wirt an. Er behandelte sie freundlich wie seinesgleichen, und sie genossen es sehr, wieder einmal auf bequemen Stühlen zu sitzen, französisch zu plaudern und dazu eisgekühltes Bier zu trinken. Ja, dies war die Welt, in der sie sich wirklich heimisch fühlten. Aus ihr wollten sie sich auch in Afrika nicht wieder vertreiben lassen, mochte sich der Urwald mit seinen Forderungen und Finsternissen ringsum noch so unverschämt breitmachen.
Als sie Perrier ihre Pläne offenbarten, redete er ihnen sofort gut zu: »Damit tut ihr wirklich etwas für den Fortschritt hier im Hinterland«, sagte er. »Am besten läßt es sich in Tapajoko verwirklichen. Dort kommen zweimal in der Woche die Lastwagenkolonnen vorüber. Aber ein Rasthaus und eine Tankstelle fehlen noch immer. Die Leute dort sind zu schwerfällig, oder sie haben keinen Mut.«
Paul Safiré war sofort Feuer und Flamme. Mujiti hingegen zögerte. Tapa-

joko lag für seinen Geschmack allzu nahe bei seinem Geburtsort. Wenn er sich dort niederließ, hatte er wahrscheinlich bald seine ganze Sippe auf dem Hals. Es gab ihm auch zu denken, daß der Franzose die Leute von Tapajoko schwerfällig und mutlos nannte. Wahrscheinlich steckten die Stammesältesten oder der Zauberer dahinter, die keine so verdächtige Neuerung wie ein Rasthaus und eine Tankstelle im Kern des Stammesgebietes dulden wollten. Doch Mujiti mußte zugeben, daß die Aussichten in Tapajoko besonders gut waren. Rasthaus und Tankstelle an einer vielbefahrenen Piste! Das mußte schnell zu Wohlstand führen, womöglich sogar zum Besitz eines eigenen Lastwagens oder gar einer ganzen Kolonne!
Denn dies war der verschwiegene und verwegenste Traum Mujitis, den er mit vielen seiner vom Europäertum beeinflußten Landsleute teilte, sofern sie in Gebieten lebten, wo es weder Eisenbahnen noch schiffbare Wasserwege gab, der alte Karawanenbetrieb jedoch langsam abstarb. Daß sich in Tapajoko die Aussicht bot, in nicht zu ferner Zeit auch diesen Traum zu verwirklichen, half Mujiti, sich über die Bedenken hinwegzusetzen, die ihm der Name Tapajoko zunächst einflößte.
Als er Paul Safiré seine Sorge andeutete, antwortete der Freund leichthin: »Bah, auch im Abege-Land steht die Zeit nicht still! Du hast schon recht, noch vor zwölf Jahren war es der finsterste Winkel in Guinea. Aber wahrscheinlich hat man dort auch inzwischen Schulen, Sanitätsstationen und Verwaltungsämter eingerichtet, und die Macht der Häuptlinge und Zauberer ist zum bloßen Schatten geworden. So geht es ja überall in Afrika. Das ist vielleicht nicht angenehm für die Häuptlinge und Zauberer, aber gut für alle anderen Leute und ganz besonders gut für Leute unserer Art, die etwas von der Welt gesehen haben und wissen, wie es anderswo zugeht. Wir werden jetzt gebraucht, auf uns muß man hören!«
Es lag Mujiti auf der Zunge zu antworten: »So mag vielleicht ein Malinke reden, obwohl auch das nicht so ganz sicher ist. Ein Abege darf sich jedoch so weit nicht vorwagen.« Aber er schwieg. Denn wenn Paul Safiré auch sein Freund war, hätte Mujiti ihm gegenüber trotzdem nicht gern zugegeben, daß der Stamm der Abege seit jeher weniger wendig und beeinflußbar war als das Volk der Malinke, bei dem es bezeichnenderweise mehr Christen gab als bei jedem anderen Volk in Guinea.

Nein, dachte Mujiti, die Abege sind gewiß auch heute nicht so fortgeschritten wie die Malinke – noch nicht. Aber das wird und muß sich ändern, wenn immer mehr Männer unserer Art sich hier im Hinterland niederlassen und sich den Mund nicht mehr von Sippenältesten, Häuptlingen und Zauberern verbieten lassen, die nichts als ihren Urwald kennen. Deshalb ist es schon recht, wenn wir nach Tapajoko, ins Herz des Abege-Landes, gehen und ein Beispiel geben.

Aufgemuntert und wohlgelaunt kehrten die beiden am nächsten Morgen zum Dorfplatz zurück. Dort lungerte noch immer oder schon wieder jener Greis im roten Umhang herum. Er starrte Mujiti auch jetzt wieder unentwegt ins Gesicht, und das verdüsterte Mujitis Stimmung von neuem. Um Paul Safiré nichts davon merken zu lassen, schlenderte er trällernd an dem Alten vorüber. Aber das Unbehagen verschwand dadurch nicht; es regte sich vielmehr immer stärker und legte sich erst, als die beiden Freunde das Haus des syrischen Händlers betraten, den Monsieur Perrier ihnen empfohlen hatte. Bei ihm bestellten sie nach langem genüßlichem Feilschen alles, was für den Bau eines richtigen, also nach ihren Vorstellungen westlichen Hauses erforderlich war. Dann fuhren sie mit dem Lastwagen des Händlers nach Tapajoko.

Dort fanden sie schnell einen geeigneten Bauplatz und machten sich unverzüglich ans Werk. Beide waren geschickt im Umgang mit Werkzeugen, und so wuchs ihr Haus bald aus der Erde. Während sie daran arbeiteten, hausten sie in einer Palmstrohhütte. Niemand behelligte sie, und so waren sie guten Mutes. Paul, der ja getauft war, stellte in der Hütte ein kleines Madonnenbild auf, zündete gelegentlich eine Kerze an und legte ein paar Kolanüsse davor nieder. Das gefiel Mujiti. Er dachte, dieser Fetisch der Christen könne ihm beistehen gegen den Urwald, und so stiftete auch er gelegentlich eine Kerze für das Bild und legte ebenfalls Nüsse davor nieder.

Es erwies sich, daß der Franzose ihnen gut geraten hatte. Zweimal in der Woche passierten Lastwagenkolonnen Tapajoko. Deren Fahrer begrüßten es freudig, daß nun auch hier ein Rasthaus entstehen sollte. Dieser freundliche Zuspruch munterte Mujiti und Paul noch mehr auf. Zuversichtlich blickten sie dem immer näher heranrückenden Tag entgegen, wo sie kühles Bier, Kaugummi, Zigaretten, schöne bunte Hemden und

Mahlzeiten nach dem Geschmack der Weißen feilhalten und natürlich auch sich selbst gönnen durften, ohne zu knausern.
Gelegentlich gingen Leute vom Abege-Stamm, die aus der Tiefe der Wälder kamen, an dem wachsenden Haus vorüber. Sie mußten Mujiti eigentlich kennen. Aber sie blieben niemals zu einem Schwätzchen stehen, wie es sonst in allen Abege-Dörfern üblich war. Sie grüßten nur scheu und gönnten Paul und Mujiti kaum einen Blick. Mujiti fand das unerklärlich; zumindest sagte er das zu Paul Safiré. In Wirklichkeit wußte er jedoch oder ahnte jedenfalls, was das bedeutete.
Gewißheit erhielt er, als eines Tages jener alte Mann im roten Umhang, den sie schon bei ihrer Ankunft in Sanakoto bemerkt hatten, vor dem halbfertigen Haus stand und Mujiti beobachtete, der einen Balken zurechtsägte. Paul Safiré hielt sich zu dieser Stunde im Wald auf, um Holz zu fällen. Die beiden Freunde waren von Anfang an stillschweigend übereingekommen, daß Paul allein das Holzfällen besorgte, falls sie nicht beide zusammen in den Wald gehen konnten.
Mujiti tat zunächst so, als bemerke er den Zuschauer nicht, und arbeitete weiter, ohne aufzusehen. Aber es war heiß, und so mußte er schließlich doch einmal rasten, um Atem zu schöpfen und sich den Schweiß abzuwischen. Dies nutzte der Alte aus. Er trat wortlos dicht vor Mujiti hin, schlug seinen roten Umhang auseinander und enthüllte vor Mujitis Augen zwei eiserne Leopardenklauen, die kunstvoll mit dem gefleckten Fell umkleidet waren. Dabei sagte er leise, ohne jede Betonung: »Ich bin Kovoni. Du solltest mich eigentlich kennen, Mujiti.«
Mujiti schloß die Augen. Beim Anblick der Leopardenklauen schoß ihm jäh eine halbvergessene, immer wieder gewaltsam beiseite gedrängte Erinnerung durch den Kopf, und als der Name Kovoni fiel, gesellte sich dazu eine namenlose Angst. Denn er wußte nun wieder, daß dieser Kovoni einer der mächtigsten und am meisten gefürchteten Zauberer des Abege-Stammes war. Wie hatte er diesen Namen, dieses Gesicht nur jemals vergessen können!
Leise und ohne Betonung fragte Kovoni: »Wann wirst du endlich ganz heimkehren zu deinem Stamm und deiner Sippe, Mujiti? Hast du vergessen, was du Awi, unserem Gott, geschworen hast, als du zum Mann geweiht wurdest?«

Ein langes Schweigen folgte, in das die verworrenen, niemals verstummenden Laute des nahen Urwaldes einströmten. Endlich raffte sich Mujiti auf und antwortete murmelnd, er brauche Zeit – ein wenig Zeit noch, um abzustreifen, was ihm von der Fremde anhafte, in der er so lange gelebt habe...

Der Zauberer Kowoni starrte ihn unbewegt an. Leise erwiderte er: »Wenn sich der Mond zum drittenmal rundet...« Er vollendete den Satz nicht, wendete sich gelassen ab und schritt auf den Wald zu.

Mujiti hatte verstanden. Als Paul Safiré vom Holzfällen zurückkehrte, fand er den Freund tief bedrückten Gesichts auf der Erde sitzend, die Säge müßig in der Hand.

»Was ist«, fragte Paul besorgt. »Bist du krank?«

»Nein«, antwortete Mujiti schwermütig, »aber mir ist plötzlich klar geworden, daß ich zwar zurückgekommen, aber noch immer nicht heimgekehrt bin.«

Er sagte dies in der Sprache der Abege. Es war seit vielen Jahren das erstemal, daß er im Gespräch mit Paul Safiré seine Muttersprache benutzte. Malinke und Abege sind Nachbarn; jeder Stamm versteht die Sprache des anderen ohne Mühe. Trotzdem hatten es Mujiti und Paul vorgezogen, miteinander Französisch zu sprechen, und dabei waren sie auch in Afrika geblieben – bis zu dieser Stunde.

Mujiti blieb den ganzen Tag in sich gekehrt. Am Abend entzündete er vor Pauls Madonnenbild zwei Kerzen und häufte viele Kolanüsse davor auf. Warum er dies tat, sagte er nicht, und Paul fragte ihn nicht danach. Dann setzte er sich vor die Hütte, zog sein altes Grammophon auf und spielte seine Platten ab – alle, eine nach der anderen, ohne Pause. Doch als Maurice Chevalier den letzten Ton seiner frechbeschwingten Chansons in die Nacht gekrächzt hatte, fiel die Stimme des Urwaldes wieder wie eh und je über das halbfertige Haus, über die Hütte und über Mujiti her – das unaufhörliche Schrillen und Pfeifen der Grillen und Frösche, das geisterhafte Stöhnen und Wimmern der Eulen, das angstvolle Kreischen aufgeschreckter Vögel. Doch das waren gewohnte Laute. An diesem Abend aber kam plötzlich noch ein anderes Getön hinzu, das Mujiti und Paul aufhorchen ließ: Ein gespenstischer Glockenklang läutete durch

die Finsternis der Nacht; bald nah, bald fern, bald laut, bald leise wehte er aus der Tiefe des Waldes herüber.
»Was ist das«, fragte Paul verstört. »Was hat das zu bedeuten?«
Mujiti schüttelte nur schwermütig den Kopf. Schweigend legten die beiden Freunde sich auf ihr Lager. Aber Schlaf fanden sie nicht. Die geisterhaft auf- und abschwellenden Glockentöne suchten sie bis weit über Mitternacht heim. Und dann fuhren sie beide schaudernd empor, denn nun wurde das Glockengetön abgelöst von einem noch unheimlicheren Geräusch. Es hörte sich an, als ob irgendwo weit in der Ferne tausend Kühe zugleich im Takt brüllten. Dies unheimliche Gebrüll schien sich durch den ganzen Wald nach allen Seiten hin fortzupflanzen, an Bäumen und Bergen ein Echo zu finden. In wechselnder Stärke, unheimlich nah und doch ungreifbar dröhnte dieses Dämonengebrüll durch die Nacht. Die wenigen Weißen, die ein solches Gebrüll jemals gehört haben, sagen, es habe in ihnen das Gefühl einer namenlosen Angst vor Dingen geweckt, von denen man nicht weiß, woher sie kommen, wohin sie gehen und was sie bedeuten. Wie die schaudererregende Stimme einer anderen, einer Vorwelt klang es ihnen.
Die Völker der Abege und der Malinke haben vieles gemeinsam. Aber ihre religiösen Bräuche sind verschieden. Deshalb kannte Paul Safiré dieses grauenhafte nächtliche Gebrüll nicht.
»Was ist das«, fragte er Mujiti immer wieder entsetzt. »Was ist das?«
Mujiti konnte zunächst nicht antworten. Zitternd vor Furcht, hockte er auf seinem Lager und schüttelte nur immer wieder gequält den Kopf. Aber als Paul gar nicht aufhörte, ihn mit Fragen zu bedrängen, sagte er schließlich leise: »Awi ruft!«
»Und was heißt das nun wieder«, fragte Paul unwillig.
Mujiti hob abwehrend die Hand. Er hatte mit seiner Antwort fast schon zuviel gesagt, denn dieses furchtbare Gebrüll und die Riten, die es begleiteten, waren ein Geheimnis, das die Abege sorgsam vor allen Fremden und selbst vor ihren nächsten Nachbarn hüteten. Die Geräte, mit denen das seltsame Glockengetön und das entsetzliche Gebrüll erzeugt wurden, hielten die Zauberer tief im Wald an einem Ort versteckt, den nur sie betreten durften.
Allmählich erstarb das Gebrüll im Wald. Aber Mujiti behielt den Nach-

hall der Stimme Awis tagelang im Ohr – den Anruf des Gottes, dem er während des Rituals, das die Knaben des Stammes zum Mann weihte, unverbrüchlichen Gehorsam hatte schwören müssen.
Von dieser Nacht an begann sich das Verhältnis zwischen Mujiti und Paul Safiré langsam, aber stetig zu wandeln. Mujiti sprach immer seltener Französisch mit seinem Freund. Er zündete auch keine Kerze mehr vor dem Madonnenbild an, und die Arbeit am Hausbau überließ er fast völlig Paul Safiré. Das änderte sich erst wieder, als Gabali ins Haus kam.

Die beiden hatten schon des öfteren davon gesprochen, sie müßten eigentlich Frauen ins Haus nehmen, die für sie kochten, Wasser holten, den Garten bestellten, der angelegt werden sollte, und ihnen dann auch Kinder gebären sollten. Denn welchen Sinn würden Hausbau, Wohlstand und Arbeit haben, wenn keine Kinder vorhanden waren?
Aber Paul Safiré wollte nur ein getauftes Mädchen heiraten, und Mujiti zögerte ebenfalls, weil er Bedenken hatte. Bei seinem Stamm war es üblich, daß der Bräutigam die Braut den Eltern abkauft, und Mujiti war überzeugt, daß sich an diesem Brauch nichts geändert hatte. Er hätte sich also, wenn er eine Frau haben wollte, in den benachbarten Dörfern nach einem Brautwerber umsehen müssen. Vor allem hätte er sein Heimatdorf aufsuchen und seine Sippe um Rat und Zustimmung angehen müssen. Davor scheute er sich noch immer, denn seine Familie hätte ihn entweder zur Rückkehr in das Dorf aufgefordert, oder sie wäre mit Sack und Pack, Kind und Kegel zu ihm nach Tapajoko übergesiedelt. In jedem Fall war es dann mit dem Traum von einem Leben nach europäischem Zuschnitt vorbei, und von diesem Traum wollte Mujiti auch jetzt nicht lassen, obwohl ihm die Stimme Awis noch immer in den Ohren dröhnte.
Nein, mit der Hochzeit wollte er lieber warten, bis das Haus stand und der Betrieb des Rasthauses und der Tankstelle sich eingespielt hatte. Dann war er ein wohlhabender Mann, der Ansprüche stellen und sich die Zudringlichkeit seiner Sippe durch Geschenke vom Hals halten konnte. Sie sollte ja nicht leer ausgehen, gewiß nicht. Aber bevormunden sollte sie ihn nicht mehr.
So dachte Mujiti noch immer. Aber dann zogen eines Tages Schwärme von Frauen durch Tapajoko. Alle waren festlich gekleidet, froh gestimmt

und nicht so scheu wie bisher. Sie lachten und winkten Mujiti sogar zu, und das machte ihm Mut, sie zu fragen, warum sie denn so fröhlich seien. »Aber heute ist doch der Tag, an dem die Mädchen aus dem Wald zurückkommen«, erhielt er zur Antwort.

Da ging Mujiti ein Licht auf: Wenn Abege-Mädchen »aus dem Wald zurückkommen«, bedeutet dies, daß ihre Erziehung zur heiratsfähigen Frau abgeschlossen ist. Sie haben dann mehrere Wochen unter der Aufsicht ausgewählter alter Frauen an einem geheimen Ort im Urwald zugebracht und dort alle Riten und Tänze gelernt, die eine Frau kennen muß. Sie haben die Tätowierung erhalten, die sie als heiratsfähig ausweist, und wenn sie in ihre Dörfer zurückkehren, wartet dort schon der Bräutigam auf sie, den die Eltern ausgesucht haben.

Die Frau, die Mujiti angesprochen hatte, war eine vergnügte alte Schwätzerin, die sich gern auf ein längeres Gespräch mit ihm einließ. Sie erzählte ihm, sie gehe in den Wald, um eine Nichte abzuholen. Diese werde aber leider nicht von einem Bräutigam erwartet. Der dem Mädchen zugedachte Bursche sei inzwischen gestorben. »Schade um sie«, sagte die Alte. »Gabali ist ein so hübsches, starkes und gesundes Mädchen. Aber sie wird nun wohl unverheiratet bleiben, denn sie ist arm und elternlos, und es gibt bei den Abege viel mehr Mädchen als heiratsfähige junge Männer. Sie wäre eine gute Frau für dich, Mujiti«, schloß die vergnügte Schwätzerin augenzwinkernd. »Ein Mann deines Alters sollte längst verheiratet sein.«

Mujiti winkte lachend ab. Aber während der nächsten Tage ging er sehr nachdenklich herum. Er hörte den Gesang der Frauen und das Rasseln ihrer Musikinstrumente beim Tanz aus dem Wald herüberschallen und fühlte sich plötzlich sehr einsam und ausgestoßen.

Paul Safiré erriet, was Mujiti unruhig machte. »Du möchtest bei der Heimkehr der Mädchen dabei sein, nicht wahr«, sagte er. »Und am liebsten würdest du dir dann gleich eine Frau aussuchen. Ich bitte dich, warte noch damit. Eine Frau würde uns nichts Gutes ins Haus bringen – jetzt noch nicht. Warte, bis wir mit dem Bau fertig sind. Dann holen wir uns jeder eine Frau – du hier im Abege-Land, ich daheim bei den Malinke.«

Widerwillig gab Mujiti dieser Bitte nach, und Paul war sehr erleichtert.

Am nächsten Abend aber standen plötzlich zwei schattenhafte Gestalten im Mondlicht vor dem Eingang der Hütte neben der Baustelle. Sie trugen Bündel auf dem Kopf und riefen leise Mujitis Namen. Als er heraustrat, verschwand die eine der beiden Frauen im Dunkeln. Doch die andere blieb wartend stehen. Es war Gabali, die Nichte jener alten Schwätzerin. Von nun an lebten sie zu dritt. Paul räumte dem Paar die Hütte ein und begnügte sich mit einem Hobelspänelager in dem Neubau. Gabali war zwar nicht gerade hübsch, aber kräftig und fleißig, gehorsam und dienstwillig. Offenbar war sie sehr froh, daß sie doch noch einen Ehemann gefunden hatte. Sie verstand gut zu kochen und griff auch beim Hausbau geschickt und eifrig zu. Paul sagte schon nach wenigen Tagen nichts mehr gegen Gabali.

Und Mujiti? Mujiti war nicht nur zufrieden, sondern auch glücklich – glücklich, weil er eine Frau besaß, und zufrieden, weil er sie bekommen hatte, ohne Brautgeld zu zahlen und lange, beschwerliche Palaver mit ihrer und seiner eigenen Sippe führen zu müssen. Vor allem dies letzte stimmte ihn heiter und ließ ihn die brüllend mahnende Stimme Awis, des Urwaldgottes, schnell wieder vergessen. Daß er eine Frau – und eine kräftige und gutwillige dazu – gewonnen hatte, fast so, wie ein Weißer sich seine Frau nahm, verleitete ihn zu der Überzeugung, bei den Abege müsse sich in den letzten zwölf Jahren doch viel geändert haben. Früher wäre es undenkbar gewesen, daß sich ein junger Mann oder gar ein Mädchen über die althergebrachten Bräuche hinwegsetzte. Es konnte also, schloß Mujiti daraus, mit der Macht der Sippenältesten, der Häuptlinge und der Zauberer nicht mehr so weit her sein. Die Furcht, die sein Herz immer wieder beunruhigt hatte, seit er in Sanakoto vom Lastwagen gestiegen war, löste sich auf und machte behaglicher Zuversicht Platz.

Der Mond nahm ab und wurde wieder voll und nahm abermals ab und wurde zum drittenmal voll seit jenem Besuch des alten Zauberers Kovoni und seit der Nacht, in der Awi die Abege anrief mit seiner furchtbaren Stimme.
Mujiti sah wohl, wie sich die Gestalt des nächtlichen Gestirns verwandelte. Doch als der Mond zum drittenmal voll wurde, ging er nicht in den Wald, obwohl er wußte, daß Kovoni ihn dort erwartete. Erst als es dem

vierten Vollmond nach jenem Besuch des alten Zauberers entgegenging, regten sich wieder Furcht und Sorge in seinem Herzen, und er fragte sich, ob es wirklich klug war, seinen Trotz so offen zu zeigen.
Er hörte auf, bei der Arbeit zu singen und zu pfeifen; einsilbig und in sich gekehrt hielt er sich abseits, und wenn es zu einem Gespräch mit Paul Safiré kam, sprach er nie mehr Französisch; ja, manchmal tat er so, als verstünde er es nicht einmal mehr.
Paul konnte sich diese Wandlung nicht erklären. Er dachte, Mujiti trage es ihm noch nach, daß er sich dagegen ausgesprochen hatte, Frauen ins Haus zu holen. Deshalb sagte er: »Du solltest mir deswegen nicht länger gram sein, Mujiti. Gewiß, ich hatte Bedenken. Aber jetzt freue ich mich, daß du eine Frau bekommen hast.«
Aber Mujiti schien gar nicht zu begreifen, wovon Paul redete, und schüttelte nur unwirsch den Kopf.
Ihr Rasthaus war nun fertig bis auf das Dach. Es wurde Zeit, das bestellte Wellblech bei dem Syrer in Sanakoto abzuholen. Paul erklärte, er werde dies allein besorgen: »Schleckt ihr beide nur ungestört weiter am Honigtopf«, sagte er lachend. »Es wäre herzlos, wenn du Gabali auch nur für zwei oder drei Tage verließest.«
Mit der nächsten Lastwagenkolonne reiste er nach Sanakoto. Die Fahrer dieser Kolonne hatten die beiden Freunde sehr dafür gelobt, daß sie das Rasthaus so schnell aufgebaut hatten: »Wenn wir das nächstemal vorbeikommen, wollen wir uns bei euch gewaltig die staubigen Gurgeln ausschwenken«, riefen sie beim Abschied.
Diese Lobsprüche hellten Mujitis bedrückte Stimmung wieder etwas auf. Als Paul fort war, beschloß er, die beiden Bäume, die zur Vollendung des Dachfirstes noch erforderlich waren, selbst im Wald zu fällen und nicht damit zu warten, bis Paul zurückkehrte. In seiner Vorfreude auf die baldige Eröffnung ihres Rasthauses vergaß er ganz, was der Urwald von ihm seit mehr als drei Monaten erwartete.
Er holte sich die Axt und schlenderte wohlgemut in den Wald. Dicht am Rand fand er keinen Stamm, der ihm geeignet erschien. Deshalb ging er weiter waldeinwärts. Nach einigem Suchen fand er schließlich, was er brauchte, und gleich darauf krachten die Schläge seiner Axt und übertönten alle anderen Geräusche ringsum.

Als Mujiti den ersten Baum gefällt hatte und begann, ihn mit der Barte abzuästen, glaubte er, hinter seinem Rücken ein Geräusch zu hören. Er fuhr herum und erblickte drei seltsame Gestalten. Alle drei waren von den Schultern bis zu den Fußknöcheln in weite Bastmäntel gehüllt. Zwei waren hochgewachsen, ihre Gesichter kreideweiß bemalt. Die dritte Gestalt, klein und gebeugt, trug eine übergroße, fürchterlich bleckende Maske vor dem Gesicht.
Die Barte glitt Mujiti aus der Hand. Er sah seine Axt in Reichweite an dem Baumstamm lehnen. Aber er dachte gar nicht daran, nach ihr zu greifen und sich mit ihr zu wehren. Wie erstarrt stand er und flüsterte bebend: »Die Gulam... Die Boten Awis...« Und ohne daß eine der drei grausigen Gestalten auch nur ein Wort gesprochen oder sich gerührt hätte, sank Mujiti, wie von einer übermächtigen Faust niedergezwungen, auf die Knie und mit dem Gesicht auf die Erde.
So kehrte Mujiti Kotoro, Feldwebel der französischen Armee, der Dakar, Casablanca, Marseille, Paris und Indochina gesehen und die Weite des Ozeans und viele fremde Länder und ihre Menschen kennengelernt hatte, endlich heim zu seinem Volk und zu dem Gott des Urwalds, dem er entstammte. Er kehrte heim, ja – aber um fast einen ganzen Monat zu spät, weil er trotzig gezögert hatte, den Häuptlingen und dem Gott seiner Väter den Gehorsam zu bekunden, den er ihnen geschworen hatte, als man ihn zum Mann und Krieger der Abege weihte. Für diesen Ungehorsam hat man ihn büßen lassen: Er wurde dem Herrn des Urwaldes geopfert, als sich der Mond zum viertenmal nach jenem Besuch des Zauberers Kovoni rundete.
So jedenfalls deutete der französische Richter in der Bezirkshauptstadt den Fall Mujiti Kotoro, als er – von einer Anzeige Paul Safirés alarmiert – das Geschehene aufzuklären suchte. »Ein Ritualmord zur Warnung für alle, die mit dem Gedanken spielen, sich der alten Ordnung des Abege-Volkes zu entwinden«, schrieb er resigniert, als er die Akte schloß und an die vorgesetzte Behörde weitergab. »Aber beweisen kann man dem Häuptling natürlich nichts, denn es gibt keine Zeugen. Jedenfalls kann man sie nicht namhaft machen, und selbst wenn dies gelänge, würde man sie nicht zum Reden bringen können. Sie würden schweigen wie der Urwald.«

Der Fluch des Kaimakam

»Wir haben Ihnen sehr dafür zu danken, Monsieur Robertson, daß Sie sich so sehr bemüht haben, Hauptmann Derain zu retten«, wiederholte der französische Resident des Distrikts Deir-es-Sor, nachdem sein Gast sich in einem bequemen Sessel in der Nähe des kühlenden Ventilators niedergelassen hatte und mit Tee bedient worden war. »Darf ich Sie nun noch bitten, mir zu berichten, wie es zu diesem Unfall kam? Sie verstehen: Ich muß höheren Orts darüber berichten und wüßte deshalb gern bis in die Einzelheiten darüber Bescheid.«

»Gern, Exzellenz, wenn Sie mir dabei zugute halten wollen, daß auch mir noch manches rätselhaft geblieben ist«, antwortete Robertson. »Ich war ja leider im entscheidenden Moment nicht anwesend...«

»Sie sind Engländer, nicht wahr? Und Archäologe, wenn ich richtig verstanden habe«, unterbrach ihn der Resident. »Darf ich fragen, was Sie nach Al-Charb geführt hat – ausgerechnet jetzt, während dieser abscheulichen Hitzewelle, wo niemand in die Wüste reist, wenn er es irgend vermeiden kann?«

Robertson lächelte flüchtig. »Hitze macht mir nicht viel aus«, antwortete er. »Einmal kann ich sie von Natur aus gut vertragen, und zweitens bin ich nun schon seit gut acht Jahren, seit März 1922, bei Ausgrabungen in Mesopotamien tätig. Aber ich muß zugeben, daß ich eine solche Dürre, wie wir sie seit Beginn dieses Jahres haben, und eine Hitzewelle wie in den letzten Wochen noch nie erlebt habe. Wenn ich nicht mit guten Kamelen und genügend Wasservorrat, sondern mit dem Auto auf die Reise nach Al-Charb gegangen wäre, hätte ich wahrscheinlich umkehren müssen, oder mir wäre noch Schlimmeres zugestoßen.

Aber ich hatte mir nun einmal in den Kopf gesetzt, noch in diesem Jahr endlich den Tell in Al-Charb zu besichtigen und dort eine Probegrabung vorzunehmen. Wir hatten schon vor Jahren von diesem Tell gehört, und weil wir zur Zeit am mittleren Euphrat nach Resten römischer Grenzbefestigungen suchen, vermuteten wir, unter dem Tell von Al-Charb könnten sich die Ruinen eines Römer-Kastells verbergen. Um diese Frage zu klären, bin ich nach Al-Charb gereist.«

Nach dieser Einleitung berichtete er dem Residenten mit der umsichtigen Genauigkeit, die ihm sein Beruf eingeübt hatte, was ihm in der Oase begegnet war. Als er in Al-Charb ankam, fand er Hauptmann Derain recht ratlos und verzweifelt vor. Es war Derain offenbar gar nicht unlieb, daß aus der Wüste unerwartet ein Gast und noch dazu ein Europäer auftauchte. Er brauchte wohl jemand, bei dem er sein Herz ausschütten und vielleicht sogar einen Rat einholen konnte.

Von ihm erfuhr Robertson, daß der Mukthar von Al-Charb die Verwaltung in Aleppo dringend um Hilfe gebeten hatte, denn das Oasendorf stand vor einer Katastrophe. Die unterirdischen Wasseradern, von denen die Brunnen sonst reichlich gespeist wurden, waren versiegt, die Getreidefelder, Gärten und Weidegründe verdorrt. Durst und Hunger hatten die Herden so dezimiert, daß sich das Dorf von einer Hungersnot bedroht sah. Schon waren viele alte Leute und Kleinkinder gestorben, und die Mehrzahl der Dorfbewohner glich wandelnden Gerippen.

Hauptmann Derain machte, als der Archäologe ihm in seinem Zelt einen Besuch abstattete, aus seinen Sorgen keinen Hehl.

»Selbst in Aleppo und Homs ist das Wasser bereits rationiert«, sagte er. »Und auch die Brunnen in Deir-es-Sor sind nicht mehr ergiebig genug, um von dort her zwei- oder dreimal in der Woche Wasser nach Al-Charb zu schaffen. Bliebe nur Latakia, denn die Küste leidet nicht unter dieser entsetzlichen Dürre. Aber Latakia muß schon eine ganze Reihe anderer Orte versorgen, und wir haben nicht genug Tankwagen, um nun auch noch Al-Charb zu unterstützen.«

»Und wenn man es mit einer Wasserkarawane versuchte«, schlug Robertson vor.

Derain winkte müde ab: »Wäre zu lange unterwegs«, sagte er. »Und eine Karawane allein wäre hier buchstäblich nur der berüchtigte Tropfen auf dem heißen Stein. Ich bin am Ende meiner Weisheit.«

»Sie könnten Al-Charb evakuieren lassen«, sagte Robertson. »Nach Lage der Dinge müßten Sie es sogar tun.«

»Und damit eine Revolte auslösen, wie? Nein, nein, das verbietet sich. Oder haben Sie schon einmal versucht, eine Dorfschaft erst halb seßhaft gewordener Beduinen zu evakuieren, um ihnen das zu ersparen, was sie als den Willen Allahs ansehen? Sie würden lieber sterben, als dem Ratschluß Allahs zu widerstreben. Allah hat diese Dürre geschickt, und wenn es sein Wille ist, daß die Leute von Al-Charb an Durst, Hunger und Hitze zugrunde gehen, dann hat man sich eben zu fügen. Kein Mensch kann solch ein Unheil abwenden.«

»Wirklich nicht? Al-Charb ist doch, soviel ich weiß, vor kaum hundert Jahren noch ein recht bedeutender Ort gewesen. Wenn die alten Aufzeichnungen stimmen, die ich in Aleppo einsehen konnte, fanden hier zehntausend Menschen ihr Brot. Sie hätten hier wohl kaum ausgehalten, wenn es zum Brot nicht auch genügend Wasser gegeben hätte. Es steht ferner fest, daß sich in der Oase Al-Charb sechs Karawanenpfade schneiden. Ich kann mir nicht vorstellen, daß die wenigen Brunnen, die es, wie Sie sagen, jetzt in der Oase gibt, jemals ausreichten, um außer den ständigen Bewohnern auch noch Menschen und Tiere mehrerer Karawanen mit Wasser zu versorgen. Es muß also damals hier mehr Wasser gegeben haben. Aber wo ist das geblieben? Daß die unterirdischen Wasseradern, die die Brunnen speisten, ihren Lauf geändert haben oder ganz versiegt sind, ist doch kaum anzunehmen.«

Hauptmann Derain schüttelte den Kopf: »Kommen Sie mit auf das Minarett der Dorfmoschee«, sagte er. »Ich möchte Ihnen etwas zeigen. Dann werden Sie verstehen, warum das Palaver mit dem Mukthar meine Geduld über Gebühr strapaziert.«

Sie kletterten vorsichtig die dunkle, brüchige Wendeltreppe im Innern des Minaretts bis zur Luke des Muezzins hinauf. Von dort aus konnten sie das ganze Gelände der Oase überblicken. Derain deutete auf einen flachen Hügel im Norden des Dorfs. Das dürfte wohl mein »Tell« sein, den ich begutachten soll, dachte der Archäologe erfreut. Dicht neben dem Hügel zeichnete sich deutlich ein kaum von Dürrespuren unterbrochener grüner Vegetationsstreifen ab. Das bedeutete: Dort mußte eine unterirdische, ziemlich kräftige Wasserader nicht allzu tief unter der Erdoberfläche verlaufen.

»Warum haben die Leute denn dort nicht schon längst einen neuen Brunnenschacht niedergebracht«, fragte Robertson erstaunt.

Derain zuckte die Achseln: »Das habe ich die Kerle auch schon mehrfach gefragt«, antwortete er verdrossen. »Aber sie glauben mir nicht, daß dort Wasser zu finden ist. Mir scheint, sie wollen es mir auch nicht glauben.

Ein Rutengänger, der sich auf das nötige Brimborium versteht, könnte sie vielleicht überzeugen. Doch woher so schnell solch einen Zauberkünstler nehmen? Wenn Al-Charb nicht spätestens in vierzehn Tagen Wasser hat, ist das Dorf verloren.«

Der Hauptmann fiel vor Überraschung fast aus dem Mauerloch, als der Archäologe lachend erwiderte: »Sie können mir wohl nicht zufällig einen etwa meterlangen und fingerdicken Kupferdraht beschaffen? Ich bin zwar kein gelernter Rutengänger, doch wenn dort drüben nicht zu tief im Boden wirklich Wasser ist, traue ich mir schon zu, es mit der Wünschelrute aufzuspüren. Und wenn Sie dabei ein bißchen wichtigtuerisches Brimborium für unentbehrlich halten, bringe ich das auch noch zustande.«

»Mann, Sie sind ja ein Gottesgeschenk«, rief der Hauptmann begeistert. »Woher wissen Sie, daß Sie die Rutengängerbegabung haben? Die soll ja so selten und so geheimnisvoll sein wie das Zweite Gesicht!«

»Ach, Unsinn, Hauptmann«, sagte der Archäologe belustigt. »Ein Wünschelrutengänger ist gar nicht so etwas Besonderes und Geheimnisvolles, wie viele Leute meinen. Nach meiner Erfahrung sprechen acht von zehn Menschen auf unterirdische Wasseradern an. Sie wissen es nur nicht. Voraussetzung ist nur, daß sie herausfinden, welche Art Wünschelrute für sie die richtige ist, und daß sie gelernt haben, die Rute zweckgerecht zu halten. Außerdem ist nicht jeder Mensch im gleichen Maß ansprechbar. Wenn irgendwo in etwa drei bis vier Meter Tiefe eine leidlich ergiebige Wasserader in der Erde steckt, dann bin ich normalerweise imstande, sie aufzuspüren. Sollen wir die Probe aufs Exempel machen?«

»Natürlich«, rief Derain, »und so schnell wie möglich! Kommen Sie!«

Doch als sie unten vor dem Minarett standen, kamen Derain noch einmal Bedenken. »Ich hoffe, Sie wollen sich keinen Scherz mit mir erlauben«, fragte er den Archäologen mißtrauisch. »Dazu ist die Lage hier zu ernst. Ich möchte nicht verfrühte und vergebliche Hoffnungen wecken, wo es um das Leben oder Sterben einiger hundert Menschen geht.«

Nachdem Robertson ihn beruhigt hatte, holte Derain aus dem Werkzeugkasten des geländegängigen Lastwagens, mit dem er in Begleitung nur eines einzigen Soldaten, der zugleich als Fahrer, Koch und Leibwache fungierte, die Wüste durchquert hatte, das erforderliche Stück Kupferdraht. Der Archäologe drehte und bog es zu einer Rute zurecht, die die Form eines großen Ypsilons hatte, und sagte dann befriedigt: »So, nun können wir unser Heil versuchen! Wenn es nach mir geht, braucht Al-Charb nicht zu verdursten.«

Von frischer Zuversicht freudig bewegt, berichtete der junge Offizier dem Dorfältesten, dem Mukthar, von der beabsichtigten Wassersuche mit der Wünschelrute. Aber der Alte schien davon keineswegs so begeistert zu sein, wie Derain und Robertson es erwartet hatten.

»Was ihr tun wollt, Effendi, ist nichts als Zeitverschwendung«, erklärte er immer wieder mißmutig. »Wasser gibt es nur im Süden und Westen der Oase, aber dort sind alle Brunnen ausgetrocknet. Wir haben vergeblich versucht, sie zu vertiefen.«

»Das wissen wir«, antwortete Derain, »und deshalb wollen wir es ja auch im Norden, bei dem Tell, mit der Wünschelrute versuchen. Komm mit, Mukthar, und sieh dir an, wie mein Freund, der Hakim Inglese hier neben mir, Wasser für Al-Charb aufspürt.«

Der Mukthar protestierte noch einmal, kam aber mit. Unterwegs brummelte er freilich ständig unwillig vor sich hin, zumal sich allmählich ein immer größer werdender Schwarm Dorfbewohner neugierig, und wohl auch von zaghafter Hoffnung getrieben, den beiden Europäern anschloß. Robertson vollführte zunächst, wie er es mit Hauptmann Derain verabredet hatte, allerlei Abrakadabra, ehe er mit dem Rutengang begann: Er ging dreimal nachdenklich, die Hände über der Stirn verschränkt, über den grünlichen Vegetationsstreifen bei dem Hügel auf und ab, wandte sich mehrmals mit ausgebreiteten Armen nach allen vier Himmelsrichtungen und verneigte sich dreimal vor der Sonne, ehe er die Schenkel der Rute in die Hände nahm und seinen Suchgang begann.

Nach fünfzig Schritten, dicht vor dem Tell, spürte er, wie die Rute sich zu rühren begann. Nach fünf weiteren Schritten war für alle Zuschauer deutlich zu erkennen, daß sie kräftig und beharrlich nach unten ausschlug.

»Hier muß ein beachtlicher Grundwasserstrom verlaufen«, rief Robertson dem Hauptmann zu. »Und er ist nicht tiefer als zwei Meter unter der Oberfläche.«

Derain, der besser Arabisch sprach als der Archäologe, übersetzte Robert-

sons Worte dem Mukthar und den Dorfleuten. Aber nur ein paar junge Burschen brachen in freudigen Beifall aus. Die anderen schwiegen und starrten düster zu Boden. Derain ließ sich davon jedoch nicht beirren.
»Können Sie auch noch den besten Platz für einen Brunnenschacht orten?« fragte er den Engländer. Robertson nickte. Nach nochmals zwanzig Schritten deutete er auf eine Stelle unmittelbar am Fuß des Tells: »Hier kommt die Wasserader der Oberfläche am nächsten«, rief er. »Am besten wär's, Sie lassen gleich einen Arbeitstrupp aufbieten und mit dem Ausschachten beginnen, Captain.«
Obwohl Robertson diese Worte auf Englisch gesprochen hatte, schienen die Dorfbewohner sie verstanden zu haben. Jedenfalls schützten alle unverzüglich irgendwelche dringenden Beschäftigungen vor und machten sich eiligst zum Dorf hin aus dem Staub. Nur der Mukthar blieb. Hauptmann Derain, der Ungeduld und Ärger jetzt offenbar nur noch mit Mühe bezwang, wollte dem Dorfältesten gerade streng befehlen, Arbeiter zum Ausschachten heranzuholen. Doch noch ehe er den Satz beendet hatte, warf sich der alte Mann vor ihm auf die Knie und begann wie ein verängstigtes Kind zu betteln: »Nein, nein, Effendi, laß nicht hier graben! Nicht an dieser Stelle, denn sie steht unter einem Fluch! Das Wasser, das hier fließt, ist Dschinn-Wasser! Wer hier gräbt, findet den Tod!«
Sowohl Derain als auch Robertson hatten genug Erfahrung mit Arabern, um zu wissen, daß sie auf ein Hindernis gestoßen waren, das man nicht bedenkenlos beiseite schieben durfte. Was man auch sagen oder tun mochte, nichts würde den Mukthar und die Bewohner von Al-Charb bewegen, vor dem Tell einen Brunnen auszuschachten. Und Zwang und Befehl verboten sich. Sie hätten nur das heraufbeschworen, was Hauptmann Derain unter allen Umständen vermeiden wollte: einen Aufruhr.
Derain bezwang sich deshalb, half dem alten Mann wieder auf die Füße und sagte ruhig: »Du mußt mir verzeihen, Mukthar, daß wir dir etwas vorgeschlagen haben, was euch alle offensichtlich mit unüberwindlichem Grauen erfüllt. Wir konnten nicht wissen, was es mit dieser Stelle auf sich hat. Aber wenn wir heute abend vor meinem Zelt beim Feuer sitzen, mußt du uns erklären, warum das Gelände beim Tell verflucht ist.«
Diese taktvollen Worte munterten den verängstigten Mukthar wieder auf.

»Allah sei Dank, er hat dich erleuchtet, Effendi«, sagte er feierlich. »Wir können Freunde bleiben. Heute abend sollst du erfahren, weshalb wir den Tell fürchten und meiden.«

Der Archäologe wollte dies für eine leere Versprechung halten, die dem Mukthar helfen sollte, sich mit Anstand aus der Affäre zu ziehen. Doch dem Dorfältesten lag offenbar viel daran, bei Hauptmann Derain Verständnis zu finden und das Dorf in Zukunft vor ähnlichen Zumutungen zu bewahren. Er fand sich am Abend bei Derains Zelt ein, und er kam nicht allein, sondern brachte noch ein ganzes Dutzend Familienväter mit. Derains Fahrer bekam reichlich zu tun, den Schwarm mit dem landesüblichen dicken, schwarzen und sehr süßen Kaffee zu versorgen.

Gastgeber wie Gäste bemühten sich zunächst, einander zu zeigen, daß sie die Gesetze der Höflichkeit kannten. Alle taten so, als hätten sie es durchaus nicht eilig, auf das Gesprächsthema zu kommen, das doch jedem auf der Seele brannte. Man erging sich umständlich in Betrachtungen über die Vorzüge von Araber- und Berberpferden, über die Handelspreise für Schafwolle und die Winterweide für die Herden. Dies letzte leitete zu einer Erörterung der anhaltenden Dürre, ihrer Ursachen und Folgen über.

Hier hakte der Archäologe ein, der sich nach dem seltsamen Vorfall des Vormittags von diesem Gespräch erste Aufschlüsse über den Tell von Al-Charb versprach. »In den Tagen eurer Großväter«, sagte er, »hat diese Oase doch zu jeder Jahreszeit genug Wasser für zehntausend Männer und Kamele gehabt, wie ich sagen hörte. Stimmt das?«

»Es ist, wie du sagst, Effendi«, erwiderte der Mukthar nach kurzem Zögern. »Mein Vater hat mir oft erzählt: Noch als er jung war, konnten bei uns drei- bis vierhundert Kamele gleichzeitig getränkt werden, wenn die Karawanen von Aleppo, Damaskus, Bagdad und Umrak hier rasteten, und die Brunnen wurden trotzdem nie leer.«

»Aber das waren nicht die Brunnen allein, die ihr jetzt benützt«, warf Derain ein.

Wieder zögerte der Mukthar kurz, ehe er zugab: »Nein, der beste, der wahrhaft unerschöpfliche Brunnen floß dort, wo der Hakim Ingles heute morgen sagte: ›Hier müßt ihr graben.‹ Jener Brunnen gab mehr Wasser

als alle unsere anderen Brunnen zusammen. Al-Charb ist heute nur ein Schatten dessen, was die Oase damals war: ein lieblicher Fruchtgarten in der Wüste, in dem es kein Streifchen Boden gab, das nicht das ganze Jahr hindurch grün gewesen wäre. Deswegen hatte auch der türkische Bezirksgouverneur, der Kaimakam von Deir-es-Sor, hier sein Sommerhaus. Was sage ich – ein Haus? Ein Palast war es, groß und schön, eines Emirs würdig...
Es war eine Ehre für Al-Charb, daß der Kaimakan gern hier weilte und sich häufiger in der Oase aufhielt als in Deir-es-Sor. Aber gut war es für das Dorf nicht. Denn der Kaimakam hatte darauf bestanden, seinen Bruder Abdullah als Mukthar in Al-Charb einzusetzen. Dieser Abdullah war ein Bösewicht, der sich seine Stellung zunutze machte, um von den Karawanen willkürlich hohe Abgaben zu erpressen. Und wenn sich die Karawanenführer dagegen auflehnten, weil der Großherr in Istanbul solche Übergriffe streng untersagt hatte, dann lauerte ihnen Abdullah mit seinen Gefolgsleuten in der Wüste auf und raubte sie aus. Wie viele Kaufleute, Reisende und Kameltreiber dabei umgebracht wurden, weiß nur Allah allein. Abdullah aber sorgte ängstlich dafür, daß seinem Bruder, dem Kaimakam, von diesen Untaten nichts zu Ohren kam, denn der Kaimakam war ein strenger und gerechter Mann. Weil Abdullah es verstanden hatte, die meisten Männer von Al-Charb zu seinen Komplizen zu machen, und alle anderen Bewohner der Oase wußten, daß sie seine Gewalttätigkeit zu fürchten hatten, gelang es Abdullah auch, seine Schandtaten jahrelang zu treiben, ohne daß der Kaimakam davon erfuhr.
Eines Tages nun kam es Abdullah zu Ohren, daß von Aleppo her eine ausnehmend schöne Cirkassierin nach Deir-es-Sor zum Harem des Kaimakam unterwegs war. Da machte er sich mit seiner Bande – Männer unseres Dorfes, die er sich gefügig gemacht hatte – heimlich auf, ritt der kleinen Karawane entgegen, überfiel sie in der Wüste, machte die Begleiter der Schönen nieder und entführte sie in seinen eigenen Harem. Doch er hatte nicht mit dem Stolz und der Klugheit der Cirkassierin gerechnet. Sie wartete, bis der Kaimakam in sein Sommerhaus kam, dann erdolchte sie den Eunuchen, der Abdullahs Harem bewachte, und floh in das Haus des Kaimakam.
Effendi, ihr wißt, bei den Arabern der Wüste fordert es Blutrache heraus,

wenn ein Mann sich der Ehefrau seines Bruders unziemlich nähert. Die Erpressungen und Raubzüge hätte der Kaimakam seinem Bruder Abdullah vielleicht noch verziehen. Doch diesen Übergriff gegen die Ehre seines Hauses vergab er ihm nicht. Kaum hatte die cirkassische Schöne ihm erzählt, wie sich Abdullah an ihr und den Karawanenleuten vergangen hatte und was sie inzwischen von Abdullahs anderen Untaten noch erfuhr, da bot der Kaimakam seine Leibwache auf, ließ Abdullah verhaften und auf der Stelle hinrichten.

Doch damit war sein Rachedurst noch nicht gestillt. Weil Männer aus Al-Charb dem Bösewicht Abdullah so willfährig bei seinen Schandtaten gedient hatten, verfluchte er das ganze Dorf bis ins siebente Glied. Sieben Generationen lang solle Al-Charb immer wieder mit Krankheit und Elend, Mißernte, Viehsterben und Hungersnot geschlagen werden.

Dann ließ er sein Sommerhaus einreißen und die Trümmer mit Erde überschütten. Und er ließ auch den großen Brunnen vor dem Sommerhaus zuschütten und verfluchte ihn: Wenn einer, ehe sieben Geschlechter in Al-Charb dahingegangen seien, versuchen sollte, den großen Brunnen wieder zu öffnen, dann solle dieser Tollkühne sterben!

Deswegen, Effendi, werden wir nicht wagen, an der Stelle zu graben, die uns der Hakim Ingles heute morgen gezeigt hat. Denn dort liegt der große Brunnen verschüttet, den der Kaimakam verflucht hat um der Untaten willen, die die Männer von Al-Charb, von dem Bösewicht Abdullah verführt, begangen haben zu der Zeit, als mein Vater jung war.«

Langes, tiefes Schweigen folgte auf die Erzählung des Mukthar. Schließlich sagte Hauptmann Derain: »Ich danke dir, Mukthar, daß du dich dazu überwunden hast, den Brunnen der Vergangenheit vor uns Fremden aufzudecken und uns einen langen und tiefen Blick in seine dunkle Tiefe zu vergönnen. Ich glaube, dieser Einblick hat mich so belehrt, daß ich jetzt getrost sagen darf: Seid guten Mutes, ihr Familienväter von Al-Charb! Denn ich denke, ich weiß nun, wie man den Fluch des Kaimakam unwirksam machen und euch das Wasser des großen Brunnens wieder zurückgeben kann.«

»Davon wollen wir nichts hören, Effendi«, wehrte der Mukthar entsetzt ab. »Du wirst damit nur neue Schrecken heraufbeschwören, und Al-Charb leidet ohnehin schon genug.«

Die anderen Familienväter aber waren offensichtlich nicht seiner Meinung. Sie flüsterten aufgeregt miteinander, und endlich sagte einer der jüngeren Männer laut: »Effendi, laß uns hören, wie du den Fluch des Kaimakam brechen willst. Hören« – schloß er, zum Mukthar gewandt – »hören kann ja noch nicht schaden.«

»Wenn ich den ehrwürdigen Mukthar richtig verstanden habe, sind die Leute der Oase Al-Charb von dem Kaimakam für sieben Generationen verflucht worden und müssen sterben, falls sie versuchen, den großen Brunnen wieder zu öffnen. Ist es so?«

Der Mukthar nickte widerwillig: »Ich und zwei andere Männer hier in der Runde, denen Allahs Gnade bis heute das Leben erhielt – wir drei haben noch aus dem Mund unserer Väter vernommen, daß sie den Fluch des Kaimakam mit ihren eigenen Ohren anhören mußten. Was hast du im Sinn, Effendi?«

»Dies ist mir klar geworden, als du erzähltest, Mukthar«, sagte Derain, behutsam jedes Wort abwägend: »Wenn ein Franzose den großen Brunnen öffnet, dann kann ihn der Fluch doch nicht treffen. Denn der Kaimakam kann ja Franzosen in seinen Fluch nicht eingeschlossen haben, weil damals noch keine Franzosen auf syrischem Boden standen.«

»So ist es«, fügte Robertson schnell hinzu, um keinen Widerspruch zu Wort kommen zu lassen. »Und ich bitte euch, ihr Männer von Al-Charb, bedenkt auch dies: Ich Unwürdiger kenne mich in der Lehre Allahs nicht so gut aus wie ein Ulema, aber so viel weiß ich doch: Alles frische Wasser auf Erden ist ein Geschenk aus Allahs eigener Hand und bleibt ewig ihm gehörig und in seiner Hut. Ist es nicht so?«

Die Männer am Feuer nickten zustimmend: »Es ist, wie du sagst, Effendi«, murmelten sie und verneigten sich, »und Allah sei deswegen gepriesen.«

»Nun«, fuhr der Archäologe munter fort, »kann dann wohl ein böser Geist in eine Quelle fahren oder sich eines Brunnens bemächtigen? Oder sollte ein Dschinn stärker sein als Allah, der ewig Große und Gütige?«

Diese Frage löste eine heftige Debatte bei den Männern aus. Der Wortstreit dauerte noch an, als sie sich verabschiedet hatten und ins Dorf zurückkehrten. Der Offizier und der Archäologe sahen und lauschten den Davongehenden nach, bis die Stimmen verklangen. Dann sagte Derain erleichtert: »Ich glaube, wir haben ins Schwarze getroffen.«

Am nächsten Morgen fand sich eine Abordnung der Dorfbewohner vor Derains Zelt ein. Es hatte noch in der Nacht eine Beratung aller Familienväter und erwachsenen Männer gegeben, und dabei war eine knappe Mehrheit dafür eingetreten, Derains Vorschlag anzunehmen. Der Mukthar gehörte freilich nicht zu dieser Mehrheit, und er war auch nicht mit zum Zelt gekommen.

Derain, sein Fahrer und ich — wir machten uns daraufhin sofort daran, neben dem verschütteten Brunnen einen Schacht auszuheben. Wir dachten, wir würden es dort nur mit gewachsenem Boden zu tun bekommen. Doch das erwies sich als Irrtum. Unter einer meterdicken Schicht Erde und Sand stießen wir auch hier auf Schutt und in diesem Schutt auf ganze Rudel gelber Skorpione. Ich habe noch nie so viele Skorpione auf einem Fleck versammelt gesehen wie dort. Aber weil wir Lederschuhe und Gamaschen trugen, blieben wir unbehelligt. Bei den Dorfleuten, die uns fleißig zuschauten, rief dieser Skorpionenschwarm freilich Entsetzen und Unruhe hervor. Derain mußte seine ganze Beredsamkeit aufbieten, um die abergläubischen Kerle davon zu überzeugen, daß nicht der Fluch des Kaimakam, sondern der trotz der Dürre noch vorhandene Hauch von Feuchtigkeit im Boden die Skorpione gerade an dieser Stelle versammelt hatte.

Die Arbeit wurde infolge der glühenden Hitze und der dicht gepackten Schuttschicht so mühsam, daß wir sie gegen zehn Uhr schließlich einstellen mußten. Mir schien es freilich so, als ob vom Boden der ausgehobenen Grube bereits schwach der modrige Geruch feuchter Erde heraufstieg. Derain bezweifelte das zwar, meinte jedoch, wir sollten die Arbeit gegen Abend fortsetzen, auch wenn damit nur erreicht würde, den Dorfleuten Hoffnung zu machen.

»Den alten Brunnenschacht können wir drei ohnehin nicht frei machen«, sagte er. »Dazu brauchen wir mehr Leute und mehr Gerät. Ich schicke François morgen nach Deir-es-Sor, damit er eine Gruppe meiner Kompanie, eine Winde und was sonst noch nötig ist, herholt.«

Am Abend hatten wir die Grube nach dem alten Brunnenschacht hin verbreitert und vertieft. Dann begann es zu dunkeln. Ich kletterte aus der Grube heraus und forderte Derain auf, mit mir zum Zelt zu gehen.

»Ach, ich kann noch genug sehen und schaufle noch ein bißchen weiter«, rief er zurück. »Gehen Sie nur voraus, und schicken Sie mir François her, damit er die Schaufeln und Hacken holt. Ich möchte mich nicht mit ihnen abschleppen, aber sie auch nicht hier liegen lassen. Sonst sind sie morgen verschwunden, und der Mukthar wird behaupten, der Dschinn hat sie geholt.«

Auf halbem Weg zum Zelt, das etwa zehn Minuten vom Tell entfernt aufgebaut war, kam mir François, Derains Fahrer, bereits entgegen. Er war von selbst auf den Gedanken gekommen, die Werkzeuge zu holen, nachdem er das Abendessen bereitet hatte.

Ich war eben im Zelt dabei, mich zu säubern, da stürzte François herein und stieß keuchend hervor: »Der Hauptmann... Er ist krank. Ich fand ihn besinnungslos in der Grube.«

»Ein Skorpionstich?« fragte ich bestürzt. François zuckte nur die Achseln. Wir liefen zum Tell. Ich fand Hauptmann Derain so, wie ihn François hingelegt hatte, neben der Grube im Sand. Seine Augen waren glasig, sein Gesicht bläulich rot. Puls und Atem gingen nur schwach und langsam. Das alles ließ mich unwillkürlich an einen Mann denken, den ich einmal an einem Schlangenbiß sterben sah.

Wir trugen ihn zum Zelt. Ich flößte Derain das Kreislaufmittel ein, das ich für Notfälle immer in meiner Reiseapotheke habe, und es sah so aus, als ob er sich danach erholte. Das Bewußtsein wollte freilich noch immer nicht zurückkehren. Ich beschloß daher, den Kranken auf dem schnellsten Wege mit dem Lastwagen hierher nach Deir-es-Sor ins Garnisonlazarett zu bringen.

Während François den Wagen zur Abfahrt vorbereitete, drängte sich plötzlich eine Abordnung aus dem Dorf ins Zelt. An ihrer Spitze stand der Mukthar von Al-Charb. Er forderte mich drohend auf, jeden weiteren Versuch zur Erschließung des verschütteten Brunnens zu unterlassen. Der Ausdruck auf seinem Gesicht und auf den Mienen seiner Begleiter sagte mir, daß es nicht geraten war, sich über diese Drohung hinwegzusetzen. Derain hatte gewiß recht, als er vermutete, jeder Versuch, diese abergläubischen Starrköpfe mit Gewalt zu ihrem Glück zu zwingen, würde eine Revolte hervorrufen.

Die Abordnung entfernte sich, nachdem ich ihr versichert hatte, ich würde in Deir-es-Sor Bericht erstatten und dabei dafür eintreten, daß man den Willen von Al-Charb respektiert. Als wir abfuhren, zeigte sich kein Mensch. Die Leute hatten sich in ihre Häuser verkrochen. Ich fühlte mich so elend und jämmerlich, wie einem Heerführer zumute sein muß, der nach verbissenem Verharren auf verlorenem Posten von einem übermächtigen Gegner nicht im Kampf geschlagen, sondern beiseite gedrängt worden ist wie ein Bündel Lumpen.

Hauptmann Derain hörte zu atmen auf, als wir Deir-es-Sor schon in Sicht hatten. Ich war dabei, als die Herren Sanitätsoffiziere im Lazarett den Toten untersuchten. Sie konnten keinen Schlangenbiß, keinen Skorpionstich an ihm feststellen, und die Untersuchung des Blutes ergab kein Anzeichen für eine Grubengasvergiftung, die ich ebenfalls in Betracht zog, da ich dergleichen beim Reinigen oder Ausschachten alter Brunnen auch schon erlebt habe.«

»Und was käme sonst noch als Todesursache in Frage«, sagte der Resident, als Robertson schwieg. »Ein Herzversagen vielleicht infolge körperlicher Überanstrengung bei glühender Hitze?«

Der Archäologe erwiderte kopfschüttelnd: »Hauptmann Derain war ein junger und gesunder, an körperliche Anstrengungen gewöhnter Mann«, wandte er ein.

»Sie wollen damit doch nicht etwa andeuten, daß auch Sie an den angeblichen Fluch des Kaimakam glauben«, rief der Resident entrüstet.

Robertson zuckte die Achseln: »Ich weiß auch nicht, was man von all dem halten soll«, sagte er vorsichtig. »Ich weiß nur, daß ich hier im Orient schon viel Seltsames erlebt habe und deshalb gut daran tue, mit meinem Urteil sehr zurückhaltend zu sein.«

Grau-Eule und das Volk der Biber

»Er sah genauso aus, wie wir uns als Kinder nach der Lektüre der Romane von James Fenimore Cooper eine echte Rothaut aus dem Stamm der Huronen oder der Mohikaner vorgestellt hatten: vertraut also auf den ersten Blick schon und zugleich doch herrlich fremdartig, exotisch und abenteuerverheißend in seinem buntbestickten, fransenverzierten Wildledergewand und dem farbigen Federkopfputz auf dem langen, glänzend schwarzen Haar.

Doch was er uns dann zu sagen hatte, als er – in lockerer Haltung und mit dem federnden Schritt des geborenen Waldläufers zwischen Vortragspult und Bildleinwand pendelnd – zu erzählen und in Lichtbildern zu zeigen begann, das war tausendmal aufregender als seine Erscheinung und jede noch so spannende Indianergeschichte.

Sein Kostüm hatte sich vermutlich ein Manager ausgedacht, der sich auf den publikumswirksamen, stimmungmachenden Blickfang verstand. Denn welcher Indianer läßt sich heute noch in solchem Aufputz sehen, sofern es sich nicht um eine Attraktion für Touristen handelt? Aber das vergaß man spätestens nach den ersten Sätzen und Lichtbildern, die der wetterbraune, schlanke Mann vor uns hinstellte. Da spürte man bereits: Was dieser Indianer uns zu sagen hatte, war mehr als eine merkwürdige, abenteuerliche Geschichte aus den Wäldern Kanadas; es war eine bedeutsame Botschaft, die jeden von uns, die die ganze Menschheit angeht.«

Was ein für seine strenge Kühle bekannter Londoner Kritiker 1934 in diesen Zeilen als Eindruck nach einem der ersten Vorträge jenes Indianers in England festhielt, das haben ähnlich vor ihm und nach ihm viele Tausende andere Menschen überall in den englischsprechenden Teilen der Welt empfunden. Hingerissen und zutiefst angerührt von dem, was er zu berichten hatte, lauschten sie dem Erzähler bis zum letzten Wort, obwohl er seine Geschichte kunstlos, ja fast eintönig vortrug.

»Doch was er mitzuteilen hatte, war so einzigartig und überraschend, so fern jeder Alltagswirklichkeit und kam doch dem Menschlichen so nah, daß niemand sich seinem Zauber zu entziehen vermochte und jeder Zuhörer mit dem Gefühl heimging, auf eine höchst ungewöhnliche Weise nicht nur an Wissen, sondern auch an ursprünglichem Gefühl bereichert zu sein«, schließt jener Kritiker seine Rezension.

Was die Zuhörer zu hören bekamen – und dann, falls sie es nicht schon kannten, auch als Buch lesen konnten –, war die Geschichte eines Menschen, der in der Wildnis Kanadas in der Begegnung mit den Tieren den Weg zu sich selbst gefunden hatte – der Lebensroman eines Jägers, der sich zum selbstlosen, opferwilligen Freund der Tierwelt wandelte und sich

dabei einem Experiment unterzog, das in der Geschichte der Naturwissenschaft bis dahin noch niemand gewagt, allerdings auch noch keiner für nötig gehalten hatte.
Der Mann, der ein solches – wie sich zeigen sollte, für Wissenschaft wie Tierwelt gleich folgenreiches – Wagnis einging, trat zum erstenmal aus dem Schatten der großen Wälder Kanadas in das Licht der Öffentlichkeit, als sich der Redakteur einer Londoner Zeitschrift, die sich mit Jagd, Fischerei und Sport beschäftigte, im Jahr 1928 in ein Manuskript vertiefte, das einige Tage zuvor auf seinen Schreibtisch gelandet war. Er tat es widerwillig, denn das Manuskript war nicht nur unerwünscht umfangreich, sondern auch handgeschrieben und schwer lesbar. Doch die beigelegten Fotografien zeigten ungewöhnliche Bilder, und schon nachdem er die ersten Sätze entziffert hatte, war dem Redakteur klar, daß auch der Text Ungewöhnliches versprach. Gefesselt las er die ganze Geschichte in einem Zug. Dann erst fiel es ihm ein, den Namen des Verfassers festzustellen. Wäscha-kwonnesin – Grau-Eule – las er kopfschüttelnd auf dem mit kanadischen Briefmarken beklebten Umschlag. Sollte wirklich ein Indianer diese erstaunlichen, ja, kaum glaublichen Erlebnisse mit Bibern aufgezeichnet haben, fragte sich der Redakteur mißtrauisch. Und noch dazu als ersten schriftstellerischen Versuch?
Er war geneigt, Namen und Geschichte für einen Bluff zu halten, mit dem irgendein Schwindler sich interessant machen wollte. Da er keine Lust hatte, sich an der Nase herumführen zu lassen und seine Zeitschrift durch die Veröffentlichung einer Mystifikation lächerlich zu machen, bat er einen Mitarbeiter in Kanada, sich den Mann, der sich Grau-Eule nannte, einmal näher anzusehen und ihn auf seine Glaubwürdigkeit zu prüfen.
Die Antwort lautete zur Überraschung des Redakteurs: »Jawohl, Grau-Eule ist Indianer! Ich habe ihn in seiner Blockhütte an einem See im Norden der Provinz Quebec besucht. Er wurde als Sohn eines Schotten und einer Apachenfrau in Mexiko geboren, hat einige Zeit in der berühmten Buffalo-Bill-Wildwestschau mitgewirkt, im Weltkrieg mit Auszeichnung im Kanadischen Armeekorps gedient und sich danach als Pelzjäger in verschiedenen Gegenden Kanadas betätigt.
Auf seinen Wanderungen in den Wäldern des Nordens stieß er auf die

letzten Reste des Ojibway-Stammes. Sie nahmen ihn in ihre Gemeinschaft auf, und da er sich als ein ausgezeichneter Schütze, ein großartiger Fährtensucher und überaus erfolgreicher Pelzjäger erwies, brachte er es bald zu hohem Ansehen. Weil er auch in dunkelster Nacht seinen Weg durch den dichtesten Wald so sicher wie eine Eule zu finden wußte, gaben sie ihm den Namen Wäscha-kwonnesin, was bei ihnen soviel wie ›Graue Eule‹ bedeutete.
Wie ich erfuhr, erfreut er sich jedoch nicht nur bei den Ojibway-Indianern großen Ansehens, sondern steht auch bei den weißen Fallenstellern und Erzsuchern wegen seiner ungewöhnlichen Landeskenntnis, Hilfsbereitschaft und Zuverlässigkeit in gutem Ruf.«
Grau-Eule wäre vielleicht sein Leben lang ein schlichter Pelzjäger geblieben, wie es Tausende im Norden Kanadas gab und gibt, hätte ihm das Schicksal nicht das Indianermädchen Anareho zugeführt. Als er zu den Ojibway kam, war er kein junger, stürmischer Mann mehr, der aus blinder Verliebtheit eine Gefährtin wählt. Er nahm Anareho eigentlich nur zur Frau, weil der Stammesälteste ihm bedeutete, ein Jäger, der im Stamme etwas gelten wolle, müsse verheiratet sein. Ein Junggeselle wirke immer lächerlich und verdächtig, und außerdem brauche ein Jäger eine Frau, die ihm die erlegten Felle säubere und zubereite und dafür sorge, daß er Feuer unter dem Kessel und eine warme Mahlzeit vorfinde, sobald er von der harten Arbeit auf der Pirsch oder an der Fallenlinie zurückkehre. Im übrigen werde sich jede Familie des Stammes geehrt fühlen, wenn Grau-Eule um eine der Töchter werbe.
Grau-Eule erwiderte darauf, wenn er schon eine Frau wählen müsse, dann solle es das Mädchen Anareho sein. Von allen heiratsfähigen Mädchen sei Anareho ihm durch Zurückhaltung und Sauberkeit am angenehmsten aufgefallen. Der Stammesälteste, dem viel daran lag, Grau-Eule bei den Ojibway zu halten, erklärte sich bereit, den Brautwerber zu spielen, und gab das Paar drei Tage später mit der üblichen Zeremonie zusammen.
Alle Frauen beglückwünschten Anareho mit leisem Neid dazu, daß der erfolgreichste Jäger des Stammes sie zu seiner Frau gewählt hatte: »Ein Mann, dem es an Beute nie mangeln wird und dessen Kinder niemals darben müssen.« Doch seltsamerweise war die junge Frau gerade hierüber

weder stolz noch glücklich. Als Grau-Eule im Winter seine Fallen bereitmachte, mußte er zu seinem Verdruß erleben, daß Anareho nicht wie die anderen Indianerfrauen mit Eifer an dieser Arbeit teilnahm. Nur widerwillig half sie ihm, die scharfen Eisen zu reinigen und frisch einzufetten. Er sagte nichts dazu, denn es gehörte sich nicht für einen Mann von seinem Ansehen, daß er sich dazu herabließ, eine Frau zu tadeln. Aber er hatte von Anareho anderes erwartet und grübelte deshalb enttäuscht über das sonderbare, ihm unverständliche Verhalten seiner Frau herum.
Er fand jedoch keine Erklärung, bis er eines Abends zwei eben gefangene, besonders schöne Marder heimbrachte. Stolz zeigte er Anareho die prächtige Beute und rühmte deren Geldwert. Da brach Anareho plötzlich in Tränen aus und schrie ihn voll Empörung an: »Ein Mörder bist du, ein gemeiner Mörder! Oh, wie ich euch verabscheue, ihr großen Jäger! Räuber und Mörder seid ihr alle!«
Dies traf Grau-Eule sehr hart, denn Anareho war ihm inzwischen lieb geworden, und er wünschte sich, von ihr geachtet zu werden. Außerdem fühlte er sich in seiner Ehre gekränkt, denn er war mit Recht stolz auf sein Ansehen als Jäger und auf sein Jagdglück. Sehr aufgebracht und verwirrt verließ er die Hütte. Wäre er nur ein Fallensteller und Indianer von der üblichen Art und Gesinnung gewesen, dann hätte er sich wahrscheinlich kühl über die Gefühle und Gedanken seiner Frau hinweggesetzt. Denn für einen Ojibway zählt bei einer Frau vor allem, ob sie eine tüchtige und gehorsame Gehilfin ist und eine gute Mutter seiner Kinder. Alles andere ist eine schöne und willkommene, notfalls aber auch entbehrliche Beigabe.
Doch, wie gesagt, Grau-Eule liebte seine Frau bereits. Sie bedeutete ihm mehr als nur ein brauchbares und willfähriges Werkzeug, ohne das ein Jäger in der Wildnis nun einmal nicht auskommt. Deshalb prallten ihre so jäh hervorgebrochenen, zornigen Vorwürfe und Anklagen nicht an ihm ab, sondern blieben wie mit Widerhaken in seinem Herzen hängen. Als der erste Ärger verflogen war, kehrte er ruhig in seine Hütte zurück und brachte Anareho mit besonnenen Fragen dahin, daß sie ihm freimütig offenbarte, was sie zu ihren zornigen Anklagen bewogen hatte. Sie gestand ihm, daß sie schon von Kindheit an nichts so sehr verabscheue wie die Jagd. Daß der Mann in den Wäldern des Nordens jagen mußte,

um seine Familie mit Fleisch zu versorgen, ließ sie als eine unumgängliche Notwendigkeit gelten. Aber die Fallenstellerei, die Jagd auf Pelztiere um des Gewinns willen war ihr ein Greuel, und geradezu verhaßt waren ihr alle, die dem Biber nachstellten.

Nun wußte auch Grau-Eule, daß die Indianer der nördlichen Wälder bestimmte Tierarten besonders hoch verehren: Bei den Cree-Indianern, zum Beispiel, ist es das Rentier; sie lebten früher zwar ganz von der Jagd auf das Karibu, versäumten es vor und nach einem Jagdzug jedoch nie, den »Großen Geist« als den Schöpfer und Beschützer der Rentiere durch besondere Riten und Opfer versöhnlich zu stimmen, damit er den Jägern den Raubzug gegen sein Lieblingsgeschöpf nicht vergelte. Bei den Ojibway galt ähnliches für den Biber. Ehe die Weißen ins Land kamen und beim Handel vor allem Wert auf Biberfelle legten, hatten die Ojibway dieses Tier nur in schlimmsten Notfällen, wenn jede andere Beute ausblieb, getötet und verzehrt. Doch auch jetzt noch achteten sie den Biber höher als jede andere Tierart. Sie nannten die Biber nie anders als das »kleine Volk«, weil nach ihrer Meinung kein anderes Tier den Menschen im Wesen ähnlicher ist.

Grau-Eule fand, daß seine Stammesbrüder hierin recht hatten. Auch für ihn gab es kein Tier, das den Biber an Klugheit und Einsicht in seinem Tun und in seinem sozialen Verhalten übertraf. Er hatte oft genug beobachtet, daß Biber stets die Stelle eines Wasserlaufs zu finden wußten, die für den Bau ihrer Staudämme am geeignetsten war. Sie wußten auch genau, wie hoch ein solcher Damm sein mußte und wie stark, denn sie ahnten schon Monate vorher, bis zu welcher Höhe das Frühlingshochwasser steigen würde.

Als Grau-Eule im Gespräch mit Anareho zusammentrug, was sie beide über Lebensweise und Wesensart der Biber wußten, kam es plötzlich wie eine Erleuchtung über ihn. Bei seinen jahrelangen Wanderfahrten in Kanada und im Nordwesten der Vereinigten Staaten hatte er bemerkt, wie bedenkenlose Abholzungen häufig in weiten Gebieten die Wasserläufe austrocknen ließen und dann anstelle saftig grünen Wiesenlandes oder kraftvoller Hochwälder verfilztes Gestrüpp trat. Er hatte oft gehört, daß die Indianer behaupteten, diesen Übelstand habe hauptsächlich die rücksichtslose Ausrottung der Biber verschuldet. Denn hinter den Biber-

dämmen stauten sich Wasserläufe; der Grundwasserspiegel des angrenzenden Landes erhöhte sich dadurch, und im Einzugsgebiet der Frühjahrsüberschwemmungen setzte sich fruchtbarer Schlick ab.
Der Biber hatte also – dies wurde Grau-Eule nun blitzartig klar – jahrhundertelang im Werden und Wachsen der großen Wälder Nordamerikas eine entscheidende Rolle gespielt! Seinen winzigen, der Menschenhand so ungemein ähnlichen Pfoten war vom Schöpfer das Gleichgewicht zwischen Tod und Leben in der Pflanzengemeinschaft der Wälder und Aulandschaften anvertraut worden. Konnte der Mensch, der dieses Gleichgewicht aus Torheit und Besitzgier so unheilvoll gestört hatte, den Bibern nicht dazu verhelfen, daß sie ihre alte, naturgegebene Rolle aufs neue übernahmen, damit sich verödetes Land wieder reich begrünte und das verarmte Tierleben so vielgestaltig wie einst neu erstand?

Später wollte es ihn wie ein eigens ihm zugedachter Wink des Schicksals anmuten, daß er gerade in jenen Tagen, als sich diese Erkenntnis in seinem Kopf zu einem fest umrissenen Plan auszugestalten begann, eines Abends nahe bei seiner Hütte die klagenden Hilferufe zweier Biberwelpen vernahm, deren Mutter wohl in einer Falle verendet war. Grau-Eule griff gewohnheitsmäßig zum Gewehr, als er die Klagelaute hörte, denn mutterlose Biberwelpen müssen elend zugrunde gehen, und ein verständiger Jäger tut gut, wenn er ihre Qualen durch eine Kugel abkürzt.
Als Grau-Eule mit der Waffe vor das Haus trat und auszumachen suchte, woher die Klagerufe kamen, war Anareho ihm gefolgt und sagte bittend: »Können wir sie nicht zu uns ins Haus nehmen?«
»Wir wollen es versuchen.« Grau-Eule sagte es ohne viel Hoffnung, denn bisher hatte seines Wissens noch kein Mensch gewagt, junge Biber als Hausgenossen aufzuziehen. Er wußte nur, daß es ungemein schwer war, erwachsene Biber in Gefangenschaft zu halten, ohne daß sie verkamen und schließlich in ihrem Verhalten kaum noch etwas mit ihren freilebenden Artgenossen gemein hatten.
Es erwies sich jedoch, daß die jungen Biber nicht so schwer an Menschennähe zu gewöhnen waren, wie Grau-Eule anfangs fürchtete. Sie nahmen ihn und Anareho schon nach wenigen Tagen als Ersatzeltern an und wurden bald ebenso zutraulich wie Menschenkinder, die man mit Liebe und

Geduld behandelt. Allerdings schenkten Grau-Eule und Anareho, deren Ehe kinderlos blieb, den beiden Biberwaisen wirklich alle Zuneigung, deren sie fähig waren.

Diese erste Erfahrung im nahen Umgang mit Bibern brachte Grau-Eule auf den Gedanken, eine ganze Biberfamilie so mit Menschen vertraut zu machen, daß man ihr Tun und Treiben unbehindert beobachten konnte. Nur dann, erklärte er seiner Frau, würde es möglich sein, den Menschen die Augen für das Wesen der Biber zu öffnen und ihnen verständlich zu machen, wie und warum dieser Tierart im Reich der Schöpfung eine schönere und wichtigere Aufgabe gestellt war als die, den Menschen kostbares Pelzwerk zu liefern.

»Ich will«, sagte er zu Anareho, und er wußte wahrscheinlich selbst nicht, woher er den Mut zu einem solchen Entschluß voll unabsehbarer Folgen nahm, »ich will meinen Mitmenschen das Leben der Biber vom ersten Atemzug bis zur Todesstunde in Bildern und Worten so schildern, daß sie in ihm den Bruder erkennen und achten und liebenlernen.«

In dem Teil der Provinz Ontario, wo Grau-Eule damals lebte, waren die Biber fast ganz ausgerottet, und dem Rest wurde von Indianern und Weißen so rücksichtslos nachgestellt, daß zu befürchten stand, eine an Menschennähe gewöhnte Biberfamilie werde in ständiger Gefahr sein. Anareho und ihr Mann beschlossen deshalb, in ein Gebiet der Provinz Quebeck überzusiedeln, wo es noch unberührte Wälder und Gewässer gab, die höchstens im Sommer von wenigen Sportfischern aufgesucht wurden. Doch als sie am Ende einer langen, beschwerlichen Reise, die sie zu Fuß und mit dem Kanu zurücklegten, mit ihren beiden jungen Bibern an ihrem Ziel ankamen, mußten sie feststellen, daß es an dem ausgewählten See zwar Biber, aber ringsum sonst kaum Wild gab.

Nun war aber Grau-Eule auf die Pelzjagd angewiesen, um seinen Lebensunterhalt zu verdienen. Und Schulden hatte er bei der Faktorei der Hudson Bay Company auch machen müssen, um die nötigen Wintervorräte einzukaufen. Das war für ihn, den bisher erfolgreichen Fallensteller, ein ungewohnter und bedrückender Zustand. Als sie ihre Hütte gezimmert und sich mit Mühe einen Wildfleischvorrat für den Winter geschaffen hatten, sah sich Grau-Eule vor eine schwierige Entscheidung gestellt. Wollte er seinen Plan, das Leben der Biber zu erforschen, wie er es sich ausgedacht hatte, nicht schon jetzt aufstecken, mußte er einen Schritt wagen, der eigentlich erst für eine spätere Zeit ins Auge gefaßt war, wenn sich das Experiment als gelungen erwies: Er mußte sich als Schriftsteller versuchen und seine Erlebnisse mit den beiden Biberwelpen aufschreiben und veröffentlichen, um mit dem Honorar seine Schulden zu bezahlen und für sich und seine Frau den Lebensunterhalt zu bestreiten.

Er, der bei seiner Arbeit als Jäger und Fallensteller niemals Furcht gekannt hatte, machte sich mit Angst und Zittern ans Werk. Denn woher sollte ein Trapper auch nur die Anfangsgründe der Schriftstellerei kennen? Lesen und Schreiben war für seinen Beruf nicht erforderlich, und wenn er es in seinen Kinderjahren erlernt hatte, vergaß er diese Künste meistens so weit, daß er gerade noch seinen Namen schreiben und die Schilder auf den Waren im Laden der Faktorei lesen konnte.

Bei Grau-Eule war es nicht ganz soweit gekommen. Er hatte immerhin ab und zu Zeitschriften gelesen und besaß sogar ein Wörterbuch und eine Grammatik der englischen Sprache. Bei diesen beiden Büchern mußte er oft Rat und Hilfe suchen, als er tapfer begann, mit ungeübten Fingern und ungelenken Schriftzügen schlicht und wahrheitsgetreu seine Erlebnisse, Erfahrungen und Gedanken im nahen Umgang mit Bibern niederzuschreiben. Als er nach Wochen harter Arbeit damit fertig war, fügte er dem Manuskript noch einige Fotografien bei, die er mit einer billigen Kamera aufgenommen hatte. Dann brachte er den dicken Brief auf Schneeschuhen zur nächsten, zehn Tagereisen entfernten Poststation. Er hatte den Brief auf gut Glück an die einzige Zeitschrift adressiert, von der er ein Exemplar zur Hand hatte.

Die Antwort blieb so lange aus, daß sich Grau-Eule schließlich kaum noch Hoffnung auf einen Erfolg zu machen wagte. Erst als es Sommer wurde, erlöste ihn der Besuch des ständigen kanadischen Mitarbeiters der Zeitschrift von der Ungewißheit. Montgomery war eigentlich nur an den See gekommen, um der Redaktion Klarheit darüber zu verschaffen, daß es sich bei dem schreibenden Indianer und seinen beiden Biber-Hausgenossen nicht um eine Mystifikation handelte. Was er sah und hörte, beeindruckte ihn jedoch so, daß er nicht nur sofort ein positives Gutachten nach London auf den Weg brachte, sondern Grau-Eule auch einen Scheck mit einer ansehnlichen Summe hinterließ. »Als Anzahlung auf das Hono-

rar«, wie er sagte. In Wirklichkeit gab Montgomery das Geld aus eigener Tasche, um Grau-Eule bei der Fortsetzung seines Experiments zu unterstützen.
Diese Summe und das Honorar, das einige Zeit später mit der Bitte um weitere Mitarbeit eintraf, erlösten Grau-Eule und Anareho von allen drängenden Sorgen. Mehr noch: Dieses unerwartet lebhafte Echo auf Grau-Eules ersten schriftstellerischen Versuch tröstete sie etwas über einen schmerzlichen Verlust hinweg, den sie kurz zuvor erlitten hatten.
Eines Abends waren die beiden jungen Biber, die ihnen lieb geworden waren wie eigene Kinder, von einem Ausflug zum nahen See nicht zurückgekehrt.
»Ein langgezogener heller Ruf war das letzte, was wir von Ginnis und Ginty vernahmen«, erzählt Grau-Eule über diesen traurigen Tag. »Er klingt uns noch immer in den Ohren nach und sucht uns heim im Sturmrauschen des Waldes wie in der Abendstille des Sees. Er mischt sich in den Morgengesang der Vögel und in den fern verklingenden, melancholischen Ruf der Haubentaucher bei Abenddämmerung. Er weint in den klagenden Tönen eines Indianerlieds, flüstert im Murmeln schläfrig dahinziehender Wasserläufe, tönt mit im Getöse des Wasserfalls, und auch im ruhelosen Anprall der windgepeitschen Wellen am Ufer des Sees vernehmen wir ihn immer wieder.«

Aber Grau-Eule und Anareho hingen ihrer Trauer nicht lange untätig und ratlos nach. Sie sagten sich: Es ist der Lauf der Welt, daß heranwachsende Kinder das schützende Elternhaus verlassen. Deshalb versuchten sie neue Bibergefährten zu finden und an ihre Blockhütte zu gewöhnen. Es gelang ihnen abermals, und zwar so gut, daß man sich allmählich in Kanada wahre Wunderdinge von den Indianern erzählte, die in engster Hausgemeinschaft mit einer Biberfamilie lebten.
Angelockt von solchen Berichten, die durch die Tageszeitungen liefen, erschien eines Tages ein unerwarteter Gast bei Grau-Eule und Anareho: ein Mitarbeiter der kanadischen Naturschutzbehörde. Er ließ sich alles berichten und zeigen, und man konnte sehen, daß er ziemlich beeindruckt wurde. Trotzdem war er noch nicht ganz vom Erfolg des Experiments überzeugt.

Doch dann fuhr er mit Grau-Eule im Kanu auf den See hinaus. Plötzlich ließ der Indianer einen leisen, melodischen Pfiff hören, und gleich darauf schwammen zwei Biber an das Boot heran, kletterten hinein und begannen, nachdem sie Grau-Eule freudig begrüßt hatten, sofort, mit schnüffelnden Nasen den Fremden zu untersuchen. Dabei tauschten sie aufgeregt quietschende Laute miteinander aus, die sich ganz so anhörten, als ob sich die Biber über den ihnen unbekannten Gast unterhielten. Er sah die Tiere dann später zutraulich wie Hausgenossen in Grau-Eules Blockhaus ein- und ausgehen und beobachtete endlich auch, wie sie begannen, ihren Biberbau so vertrauensvoll dicht am Menschenhaus zu errichten, als ob der Nachbar Mensch ihr bester Freund sei und ihrem Volk niemals als Räuber nachgestellt hätte.

Der Bericht des Besuchers veranlaßte die Behörde in Ottawa zu einem ungewöhnlich großzügigen Angebot, wie es sonst allenfalls einem anerkannten Wissenschaftler zuteil wurde. Man erklärte sich bereit, alle Voraussetzungen dafür zu schaffen, daß Grau-Eule seine Biberforschung ungestört und ohne materielle Sorgen fortsetzen konnte. Er sollte einen Bezirk in einem Naturschutzgebiet als Beobachtungsrevier erhalten und dort in engster Nachbarschaft zu einer ganzen Biberkolonie leben. Ferner sollten ihm eine Filmausrüstung und geeignete Gehilfen gestellt werden, damit er einen Dokumentarfilm vom Leben der Biber schaffen konnte, der die Sache des »kleinen Volkes« noch eindringlicher als geschriebene Worte zu vertreten vermochte und eine wirksame Biberhege über den Kreis der Zoologen hinaus volkstümlich machen würde.

Der Gedanke der Biberhege war für die Naturschutzbehörde Kanadas damals schon nicht mehr ganz neu. Einige Jahre vorher hatte ein Faktoreileiter der Hudson Bay Company aus eigenem Antrieb damit begonnen, durch Schutzmaßnahmen den fast erschöpften Biberbestand an der James-Bay allmählich wieder aufzubauen. Aber dem Pelzhandel und der breiten Öffentlichkeit hatte man immer noch nicht ganz begreiflich machen können, daß Biberhege mehr bewirken würde als nur die Erhaltung einer geldbringenden Pelztierart. Hier – so erkannte man in Ottawa sofort – konnte Grau-Eules abenteuerlich-romantische, das Gefühl ebenso sehr wie die Einsicht ansprechende Geschichte womöglich die entscheidende Bresche schlagen.

Am Ajawan-See im Prinz-Albert-Nationalpark von Saskatchewan fand sich ein geeigneter Platz für die geplante Biberstation. Sie wurde im Lauf der folgenden Jahre zu einem Wallfahrtsort für die Naturschutzfreunde in ganz Nordamerika. Hier lauschten sie den eifrigen »Biberpredigten« Grau-Eules und lernten, wie man das so hart verfolgte und fast schon ausgerottete »kleine Volk« richtig hegen und neu beleben konnte.
Und hier am Ufer des Ajawan-Sees steht auch der Gedenkstein, den die Regierung Kanadas über dem Grab Grau-Eules errichten ließ. Denn 1938 ist der große Freund des »kleinen Volkes« in seinem Biberhaus an einer Lungenentzündung gestorben.
Damit, so könnte man meinen, ist über Lebenslauf und -werk Grau-Eules alles gesagt. Aber es folgte ein Nachspiel, das die ohnehin merkwürdige Geschichte dieses besonderen Menschen um einen weiteren seltsamen Zug vermehrt. Grau-Eules literarischer Nachlaßverwalter in London verfiel eines Tages aus purer Neugier darauf, einige Unklarheiten im Lebensgang des Biberfreundes aufzuhellen. Dabei kam etwas höchst überraschendes zutage – ein Geheimnis, das Grau-Eule selbst vor seiner Gefährtin Anareho und seinen Indianerfreunden zu verbergen verstanden hatte: Er hatte nicht einen einzigen Tropfen Indianerblut in seinen Adern, war vielmehr als Sohn eines schottischen Elternpaares in England geboren worden und hieß eigentlich Bellaney.
Irgendwann in ganz jungen Jahren muß ihn – aus welchem Antrieb, läßt sich leicht erraten – die Sehnsucht übermächtigt haben, der Zivilisation den Rücken zu kehren und als Indianer zu leben. Diese Wandlung war ihm so vollkommen gelungen, daß seine Ojibway-Stammesbrüder noch heute daran festhalten, er müsse Indianerblut gehabt haben und, wie sie sagen, »ein Büschel Bärenhaar in seinem Skalp«. Sonst, so meinen sie, hätte er sich nie so gut in das Leben der indianischen Jäger der nördlichen Wälder einfügen können. Und schon gar nicht wäre er imstande gewesen, sich so in das Wesen der Biber hineinzufühlen und zu -denken, daß man seiner noch lange als Freund und Gefährte, Fürsprecher und Heger, ja, vielleicht sogar als Retter des »kleinen Volkes« vor unwiderruflicher Ausrottung gedenken wird.

Gericht im Urwald

Daß es Ärger geben würde, hatte sich Dick Cornell sofort gesagt, als die drei Grenzkommissionen fast gleichzeitig am Oberlauf des Rio Negro erschienen. Aber daß sich sein Argwohn so schnell bestätigen sollte, wie es dann geschah, darauf war er nicht gefaßt.

Es fing damit an, daß kaum fünf Wochen nach dem Eintreffen der brasilianischen Kommission Cucuhy, der alte Häuptling der Vaupés-Indianer, schon morgens in aller Frühe in Cornells kleinem Warenhaus auftauchte, grußlos einen arg verrosteten alten Colt-Revolver auf den Ladentisch legte und vorwurfsvoll dazu sagte: »Deine Waffe hat einen Mann getötet!«

Cornell nahm die Waffe in die Hand und zählte die Patronen in ihrem Zylinder nach. Fünf waren noch da, die sechste fehlte. »Ich erinnere mich, daß ich vor zwei Wochen eine ähnliche Waffe verkauft habe«, sagte er vorsichtig abwartend. Beunruhigt fragte er sich, worauf dieser Besuch des Häuptlings hinauslaufen wollte. Um dies herauszubekommen und um Zeit zu gewinnen, holte er unter dem Ladentisch eine Rumflasche und einen Becher hervor, schenkte ein und bot ihn Cucuhy als Willkommenstrunk an.

»Es ist deine Waffe«, wiederholte der Häuptling hartnäckig, ohne wie sonst gleich nach dem Rum zu greifen. »Weißen Mannes Waffe, nicht eine meines Volkes. Ich bringe sie dir zurück.«

»Wenn jemand eine Waffe kauft, wird sie sein Eigentum – ganz gleich, ob er weiß oder braun ist«, erwiderte Cornell, entschlossen, sich von dem Häuptling an Geduld und Hartnäckigkeit nicht übertreffen zu lassen. »Sie ist eine Ware wie jede andere auch, und wer eine Ware kauft, wird ihr Herr. Der Revolver gehört also nicht mehr mir.«

Cucuhy schüttelte den Kopf. »Weil sie weißen Mannes und nicht des Indianers Waffe ist, habe ich sie dir zurückgebracht«, sagte er heftig. »Es ist und bleibt deine Waffe.«

Cornell legte den Revolver wieder auf den Ladentisch zurück und sagte nur: »Trink und laß dir den Trunk bekommen, Cucuhy. Oder meinst du, du darfst jetzt nicht mehr mein Freund sein?«

Der Häuptling grunzte unwillig, nahm einen Schluck und starrte eine Weile schweigend gegen die Bambuswand des Lagerhauses. Erst als er merkte, daß Cornell ihm nicht den Gefallen tun würde, das Gespräch weiterzuführen, sagte er zögernd: »Diese Waffe hat heute Nacht einen Mann getötet.«
»Du sagtest es bereits«, erwiderte Cornell gleichmütig.
»Einen weißen Mann«, setzte Cucuhy nun mit Nachdruck hinzu.
Diese Eröffnung traf Cornell nun freilich wie ein Stoß in die Magengrube. Es kostete ihn erhebliche Mühe, sich von dem Schock nichts anmerken zu lassen. Wenn einer der Landmesser oder Soldaten der Grenzkommissionen mit diesem Revolver ermordet worden war, dann konnte daraus eine höchst ärgerliche Sache auch für den werden, der die Waffe verkauft hatte.
»Ein Schuß aus einem Revolver löst sich nicht von selbst, Cucuhy«, erwiderte er so gleichmütig wie möglich. »Ein Mensch muß dazu auf den Abzugsbügel drücken, das weißt du ebensogut wie ich. Wer hat diese Waffe dazu benutzt, einen Menschen zu töten? Ein Weißer?«
»Nein, diese Waffe hat von selbst getötet«, behauptete der Häuptling, ohne dabei mit der Wimper zu zucken. »Der Geist dieser Waffe hat den Schuß abgefeuert.«
Cornell unterdrückte mit Mühe die Lachlust, die ihn bei dieser Erklärung anwandelte. Er kannte die Vaupés-Indianer seit sechs Jahren gut genug, um zu wissen, wie ernst ihr Geisterglaube zu nehmen war. Für sie waren nun einmal alle Dinge, tote wie lebendige, von guten oder bösen – meistens von bösen – Geistern bewohnt. Trotzdem entgegnete Cornell: »Dinge, die der weiße Mann herstellt, haben keine Geister – weder gute noch böse.«
Cucuhy schüttelte den Kopf: »So denkt ihr Weißen. Aber in dieser Waffe hier ist ein böser Geist, und er war es, der den Schuß abgefeuert und damit einen Mann getötet hat. Einen weißen Mann, hörst du! Deshalb bringe ich sie dir zurück, damit du es den Freunden des Toten beibringen kannst.«
Darauf also will der alte Schlauberger hinaus, dachte Cornell halb verärgert, halb erheitert. Nun, dann wird es wohl Zeit, daß wir das Wortgeplänkel beenden und zum Kern der Sache kommen.

»Höre, Cucuhy«, sagte er, »vor zwei Wochen habe ich diesen Revolver an deinen Sohn Jukena verkauft. Er bezahlte dafür mit fünf Röhrchen Pfeilgift. Die Waffe war ihm also so viel wert, daß er dafür einen hohen Preis bezahlte. Seitdem habe ich sie nicht mehr gesehen. Welcher weiße Mann ist denn tot?«
Cucuhy grinste verstohlen: »Daß Jukena den Schuß abgefeuert hat, kann ihm niemand nachweisen«, sagte er triumphierend. »Mehr noch, ich weiß mit Sicherheit, daß weder Jukenas Hand noch die eines anderen Mannes der Vaupés den Abzugsbügel berührt hat, als der weiße Mann getötet wurde. Die Kugel traf ihn trotzdem tödlich, als er im Dunkeln Jukenas Haus besuchte, wie er es schon oft tat, wenn mein Sohn abwesend war.«
»Und wo befand sich dein Sohn, als sich der Schuß aus diesem Revolver löste und den weißen Mann traf?«
»Er und seine Frau waren die ganze Nacht in meinem Haus«, erwiderte Cucuhy siegessicher. »In seinem Haus war kein Mensch außer jenem weißen Mann. Ihm ist dort kein anderer begegnet als diese Waffe.«
»Wer war der Tote«, fragte Cornell weiter. »Und wo ist er jetzt? Noch immer in Jukenas Haus?«
»Wir kennen seinen Namen nicht. Er ist oft zu unserem Dorf gekommen, allein in einem Kanu. Er kam vom Lager der Brasilianer herauf, aber er ist kein Soldat. Wir haben seinen Leichnam vorhin in sein Kanu gelegt und es dann den Fluß hinuntertreiben lassen. Und danach habe ich dir deine Waffe zurückgebracht, denn sie ist eines weißen Mannes, nicht eines Indianers Waffe, und deshalb gehört sie in deine Hand«, schloß Cucuhy energisch, fast drohend, leerte seinen Becher und verließ das Lagerhaus.

Dick Cornell blickte dem gemessen davonschreitenden Häuptling nach, bis er im Wald verschwunden war. Dann warf er den alten Revolver in eine Werkzeugkiste unter dem Ladentisch und begann, im Aufundabgehen den ganzen Vorfall zu durchdenken.
Für ihn stand es fest, daß entweder der Häuptlingssohn Jukena, dessen Frau oder gar der alte Häuptling selbst jenen Brasilianer umgebracht hatten, weil dieser der Frau Jukenas hartnäckig nachstellte. Die Geschichte von dem bösen Geist in der Waffe, der den tödlichen Schuß ausgelöst hatte, sollte nur von dieser Tatsache ablenken. Ein Ablenkungsmanöver

war auch der Versuch Cucuhys, den Weißen, der Jukena die Waffe verkauft hatte, in den Fall zu verwickeln, ja, ihm sogar die Hauptverantwortung zuzuschieben.

»Welch eine Frechheit, mir auch noch zuzumuten, den Brasilianern verständlich zu machen, warum diese Waffe ihren Landsmann töten mußte«, brummelte Cornell verdrossen vor sich hin. »Doch wenn ich hierbleiben will, muß ich es wohl oder übel auf mich nehmen, die dumme Geschichte ins reine zu bringen... Aber muß ich denn überhaupt am Rio Ucuru bleiben?«

Er zog unter einem Stapel alter amerikanischer Zeitschriften zwei auf Leinen gezogene Landkarten hervor, faltete sie auseinander und begann sie zu studieren. Die eine der Karten gab den Nordwesten Südamerikas in ziemlich großem Maßstab wieder. Sie stellte die amtliche brasilianische Version der Grenzverhältnisse und der Topographie des Dreiländerecks im Rio-Negro-Gebiet dar, in das sich die drei Staaten Brasilien, Kolumbien und Venezuela teilen. Auf dieser Karte nahm sich alles fein säuberlich und wohlgeordnet aus. Doch das täuschte. In Wahrheit wußte niemand genau, wo zwischen Rio Negro, Rio Vaupés und Rio Cassiquiare die Staatsgrenzen eigentlich verliefen. Man hatte sie zwar zu Anfang des zwanzigsten Jahrhunderts in mehreren hitzigen Konferenzen am grünen Tisch theoretisch festgelegt und auf Kartenblätter einzeichnen lassen. Doch dabei hatten die Herren Politiker ziemlich großzügig über den Daumen gepeilt. Genau vermessen hatte den Grenzverlauf jedenfalls noch niemand, wie auch kein Weißer in offiziellem Auftrag dieses Gebiet mehr als nur oberflächlich erforscht hatte.

In Cornells Augen war es pure Anmaßung, daß die Regierungen der drei Anrainerstaaten sich hier als Herren und Besitzer fühlten. »In Wirklichkeit«, so hatte er sich einmal in einem Brief an das chemische Forschungsinstitut ausgedrückt, das er mit Proben indianischer Pfeilgifte versorgte, »regiert hier nur eine Macht: der Urwald. Und im Besitz des Landes, sofern der Mensch sich hier überhaupt als Besitzer und Herr fühlen darf, befinden sich allein die Indios — mehrere Stammesgruppen der Vaupés-Indianer. Deren Denk- und Lebensweise muß noch als ebensowenig erforscht gelten wie das Land, in dem sie jagen, fischen, sich nähren, Kinder zeugen und sterben.«

Von Zeit zu Zeit fiel es den Regierungen freilich ein, im Gebiet der Vaupés Erkundungs- und Vermessungsversuche anzustellen. Viel kam dabei nicht heraus. Den Beamten, Offizieren und Soldaten, die dazu abkommandiert wurden, war es im Urwald viel zu feucht, heiß und ungemütlich, als daß sie sich auf große Anstrengungen eingelassen oder gar ernstlich in Gefahr begeben hätten. Die Tage der Conquistadoren waren lange vorüber, und zu holen war hier doch nichts von Wert.

Hierüber dachte Dick Cornell freilich anders, und deswegen unterschied sich die zweite Karte, die er ebenfalls auf dem Ladentisch ausgebreitet hatte, erheblich von der amtlichen. Daß Cornell am Rio Ucuru eine Handelsstation betrieb, war nur ein Vorwand. Zwar versorgte er das Indianervolk der Umgebung mit jenen Zivilisationsgütern, auf die man selbst in diesen weltentlegenen Wäldern nicht mehr verzichten mochte – mit bunten Glasperlen und Stoffen, Nägeln, Nadeln, Angelhaken, Werkzeug, Blechgeschirr, Tee, Tabak und Rum. Aber das Handelsgeschäft deckte kaum Cornells Unkosten, zumal er es nicht mit übermäßigem Eifer betrieb.

Oft war er wochenlang von der Station abwesend, um die Wasserläufe zu erforschen, die von den Bergen im Nordwesten herunterkamen. Dabei hatte er im Laufe der sechs Jahre, die er schon am Ucuru verbrachte, Erhebliches geleistet – mehr jedenfalls als die amtlichen Vermessungskommissionen, wie seine Karte des Gebiets auswies. Und ganz nebenbei hatte er auch herausgefunden, in welchem dieser Wasserläufe Diamanten und andere Edelsteine zu finden waren. Ein Lederbeutel, den er in seiner Station versteckt hielt, sprach deutlich genug von der Edelstein-Spürnase, die der junge Amerikaner im Laufe der Jahre entwickelt hatte.

Cornells Hauptgeschäft und seine beste Einnahmequelle war jedoch der Handel mit indianischen Pfeilgiften. Jedes Dorf hatte seine besonderen Rezepte dafür. Zu der Zeit, als Cornell in den Urwald am Rio Negro ging, war die Wissenschaft gerade dahintergekommen, daß eines dieser Gifte, Curare, in geringen Dosen verabreicht, heilende Kraft besaß. Deshalb lag einigen Forschern viel daran, die chemische Zusammensetzung dieser nach uralten Überlieferungen zusammengebrauten Pfeilgifte zu erkunden. Dazu waren jedoch Originalproben in ausreichender Menge erforderlich. Dick Cornell verstand es von allen weißen Waldläufern am besten, solche Proben zu beschaffen, und sie wurden ihm gut bezahlt.

Sein Erfolg gerade mit dieser heiklen Ware, über die die Indios nur ungern Auskunft gaben, beruhte vor allem darauf, daß es ihm gelungen war, sich mit den Indianern am Rio Ucuru gut zu stellen. Er hatte ihnen das Gefühl vermittelt, ihr Freund zu sein, und dies meinte er ganz ehrlich, denn das Leben im Urwald behagte ihm. Hier hatte er so viel Muße, wie er wollte, sobald ihn danach verlangte. Hier konnte ihm, wenn er Diamanten suchte, hinter jeder Flußbiegung, in jedem Bergtal das Abenteuer begegnen. Auf jeden Fall war er hier sein eigener Herr und wurde weder von Geld- und Nahrungssorgen geplagt noch von Vorgesetzten oder gar Behörden behelligt.

Deshalb hatte es ihn gleich bedenklich gestimmt, als erst Grenzkommissare der Brasilianer und gleich darauf auch die der Venezolaner und der Kolumbier begannen, in dem Gebiet herumzustöbern, das als sein Reich anzusehen er sich angewöhnt hatte. Vor allem fürchtete er, die Indianer würden ausplaudern, daß und wo er Edelsteine gefunden hatte. Vor ihnen hatte er seine Entdeckungen nicht verborgen halten können, da er sie als Wegführer im Urwald und auf den Wasserläufen brauchte. Hatten die Grenzkommissionen erst einmal davon Wind bekommen, daß es hier doch Bodenschätze von Wert gab, würde man ihn, den »Gringo del Norte«, nicht mehr lange dulden und mit allen Mitteln wegekeln.

Ein solches Mittel hatte ihnen der unselige Mord im Hause des Häuptlingssohnes Jukena bereits in die Hand gespielt. Deshalb studierte Cornell jetzt intensiv die beiden Karten: Er erwog ernstlich, den Rio Ucuru zu verlassen und zumindest für eine Weile tief in den Wäldern zu verschwinden. Oder war es sogar besser, die Station ganz aufzugeben und irgendwo neu anzufangen?

»Aber das würde mich um Jahre zurückwerfen«, sinnierte Cornell halblaut vor sich hin. Wie viele weiße Urwalderemiten seiner Art hatte er sich angewöhnt, Selbstgespräche zu führen. »Außerdem steht noch gar nicht fest, daß die Brasilianer überhaupt von dem Mord an einem ihrer Leute erfahren. Ein Einbaumkanu, in dem ein Toter liegt, unterscheidet sich, wenn es den Fluß hinuntertreibt, kaum von anderen treibenden Baumstämmen, die täglich zu sehen sind. Der Einbaum wird sich allmählich voll Wasser saugen und sinken, und dann werden die Piranhas und andere Raubfische schon dafür sorgen, daß vom Leichnam nicht mehr als das Skelett übrigbleibt... Darauf spekulierten vermutlich auch der Häuptling Cucuhy und sein Sohn. Denn damit und mit dem Streich, den mir der alte Gauner gespielt hat, sind alle Spuren beseitigt, die womöglich doch noch auf den oder die Täter hinweisen könnten: der Tote mit der Einschußwunde und die Waffe, mit der der Mord ausgeführt wurde... Warten wir also ab, wie die Brasilianer auf das plötzliche Verschwinden ihres Landsmannes reagieren. Er wird ja hoffentlich nicht so dumm gewesen sein, vor den anderen mit seinen Erfolgen als Don Juan zu renommieren. Wie ich die Kommandanten solcher Kommissionen kenne, verstehen sie keinen Spaß, wenn einer ihrer Leute den Indianerinnen nachstellt. Sie wissen zu gut, daß gerade aus solchen Übergriffen die meisten blutigen Auseinandersetzungen mit den Urwald-Indios entstanden sind.«

Cornell wußte zu dieser Zeit noch nicht, daß die Indianer an dem Kanu, in dem sie den Toten auf die Flußreise schickten, einen langen Bambusstab mit einem Fetzen roten Tuches befestigt hatten, um so mit Sicherheit die Aufmerksamkeit der Brasilianer zu erregen. Sie sollten – das war die Absicht der Indios – den Leichnam ihres Landsmannes finden und dadurch gewarnt werden: Dies blüht jedem von euch, der Übergriffe gegen uns wagt!

Cornell erfuhr dies schon am nächsten Tag, als der Kommandant der brasilianischen Kommission, Hauptmann Covilha, mit drei Soldaten vor der Handelsstation erschien.

»Einer meiner Leute ist ermordet worden«, erklärte der Hauptmann steif, noch ehe Cornell den landesüblichen Begrüßungskaffee bereiten konnte. »Einer unserer Landmesser! Er hatte den Auftrag, hier in Ihrer Nähe den Verlauf der Flüsse und Bäche festzustellen.«

»Das ist ja eine böse Nachricht und ein sehr bedauerlicher Zwischenfall«, erwiderte Cornell höflich abwartend.

»Ja, sehr böse und bedauerlich, und das um so mehr, als wir Grund zu der Annahme haben, daß der Mord nicht von einem Indianer begangen wurde«, fuhr der Hauptmann nicht ohne anzügliche Schärfe fort. »Unser Arzt hat den Toten seziert und dabei eine Kugel gefunden, die aus einem Achtunddreißiger Revolver stammen muß. Kennen Sie hier jemand, der eine solche Waffe besitzt?«

»Solche Revolver sind nicht selten«, sagte Cornell so harmlos wie möglich. »Wahrscheinlich gibt es bei jeder der drei Kommissionen, die hier tätig sind, mehrere davon.«
»Von meiner Kommission kommt keiner für die Tat in Frage«, entgegnete Covilha noch schärfer. »Keiner außer jenem Landmesser befand sich in den letzten drei Tagen so weit oben am Rio Ucuru.«
»Und die anderen – die Venezolaner und die Kolumbianer? Könnte es da nicht zu einem Streit gekommen sein?«
»Das scheidet ebenfalls aus! Hier ist brasilianischer Boden. Da haben die beiden anderen Kommissionen nichts zu suchen.«
»Ja, dann steht Ihnen wohl noch eine harte Ermittlungsarbeit bevor, Herr Hauptmann«, sagte Cornell und setzte mit versteckter Ironie hinzu: »Darf ich Sie nicht wenigstens mit einer Tasse Kaffee erfrischen?«
Covilha zögerte, nickte dann aber und setzte sich endlich. Aufatmend verließ Cornell den Raum, um in seiner Küche den Kaffee zu bereiten. Das gab ihm Zeit nachzudenken. Als er mit dem Getränk zurückkam und die Tassen gefüllt waren, hatte er seine Entscheidung getroffen – die richtige Entscheidung, wie sich herausstellen sollte.
Er holte aus dem Werkzeugkasten unter dem Ladentisch den alten Colt-Revolver und legte ihn vor Hauptmann Covilha hin. »Dies«, sagte er dabei, »ist wahrscheinlich die Waffe, mit der der Mord begangen wurde. Sehen Sie nach! Im Magazin fehlt eine Kugel, und im Lauf sind noch Pulverspuren sichtbar. Die Kugel, die der Arzt im Körper des Toten fand, wird vermutlich mit denen im Magazin des Revolvers übereinstimmen.«
Der Hauptmann starrte Cornell erstaunt und mißtrauisch an. Er mochte wohl vermutet haben, daß die Waffe oder wenigstens die Munition aus dem Laden des Amerikaners stammte. Doch daß dieser selbst im Besitz des Revolvers war und ihn auch noch freiwillig auslieferte, ging offensichtlich über sein Fassungsvermögen.
Ehe er die Sprache wiederfand, fuhr Cornell fort: »Ich stelle mich Ihnen als Zeuge zur Verfügung, aber nur unter einer Bedingung: daß das Gerichtsverfahren hier an Ort und Stelle und öffentlich stattfindet. Ich glaube, der Häuptling Cucuhy wird sich nicht weigern, dabei mitzuwirken. Schließlich ist er genauso wie Sie, Herr Hauptmann, daran interessiert, daß es nicht zu weiterem Blutvergießen kommt.«

»Sie meinen damit, daß der Landmesser von Indianern getötet wurde«, fragte Covilha verblüfft. »Woraus schließen Sie das?«
»Ich vermute und kombiniere in diesem Fall nicht nur, sondern ich weiß, wer der Täter ist«, sagte Cornell bestimmt. »Aber ich sage nur aus, wenn Sie meine Bedingung erfüllen.«
Der Hauptmann dachte eine Weile nach. Dann erwiderte er: »Wenn es sich bei dem Täter um einen Indianer handelt, sieht es freilich so aus, als ob ich gut daran tue, wenn ich auf Ihren Vorschlag eingehe. Ich habe strikte Anweisung, alles zu vermeiden, was zu Zwischenfällen mit den Indianern führen könnte. Eine öffentliche und sofortige Gerichtsverhandlung an Ort und Stelle wäre wohl das beste, den Indianern klarzumachen, daß wir Gerechtigkeit, nicht Rache wollen. Ich frage mich nur, ob Sie wirklich mit Recht annehmen, daß ein Indianer der Mörder ist. Meines Wissens haben die Vaupés-Indianer bisher immer nur Bogen und Giftpfeil verwendet, niemals Feuerwaffen. Und einen Indianer mit Revolver habe ich noch nie gesehen.«
Cornell berichtete ihm wahrheitsgemäß, was er wußte: Daß er dem Häuptlingssohn Jukena den Colt-Revolver mit sechs Kugeln verkauft hatte und daß der Häuptling Cucuhy selbst ihm die Waffe zurückgebracht und dabei erzählt hatte, der getötete Brasilianer sei in Jukenas Hütte erschossen worden, und zwar nicht von Menschenhand, sondern von dem Geist der Waffe selbst. »Herr Hauptmann«, schloß Cornell, »dies klingt freilich sehr sonderbar. Aber wenn man sich einmal in die Vorstellungswelt dieser Waldmenschen hineinversetzt, läßt man es zumindest gelten, bis sich eine logischere Erklärung findet.«
»Sie wollen damit doch nicht etwa sagen, daß auch Sie davon überzeugt sind, ein Geist habe den Revolver abgedrückt«, rief der Brasilianer entrüstet.
Cornell wiegte skeptisch den Kopf. »Ich bin da nicht ganz so sicher wie Sie«, sagte er, »denn ich habe bei den Vaupés schon manche wunderlichen Dinge erlebt, die sich mit unserer Art von Logik meist nicht zusammenreimen lassen und doch sehr reale Wirkungen zeitigten. Aber das ist ein weites Feld ... Ich will auf etwas anderes hinaus, Herr Hauptmann. Die Tatsache, daß Ihr Landmesser in einem Indianerhaus, und zwar wahrscheinlich abends oder nachts, getötet wurde, bedeutet doch wohl,

daß er sich dort irgendwie mißliebig gemacht hatte. Sie sagten schon, man habe Ihnen strikte Anweisung gegeben, alles zu vermeiden, was zu Zwischenfällen mit den Indianern führen könnte. Gewiß haben Sie Ihre Leute entsprechend instruiert?«

»Natürlich habe ich das«, gab Covilha ärgerlich zurück. »Ich habe die Burschen mehrmals nachdrücklich ermahnt, die Finger von den Indianerfrauen zu lassen. Sie meinen, hier könnte eine Weibergeschichte im Spiel sein«, fragte er sichtlich beunruhigt.

Cornell zuckte die Achseln. »Es ist nicht ausgeschlossen«, sagte er. »Wäre es nicht ganz zweckmäßig, Sie nähmen gleich eine Art Lokaltermin im Dorf des Häuptlings vor? Ich bin gern bereit, Sie zu begleiten und, wenn nötig, den Dolmetscher zu spielen.«

Sie brauchten fast eine Stunde, um auf dem schmalen, vielfach gewundenen Urwaldpfad Cucuhys Dorf zu erreichen. Es lag am Schnittpunkt mehrerer solcher Urwaldpfade und bestand aus annähernd hundert Wohnhütten und einigen Gemeinschaftshäusern. Da Cornell den Indianern gut bekannt war, der Hauptmann jedoch nicht, schlug dieser vor, der Amerikaner solle an der Spitze gehen, sobald man das Dorf betrat. Die drei Soldaten bildeten, mit dem Gewehr schußbereit im Arm, die Nachhut.

Cornell führte die Brasilianer sofort vor Cucuhys Haus, hielt jedoch, wie es die Urwaldhöflichkeit verlangte, zehn Schritte davon entfernt an, bis einer der scheinbar müßig herumlungernden jungen Vaupés-Krieger dem Häuptling die Ankunft von Gästen gemeldet hatte.

Als Cucuhy vor das Haus trat, war seinem Gesicht deutlich anzusehen, daß ihm die Anwesenheit bewaffneter Soldaten mißfiel. Cornell brauchte mehrere Minuten, ihn zu besänftigen und zur Begrüßung der Brasilianer zu bewegen. Cucuhys Miene klärte sich erst auf, als sich während des Gesprächs der Platz vor dem Haus mit gut zwei Dutzend Indianern gefüllt hatte, die sämtlich mit langen Speeren bewaffnet waren.

»Wir beide sind Männer, die sich auskennen, Cucuhy«, sagte Cornell. »Ich wäre nicht mit den Brasilianern hergekommen, wenn ich nicht überzeugt wäre, dir damit einen Freundschaftsdienst zu erweisen. Die brasilianischen Soldaten halten sich hier ja nur auf, um das Grenzgebiet im

Land der Vaupés zu vermessen, damit man davon endlich eine brauchbare Landkarte anfertigen kann. Sie sind also mit friedlicher Absicht gekommen. Aber nun ist, wie du selbst weißt, einer der Brasilianer ermordet worden. Es ist deshalb nötig, daß dies Verbrechen untersucht und daß darüber Gericht gehalten wird, wie du ja auch Gericht hältst, wenn bei den Vaupés ein Verbrechen vorgekommen ist.«
Diese Erklärung stellte Cucuhy endlich zufrieden, und er befahl seinen Kriegern, die Speere wegzulegen. Dann führte er auf Covilhas Bitte die Weißen zum Haus des Häuptlingssohnes Jukena. Cornell kannte das Haus nicht, und es überraschte ihn, daß es so nahe am Fluß auf einem Abhang lag. Die Vaupés scheuten sich sonst aus Furcht vor Hochwasser davor, ihre Häuser in Flußnähe zu errichten. Er verstand nun aber auch, wie es jenem unseligen Landmesser möglich gewesen war, mit dem Kanu unbemerkt an das Haus seiner Angebeteten heranzukommen.
Ein dunkler Fleck im hartgestampften Lehmboden der Hütte verriet schon auf den ersten Blick, wo der Landmesser verblutet war.
»Rufe jetzt deinen Sohn«, schlug Cornell dem Häuptling vor. »Unser brasilianischer Freund möchte gern mit ihm sprechen.«
»Er ist nicht hier«, erwiderte Cucuhy. »Ich habe ihn heute morgen auf eine Geschäftsreise nach Norden geschickt. Du weißt ja, er versteht sich wie kein anderer darauf, Pfeilgifte herzustellen und mit ihnen zu handeln. Unsere Freunde im Norden haben uns gestern wissen lassen, daß sie dringend frisches Pfeilgift brauchen. Es sind plötzlich so viele bewaffnete Soldaten in ihrem Land aufgetaucht, daß sie Krieg befürchten.«
Hauptmann Covilha zog die Stirn in mißmutige Falten. »Da kann man nichts machen«, sagte er achselzuckend. »Aber es sieht so aus, als müßten unsere Kollegen von der venezolanischen Grenzkommission sich auf Zwischenfälle gefaßt machen. Man müßte sie warnen. Aber jetzt möchte ich noch sehen, wo sich der Revolver befand, als der Mann damit getötet wurde.«
Cucuhy deutete auf einen Holzpflock, der etwa zwei Meter von dem Blutfleck entfernt aus einem der Stützpfosten der Wand herausragte. Dort habe sein Sohn die Waffe aufgehängt, ehe er gegen Abend mit seiner Frau in das Haus des Häuptlings ging, um dort die Nacht zu verbringen.
»Und von diesem Pflock aus hat dann der Revolver ganz von selbst, ohne

daß irgend jemand den Finger auf den Abzug legte, den weißen Mann erschossen«, fragte Hauptmann Covilha.
»Du sagst es«, antwortete Cucuhy würdevoll. »Der Mann lag tot auf dem Boden, und die Waffe hing an dem Pflock, als wir am Morgen hereinkamen. Dem Geist der Waffe gefiel es offenbar nicht, daß der Weiße hier im Dunkeln hereinkam. Deshalb tötete er ihn. Wenn ihr einen Mörder verhaften wollt, müßt ihr die Waffe verhaften.«
Cornell sah dem Gesicht des Hauptmanns an, daß er Mühe hatte, ernst zu bleiben. Er fürchtete schon, Covilha würde in lautes spöttisches Lachen ausbrechen, das den Häuptling tödlich beleidigen mußte. Da kamen zwei junge Indianer ins Haus und flüsterten Cucuhy etwas ins Ohr.
Das Gesicht des Häuptlings verfinsterte sich, und er verließ eiligst das Haus. Überrascht folgten ihm die beiden Weißen. Sie kamen gerade rechtzeitig, um mitanzusehen, wie eine kleine Gruppe von Soldaten, die einen hochgewachsenen, sehr elegant gekleideten Zivilisten in ihrer Mitte hatten, dicht von Vaupés-Kriegern umringt vom Flußufer heraufmarschierte. Der lange Zivilist schien ebenso überrascht zu sein wie Hauptmann Covilha, hier schon andere Weiße anzutreffen. Er stellte sich als Leiter der kolumbianischen Grenzkommission Major Miguel Diaz vor. Dies sei kolumbianisches Gebiet, sagte er leicht gereizt, und er müsse sich doch sehr wundern, hier brasilianisches Militär anzutreffen.
Hauptmann Covilha widersprach nicht weniger gereizt. Cornell sah mit einigem Schrecken, wie sich vor seinen Augen der Keim zu einem Grenzkonflikt zu entwickeln begann. Der Teufel mochte wissen, was daraus alles werden konnte, für ihn selbst und die Vaupés-Indianer ganz gewiß nur Unerfreuliches. Deshalb versuchte er besänftigend einzugreifen.
»Meine Herren«, sagte er, »bleiben wir doch beim Nächstliegenden. In diesem Dorf ist ein Brasilianer erschossen worden. Wie er zu Tode kam, wissen wir noch nicht. Die Indianer behaupten, durch einen Revolver, der sich selbst abfeuerte. Ich schlage vor, Sie, meine Herren, tun sich sofort zu einer Untersuchungskommission zusammen. Vielleicht gelingt es Ihnen, den Mord aufzuklären. Ich bin überzeugt, wenn ein Kolumbianer auf brasilianischem Boden getötet worden wäre, würde sich Major Diaz ebensowenig weigern, bei der Ergreifung und Bestrafung des Täters mitzuwirken, wie Hauptmann Covilha im umgekehrten Fall.«

Beide Offiziere beeilten sich, das letzte zu bestätigen, und so trat schon wenige Minuten später ein Urwaldgerichtshof zusammen, dem auf Cornells Vorschlag auch der Häuptling Cucuhy angehörte. Seine Indianer stellten vor dem Häuptlingshaus Tische und Stühle auf, und die Verhandlung begann vor den Augen und Ohren der Dorfbevölkerung, die sich in dichten Reihen um das Haus drängte.

Hauptmann Covilha stellte die erste Frage: »Cucuhy, ist dein Sohn viel auf Reisen? Läßt er seine Frau oft allein?«
»Mein Sohn muß viel reisen«, antwortete der Häuptling, »weil er Pfeilgift für die meisten Stämme der Vaupés herstellt.«
»Erlaubt es das Gesetz der Vaupés, daß eine Frau vor Gericht aussagt«, fragte Major Diaz. »Wenn ja, dann möchte ich der Frau des Häuptlingssohns einige Fragen stellen.«
Cucuhy nickte widerwillig und ließ Jukenas Frau rufen. Da sie weder Spanisch noch Portugiesisch verstand, übersetzte Cornell ihr Diaz' Fragen. Sie antwortete flüsternd, den Blick stets ängstlich auf den Häuptling gerichtet. Ihre Aussage ergab, daß sie den getöteten Landmesser kannte, seit er mit ihr beim Fischen ein Gespräch angefangen hatte. Danach war er mehrmals mit Geschenken zu ihr gekommen und einige Male, wenn Jukena abwesend war, bis in die Nacht hinein bei ihr in der Hütte geblieben.
»Wie urteilt das Gesetz der Vaupés über einen indianischen Mann, der in die Ehe eines anderen einbricht«, fragte Major Diaz den Häuptling.
»Unser Gesetz sagt: Der so beleidigte Ehemann kann erst den anderen Mann töten und dann seine eigene Frau. Diese darf er vergiften. Dem anderen Mann jedoch muß er in offenem Kampf mit der Waffe entgegentreten – mit dem Messer oder mit der Keule.«
Er habe, fügte Cucuhy dieser Auskunft hinzu, seinem Sohn aber geraten, seine Frau nicht zu töten, denn sie sei nicht schlecht, sondern nur schwach geworden, weil der Weiße ihr so hübsche Geschenke gebracht habe.
»Gut«, sagte Hauptmann Covilha, »nehmen wir einmal an, daß dies alles wahr ist. Warum hat Jukena den Brasilianer dann nicht zu einem Zweikampf mit Messer oder Keule aufgefordert?«
»Wir wußten, daß jener Weiße stets eine Pistole bei sich trug«, ant-

wortete der Häuptling gelassen. »Ein Mann, der nur ein Messer oder eine Keule in der Hand hat, kann wenig gegen einen Mann mit einer Pistole ausrichten, zumindest nicht in einem offenen Kampf Mann gegen Mann.«
»Daraus geht hervor, daß ihr den Weißen zwar bestrafen, aber euch dabei weder selbst gefährden noch euch Läuse in den Pelz setzen wolltet«, sagte Major Diaz, der sich offenbar besser auf die Indianer verstand als der Brasilianer Covilha. Deshalb war er es nun, der die entscheidende Frage stellte: »Mir scheint, der weiße Mann ist nicht das Opfer eines bösen Geistes geworden, der den Revolver abfeuerte, sondern das Opfer einer Falle. Wer hat diese Falle aufgestellt, Cucuhy? Und wie wurde sie aufgestellt?«
Cucuhys Gesicht verfinsterte sich. Er antwortete nicht sofort, sondern ließ, wie Cornell, der ihm gegenübersaß, deutlich wahrnehmen konnte, seine Blicke erst über die wenigen weißen Soldaten, dann über die Krieger seines Stammes gleiten, die mit den Speeren in der Hand im Hintergrund eine dichte Phalanx bildeten. Er schien dabei eine stumme Rechnung zu überschlagen. Jedenfalls kam es Cornell so vor, und er sagte sich: Es sieht verteufelt danach aus, als ob auch für uns Weiße eine Falle aufgebaut ist. Wenn Cucuhy ein Zeichen gibt, haben wir trotz der Gewehre der Soldaten keine Aussicht, mit dem Leben davonzukommen. Ob der Häuptling klug und weitsichtig genug war, sich klarzumachen, daß er sich damit zwar eine augenblickliche Verlegenheit vom Hals schaffte, aber über seinen ganzen Stamm einen blutigen Buschkrieg heraufbeschwören würde?
Die Spannung war für einige Minuten fast unerträglich, bis Cucuhy mit seinem stummen Rechenexempel zu Ende gekommen war. Seine Antwort bewies, daß er Entschluß und Folgen so klug und umsichtig abzuschätzen wußte, wie es sich für einen guten Häuptling gehörte.
»Ich habe«, sagte er bedächtig, »meinem Sohn abgeraten, den weißen Mann zu töten. Aber wir waren uns beide darüber klar, daß etwas gegen ihn unternommen werden müßte. Und so sagte ich zu Jukena: Da der weiße Mann eine Pistole hat, mußt du auch eine Pistole haben. Und so kauften wir bei der Handelsstation Senhor Ricardos für einen sehr hohen Preis den Revolver.«
Alle Augen wandten sich Dick Cornell zu. Hauptmann Covilha räusperte

sich und sagte mit salbungsvoller Tücke: »Unser amerikanischer Freund bedauert jetzt gewiß sehr, daß er eine Waffe mit einem bösen Geist an einen Indianer verkauft hat. Aber er kann sich dadurch nicht von der Mitschuld lossprechen, die jeden belastet, der eine solche Waffe verkauft.«

Cornell horchte alarmiert auf. Worauf wollte der Brasilianer mit dieser Feststellung hinaus, die ähnlich logisch war wie die Schutzbehauptung der Indianer, der Geist der Waffe sei der eigentliche Mörder? Er wollte gerade zu einer Erwiderung ansetzen, da erhob der Häuptling wieder seine Stimme.

»Jeder weiß, daß Cucuhy niemals lügt«, sagte er mit einem feierlichen Nachdruck, der jeden Widerspruch von vornherein ausschaltete. »Unseren Freund Senhor Ricardo trifft keine Schuld an dem Tod des weißen Mannes. Ich will nicht, daß ein Verdacht auf ihn fällt. Er hat nicht gewußt, weshalb Jukena die Waffe kaufte. Es war so: Jukena hat die Waffe zwar, wie ich vorhin sagte, an dem Pfosten in seinem Haus aufgehängt, aber zugleich mit starkem Bast so befestigt, daß die Mündung auf das Bett an der anderen Seite des Raumes gerichtet war. Dann knüpfte er eine andere Bastschnur an den Abzug, führte diese Schnur um den Pfosten herum und hinüber zum Bett, wo er ihr anderes Ende befestigte. Auf diese Art verfertigen die Vaupés auch Speerfallen für die Jaguare. Wäre jener weiße Mann nicht im Dunkel der Nacht in Jukenas Haus eingedrungen, dann hätte er nicht die Bastschnur berührt, die auf diesen Druck hin den Abzug der Waffe auslöste.«

»Der leichtsinnige Bursche hat sich also sozusagen selbst getötet«, ergänzte Major Diaz gelassen. »Aber sage mir noch eins, Cucuhy: Warum habt ihr den Toten nicht vergraben? Oder tief im Wald in eine Ameisenkolonie gelegt? Dann hätte niemals jemand erfahren, was mit ihm geschehen ist. Warum habt ihr ihn flußabwärts geschickt?«

»Damit seine Freunde erfahren sollten, daß er zu Tode gekommen war«, sagte der Häuptling. »Sein Leichnam sollte sie davor warnen, sich an die Frauen der Vaupés heranzumachen. Was sagt denn das Gesetz des weißen Mannes über Männer, die anderer Männer Ehefrauen zur Untreue verleiten?« Bei dieser letzten Frage blickte er die beiden Offiziere herausfordernd an.

Major Diaz erhob sich: »Ich glaube, wir können die Untersuchung schließen und das Urteil sprechen«, sagte er. »Nach meiner Meinung hat der Landmesser auslöffeln müssen, was er sich eingebrockt hat.«
Auch Hauptmann Covilha stand auf. »Ich stimme Ihnen bei«, sagte er. »Der dumme Kerl hat meinen mehrfach ausgesprochenen strikten Befehl mißachtet, sich von den Indianerfrauen fernzuhalten. Ihm ist recht geschehen.«
Die beiden Offiziere marschierten mit ihren Begleitkommandos nach verschiedenen Richtungen ab. Sie schienen keine Lust mehr zu verspüren, die strittige Frage, welcher der drei Anrainerstaaten das Vaupés-Dorf eigentlich für sich beanspruchen durfte, an diesem Tag noch einmal zu erörtern.
Cornell und der Häuptling blickten ihnen schweigend nach, bis das letzte Gewehr im Wald verschwunden war. Dann sagte der Amerikaner: »Da du mir den Revolver zurückgebracht hast, Cucuhy, bin ich es dir schuldig, dir den Preis zu erstatten. Komm in meinen Laden, wann du willst, und suche dir aus, was du möchtest. Leider bin ich nicht reich genug, um dir auch noch zu vergelten, daß du mich eben durch deine offene Aussage von einem Verdacht befreit hast, den ich womöglich teuer hätte bezahlen müssen – mit Gefängnis und Ausweisung aus Brasilien.«
»So etwas fürchtete ich«, erwiderte der Häuptling. »Meinen Sohn werden sie nicht fassen können. Der ist weit weg und kehrt nicht zurück, bevor diese Soldaten unser Land nicht wieder verlassen haben. Ihn werde ich nicht verlieren, und dich wollte ich nicht verlieren. Du bist ein weißer Mann, den ich mag.«
»Weil ich so guten Rum für dich habe«, fragte Dick Cornell lächelnd.
Der Häuptling lächelte auch, aber nur flüchtig. Dann erwiderte er ernst und feierlich: »Nein, weil du ein Freund der Vaupés und des großen Waldes geworden bist.«

Die alte bittere Geschichte

»Ihre Zahl mag geringer geworden sein, aber ausgestorben sind sie noch nicht – jene Europäer in Übersee, die nicht mehr heimkehren können. Meistens haben sie irgendwann einmal Schiffbruch erlitten, und das hat ihr Selbstbewußtsein unheilbar verwundet. Ihnen nahezukommen ist deshalb schwierig. Gelingt es dennoch, so bekommt man fast immer die alte bittere Geschichte zu hören: die Geschichte eines Menschen, der, vom Traumbild des Abenteuers oder vom Fernweh verführt, nach Übersee gegangen ist. Dort ist er entweder an der grausamen Wirklichkeit der Tropen gescheitert oder unversehens in einen Wirbelsturm der Leidenschaften geraten. Aus der Bahn geworfen und sich selbst für immer oder zeitweilig entfremdet, schämt er sich meistens, den Weg zur Heimkehr zu betreten. Joseph Conrad hat Wesen und Schicksal, Schwäche und Würde dieser Menschen in seinem ›Lord Jim‹ gleichnishaft dargestellt.«
Der Mann, der diese melancholische Betrachtung anstellte, war zwischen den beiden Weltkriegen eine Reihe von Jahren als Tropenarzt in Lateinamerika tätig gewesen und wußte aus eigener Anschauung, wovon er redete. Man merkte seinen Worten jedoch zugleich das Mitgefühl mit weniger glücklichen Mitmenschen an – das Mitgefühl dessen, der selbst einmal in Gefahr geriet und nicht so sehr durch eigenes Verdienst als vielmehr durch die Gunst des Geschicks geringeren Versuchungen und schwächeren Stürmen ausgesetzt war.
Dies sprach er dann auch freimütig aus, bevor er fortfuhr: »Wäre es anders gewesen, so hätte es auch mir so ergehen können wie jenem Mann, der sich Andrew White nannte. Ich habe ihn kennengelernt, als ich Arzt bei der Rio Matanzas Railroad and Shipping Company war.
Das Streckennetz dieser Gesellschaft verband einen Hafen am Karibischen Meer mit einigen fruchtbaren Tälern im Hinterland, dessen Bananen, Kaffee und Tabak guten Ruf genießen. Der Hafen selbst war damals freilich noch ein übles Fiebernest. Aber das Hospital der Gesellschaft, in dem ich meinen Dienst versah, lag eine halbe Wegstunde außerhalb der Stadt an einer Anhöhe. Dort hielt eine ständige leichte Brise die Luft frisch.

Jener Andrew White war der technische Leiter des Bahnbetriebs. Mir fiel bald auf, daß er weder in der Stadt bei den Kreolenfamilien noch bei den anderen leitenden Angestellten der Bahngesellschaft verkehrte. Diese behandelte er zwar höflich, hielt jedoch betont auf Abstand. In einer kleinen Ausländerkolonie fällt dergleichen ja besonders auf, und es wird meistens übel vermerkt.

Nur zwei- oder dreimal habe ich erlebt, daß White sich an einer Veranstaltung des Klubs beteiligte. Im Kino – neben dem Klub unsere einzige Unterhaltungsquelle – sah man ihn niemals. War sein Dienst beendet, zog er sich in sein Haus zurück, das – von der Straße her kaum sichtbar – klein und bescheiden in der Tiefe eines verwilderten Gartens lag. Eine alte Negerin führte ihm den Haushalt, und das offenbar nicht schlecht, denn seine Kleidung und seine Wäsche sahen stets sehr sauber und gepflegt aus. Trotz seines Einsiedlertums hielt er also noch auf sich. Das trifft man bei Menschen dieser Art nicht sehr häufig an. Der Konieklatsch glaubte freilich zu wissen, daß Señor White in seinen vier Wänden abends lebhafte Zwiesprache mit der Rumflasche hielt. Wenn das zutraf, dann litt seine Arbeit jedenfalls nicht darunter. Er trat frühmorgens seinen Dienst stets mit größter Pünktlichkeit an, und die Betriebsanlagen der Bahnlinie hielt er mit unnachsichtiger Strenge in vortrefflichem Zustand. Der Verkehr auf den Strecken wickelte sich ohne Schlamperei und ohne die Un- und Zufälle ab, die bei südamerikanischen Bahnlinien sonst nicht gerade selten sind. Zum guten Teil war dies wohl auch darauf zurückzuführen, daß White das einheimische Personal mit der richtigen Mischung von Bestimmtheit und Nachsicht ruhig und ohne jede Überheblichkeit behandelte und anleitete. Mehr als eine einwandfreie Dienstleistung konnte niemand von ihm verlangen. Das Direktorium der Gesellschaft, das seinen Sitz in New York hatte, wußte vermutlich, was es an White hatte, und deshalb ließen die Kollegen ihn achselzuckend in seiner Absonderlichkeit gewähren.

White erhielt niemals Post. In einer kleinen Ausländerkolonie bleibt so etwas ja nicht verborgen. Was er mit seinem für damalige Zeiten recht stattlichen Gehalt anfing, wußte auch niemand, denn seine Ausgaben im Store der Bahngesellschaft hielten sich in bescheidenen Grenzen. Allgemein bekannt war jedoch – und es wurde nicht ohne Stirnrunzeln und mißbilligende Randbemerkungen hingenommen –, daß White sich jedesmal lange mit dem Kapitän einer deutschen Frachterlinie unterhielt, deren Schiffe unseren Hafen regelmäßig anliefen. Er war stets der erste an Bord, wenn Kapitän Breitners »Lornsen« auf der Reede ankerte.

Als ich etwa ein Jahr im Dienst der Rio Matanzas Company war, brach sich White bei einem Inspektionsgang durch das Rangiergelände einen Fußknöchel. Er ließ sich jedoch nicht im Hospital, sondern in seinem Haus behandeln. Bei meinen ärztlichen Besuchen dort kam ich ihm näher, als es bis dahin jedem anderen Ausländer unserer Kolonie gelungen war. Zwar vermied er damals auch mir gegenüber jedes Wort, das auf sein Lebensschicksal hätte hindeuten können. Aber es konnte mir nicht verborgen bleiben, daß er einen ungewöhnlich reichen und gut ausgewählten Bücherbestand besaß. Besonders auffällig daran war, daß sich darunter nicht wenige Werke deutscher Autoren in der Originalsprache befanden – und zwar nicht etwa nur Werke technischen Inhalts.

Daraus ergaben sich ganz zwanglose Anknüpfungspunkte für ein Gespräch, und er wich dem auch nicht aus. Zwar hielt er daran fest, mit mir nur Englisch oder Spanisch zu sprechen. Beide Sprachen handhabte er gleichermaßen sicher und akzentfrei. Im Laufe der Unterhaltung wurde mir jedoch immer mehr zur Gewißheit, daß ein Mann, der deutsche Autoren im Urtext, und zwar mit wirklichem Verständnis, las, kaum ein Ingenieur angelsächsischer Herkunft sein konnte. Ich hütete mich jedoch, jemals hierauf anzuspielen. Das wußte er offenbar zu schätzen. Vielleicht mochte er mich auch sonst. Jedenfalls machte er es sich nach seiner Genesung zu einer für mich sehr angenehmen Gepflogenheit, mir zweimal in der Woche blutfrische Fische im Wassertank der Reservelokomotive, die auf der Fahrt ins Landesinnere nahebei halten mußte, zum Hospital hinaufzuschicken. Zu einem Besuch in seinem Haus hat er mich jedoch nie wieder aufgefordert, und mich zu einer Unterhaltung im Hospital aufzusuchen, fiel ihm auch nicht ein.

Dabei blieb es, bis in der Stadt eine Gelbfieberepidemie ausbrach. Ich bekam mehr als genug zu tun. Doch als Whites Haushälterin zu mir kam und mir ernstlich besorgt berichtete, ihr Señor liege schwerkrank in seinem Haus, wolle aber nicht ins Hospital, ließ ich es mir nicht nehmen, ihn aufzusuchen, sobald ich mich für eine Stunde freimachen konnte.

Ich traf White in sehr bedenklichem Zustand an. Sein Herz war so geschwächt, daß ich es für richtig hielt, ihm wahrheitsgemäß zu sagen, er müsse sich auf den Tod gefaßt machen.
Er nahm die Nachricht schweigend hin. Erst nach einer Weile sagte er: »Würden Sie mir einen Gefallen tun, Doktor?« Und als ich nickte, fuhr er fort: »Drüben in meinem Schreibtisch liegt in der rechten Schublade ein versiegelter Umschlag. Er enthält mein Testament. Nehmen Sie es bitte an sich, sobald ich tot bin, und übergeben Sie es bei nächster Gelegenheit dem Kapitän Breitner von der ›Lornsen‹. Er weiß Bescheid und wird es meiner Tochter überbringen.«
Ich muß bei dieser überraschenden Eröffnung wohl ein sehr erstauntes Gesicht gemacht haben, denn White lächelte schwach, als er sagte: »Ja, Doktor, ich habe eine Tochter – drüben in der alten Heimat. Sie trägt meinen richtigen Namen – den Namen, den ich eines Tages abgelegt habe wie einen Anzug, der verschmutzt und verschlissen ist. Verschmutzt und verschlissen – ja, das ist wohl der einzig richtige Ausdruck. Sie sind nicht nur ein Landsmann, Doktor. Sie haben mir auch gezeigt, daß Sie Ihre Neugier im Zaum zu halten wissen. Deshalb und weil mein Weg nun bald am Ziel angelangt ist, darf ich es Ihnen offenbaren: Ich heiße nicht Andrew White, sondern Andreas Weißmann, und ich stamme auch nicht aus England, wie ich die Leute glauben ließ, sondern aus Bromberg. Ich habe als junger Freiwilliger gerade noch die beiden letzten Jahre des Krieges mitgemacht und dann, vom Spätherbst 1918 an, in Dresden und danach in Danzig Ingenieurwissenschaften studiert, Fachrichtung Eisenbahntechnik. Sofort nach meinem Examen 1922 bekam ich in Venezuela eine Stellung als Ingenieur bei einer Bahnlinie. Mit meinen guten Zeugnissen hätte ich auch bei der Deutschen Reichsbahn ankommen können. Aber dann hätte ich durch die Ochsentour der Beamtenlaufbahn gehen müssen, und davor graute mir. Außerdem wollte ich etwas von der Welt sehen, mich in der Weite und Ferne tummeln. Wenn man jung ist, träumt man gern ein bißchen vom Abenteuer...«
Er schwieg erschöpft und lag eine Weile mit geschlossenen Augen da. Ich wollte ihn gerade ermahnen, sich nicht unnötig anzustrengen, da richtete er sich auf und griff nach meiner Hand.
»Doktor«, sagte er dabei beschwörend, »Doktor, haben Sie mir nicht neu-

lich, als Sie meinen Fuß kurierten, beiläufig erzählt, Sie würden demnächst im Urlaub heimfahren, Ihre Braut heiraten und dann mit ihr hierher zurückkehren? Doktor, ich bitte Sie: Tun Sie das nicht! Kehren Sie heim, ja! Und heiraten Sie, ja! Aber bleiben Sie drüben in Europa! Bleiben Sie in der Heimat!«

Ich drückte seine feuchte, fieberheiße Hand und sprach beruhigend auf ihn ein, er möge seine Kräfte schonen.

»Nein, nein, wozu soll ich meine Kräfte noch sparen«, rief er aufgebracht. »Lassen Sie mich ausreden, und denken Sie bitte über das nach, was ich Ihnen mitteile... Es ist mir damals in Venezuela gut ergangen. Ich kam rasch voran. Schon mit sechsundzwanzig Jahren war ich dort, was ich heute hier bin: verantwortlich für den ganzen technischen Betrieb einer Bahnlinie. Wo kann man das drüben schon mit so jungen Jahren erreichen? Das stieg mir natürlich zu Kopf. In meinem ersten Heimaturlaub verliebte ich mich und hatte nichts Eiligeres zu tun, als zu heiraten, ehe ich wieder nach Südamerika zurückkehrte und meine junge Frau mitnahm. Wir hatten in Caracas ein schönes Haus, wir hatten bald auch ein Kind, ein Töchterchen. Ich fühlte mich unendlich stolz; so muß sich wohl ein Wikinger gefühlt haben, der sich ein Königreich unter südlicher Sonne eroberte.

Nun, Doktor, Sie wissen vermutlich, wie wenig dauerhaft diese Wikingerreiche waren. Meinem Königreich ist es nicht anders ergangen. Es kam die alte bittere Geschichte. Ich hatte einen einheimischen Kollegen, den ich für meinen Freund hielt. Er war ein richtiger Caballero, wissen Sie: schwarzhaarig, schön und geschmeidig wie ein junges, gesundes Tier. Er verstand was von unserem Beruf, aber die Gitarre zupfen und dazu singen konnte er noch besser. Ich – nun, ich muß zugeben, ich habe mich neben ihm wohl ausgenommen wie ein Ackergaul neben einem edlen Araberhengst.

Hinzu kam, daß mich mein Dienst zwang, oft wochenlang ins Landesinnere zu reisen, wo wir eine neue Strecke einrichteten. Ich mußte also meine junge Frau viel allein lassen. Und sie war noch so jung, kaum zwanzig, als ich sie heiratete – jung und blond und wahrscheinlich auch noch erfüllt von jenen ewig törichten, ewig schönen, sehnsüchtigen Mädchenträumen, die zu Ende zu träumen die frühe Ehe ihr nicht Zeit gelassen hatte. Ja, und dann die Tropen ... Die warme Luft eines unaufhörlichen Sommers, der Duft ständig blühender Gärten ... Dieser uralte verführerische Südlandzauber wird auch das Seine dazu getan haben ... Jedenfalls verliebte sich meine Frau in jenen Caballero, verliebte sich so leidenschaftlich in ihn, daß sie mit ihm davonging und mich und unser Töchterchen im Stich ließ. Mir ist sie wohl in die Ehe und nach Übersee gefolgt, weil meine Werbung ihr schmeichelte und die Lockung der Ferne ihre Lebensneugier ansprach. Diesem Mann aber ist sie aus echter Leidenschaft gefolgt.

Ich habe von dem, was sich da anbahnte, natürlich nichts geahnt. So sicher, so stolz fühlte ich mich, daß ich mein Reich für unangreifbar hielt. Erst als es zu spät war, erwachte ich aus diesem Traum, und ich handelte. Ich gab mein Kind einer Nonne mit, die in das europäische Mutterhaus ihres Ordens heimkehrte. Sie hat das Kind zu meiner Schwester gebracht. In deren Obhut ist es herangewachsen. Ich aber gab meine Stellung in Venezuela auf und machte mich daran, meine Frau und ihren Entführer zu suchen.

Ich sagte mir – und hatte damit recht, wie sich erwies: Er als Eisenbahningenieur wird sicher versuchen, wieder irgendwo bei einer Bahnlinie anzukommen. Ich durchstreifte monatelang ganz Südamerika, bis ich die beiden im Norden Argentiniens endlich aufstöberte. Mitten in der Nacht schlich ich mich in ihr Haus, nachdem ich es tagelang beobachtend umlauert hatte. Mit dem Haumesser in der Hand stieg ich durch das offene Fenster des Schlafzimmers. Den Mann wollte ich umbringen, die Frau jedoch wieder mit mir nehmen. Ich liebte sie ja noch immer – jetzt, da ich ihrer nicht mehr sicher sein durfte, vielleicht noch mehr als früher, auf jeden Fall anders: mit einem verzehrenden Verlangen und wilder Eifersucht.

Mit diesem Verlangen und mit dem Rachedurst des Hintergangenen und Besiegten hatte ich wochenlang mein Fühlen und Denken durchtränkt, bis es ganz damit gesättigt war. Mehr und mehr verrannte ich mich in den Wahn, ich könnte und dürfte mir die geliebte Frau mit der Waffe in der Hand zurückerobern und sie mit mir davonschleppen wie eine Beute. Es war so weit mit mir gekommen, daß ich nicht einmal mehr vor einem Mord zurückschreckte. So geht es, wenn man aus dem süßen Rausch stolzen, vermeintlich unantastbaren Besitzes in den bitteren Wahn des demütigenden, unerfüllten, ohnmächtigen Begehrens stürzt.«

Er schwieg eine Weile — erschöpft, vielleicht auch in der Tiefe seines Herzens noch einmal schaudernd und beschämt vor dem Abgrund verharrend, an dessen Rand er damals im blinden Taumel des Hasses unversehens geraten war. Leise, eintönig murmelnd fuhr er schließlich fort: »Als ich die beiden im Mondlicht schlummernd vor mir liegen sah, fiel dieser Wahn plötzlich von mir ab. Später, viel später erst, als es für mich fast schon zu spät war, habe ich begriffen, daß mir in jenem Augenblick eine Gnade erwiesen wurde. Damals überkam mich nur mit zermalmender Wucht die Einsicht, daß ich kein Recht mehr an diesen beiden Menschen besaß — kein Recht darauf, die geliebte Frau zurückzufordern, und auch kein Recht darauf, den Mann zu töten, der sie mir genommen hatte. Als ich schon das Haumesser zum tödlichen Schlag hob, sah ich nämlich, daß die Hand der Frau sich selbst im Schlaf noch zärtlich um die des Mannes schloß.

Da begriff ich: Nie würde sie wieder zu mir zurückfinden. Sie hatte ihr Ziel, hatte Sinn und Inhalt ihres Daseins bei diesem Mann gefunden. Ich war für sie nur eine Station, ein notwendiger Umweg auf dem Weg zu ihm gewesen. Diese jäh aufzuckende Erkenntnis lähmte mir die Hand und nahm mir jeden Lebensmut. Ich schlich mich davon.

Und trotzdem war es eine Gnade, die mir in jener Stunde geschah: Sie bewahrte mich davor, zum Mörder zu werden. Aber es war eine sehr bittere Gnade. Sie hinterließ zunächst nichts als eisige Kälte, Leere, Verzweiflung. Ich ließ mich danach jahrelang willenlos treiben. Ich streifte meinen Namen ab, weil ich fürchtete, eines Tages könne irgend jemand, der ihn kannte, mit den Fingern auf mich zeigen und hämisch hinter mir her tuscheln: Da geht er, der Gringo, der sich die Frau stehlen ließ — die schöne, junge, blonde: die verdadera rubia, wie man hierzulande bewundernd von jungen blonden Schönheiten sagt.

Sie werden sich im stillen schon längst fragen: Warum ist der alte Esel nicht heimgekehrt nach Europa, als er endlich zur Besinnung kam? Ich will es Ihnen sagen: Als ich nach Jahren der ekelhaftesten Selbsterniedrigung schließlich zu mir kam und den Entschluß faßte, nach Europa zu fahren, schrieb ich an meine Schwester. Sie schickte mir mit ihrer Ant-

wort ein Bild meiner Tochter. In dem Kindergesicht zeichnete sich bereits ab, daß dieses Mädchen eines nicht so fernen Tages ebenso berückend schön sein würde wie seine Mutter. Da stand all das Leid, das ich um dieser Schönheit willen hatte erdulden müssen, wieder in mir und gegen mich auf. Ich spürte plötzlich, die Liebe hatte unmerklich begonnen, sich in Haß zu verwandeln – in ungerechtfertigten, aber unbezwinglichen Haß. Da ging mir auf, ich würde mein Kind nie lieben können, wenn ich es täglich um mich hätte, täglich durch sein Gesicht an die Frau erinnert würde, die mein Selbstbewußtsein vernichtet hatte. Ich durfte nicht mehr heimkehren.
Ich habe seither meiner Tochter durch Kapitän Breitner regelmäßig den größten Teil meines Gehalts zukommen lassen. Sie weiß nicht, wo ich lebe, weiß auch nicht, was mein und ihrer Mutter Schicksal gewesen ist. Sie soll es nie erfahren. Sie müssen mir versprechen, Doktor, daß auch Sie über das schweigen, was ich Ihnen eben anvertraut habe.«
Ich versprach es ihm in die Hand. Er nickte dankbar und lag still mit geschlossenen Augen da. Ich verschrieb ihm Medikamente und gab seiner Haushälterin Rezept und Anweisungen. Als ich danach noch einmal an sein Bett trat, schlug er die Augen wieder auf und sagte leise: »Leben Sie wohl, Doktor! Und vergessen Sie nicht, was ich Ihnen am Anfang unseres Gesprächs gesagt habe! Denken Sie gründlich nach, bevor Sie sich für einen neuen Vertrag entscheiden. Er bindet Sie vielleicht auf Nimmerwiederkehr an diese Zauberhölle.«
Schon in der folgenden Nacht ist der Mann aus Bromberg in Westpreußen, der sich Andrew White nannte, still und einsam aus dieser Welt fortgegangen. Wir begruben ihn gegen Mittag desselben Tags. Außer dem Pfarrer, der alten schwarzen Haushälterin und mir hat keiner an seinem Grab gestanden. Ich denke mir, das ist ganz in seinem Sinn gewesen.

Nur ein Punkt auf der Landkarte

Perth (Westaustralien), 86 Albany Road, 6. Januar 1958
Lieber Herr L.!
Der Briefkopf sagt Ihnen bereits, daß wir nun wirklich, wie wir es Ihnen vor Monaten ankündigten, von Canberra nach Perth übergesiedelt sind. Hier erwartete uns schon Ihr inhaltsreicher Brief, für den ich heute endlich danken möchte. Wir trafen hier nämlich mit einiger Verspätung ein, und in dieser Verspätung steckt eine ganze Geschichte: die Geschichte eines Abenteuers, das wir unterwegs zu bestehen hatten, und einer Begegnung mit einem Menschen eigener Art, die unsere Gedanken noch heute lebhaft beschäftigt – so lebhaft, daß es mich drängt, sie gleich zu Papier zu bringen.

Wir hatten ursprünglich nicht beabsichtigt, uns mit der australischen Wüste einzulassen, wenn wir auch nicht gerade die Ansicht unserer Freunde in Kingunya teilten, die unser Unterfangen, den Kontinent von Ost nach West mit dem Auto zu durchqueren, als unzeitgemäße Romantik verwarfen. Mit dem hierzulande üblichen Freimut erklärten sie uns für »verdammte Narren, die die europäischen Schrullen doch allmählich ablegen sollten«.

»Was ist denn hier im Westen, zwischen Port Augusta und Albany schon zu sehen«, hielten sie uns entgegen. »Wüste, nichts als Wüste, also Sand, Steine, verdorrtes Gestrüpp, glühende Sonne, Luftspiegelungen, ab und zu eine Krähe oder eine Schlange am Weg. Ein vernünftiger Mensch hält sich damit nicht auf.« Damit glaubten sie, uns nachdrücklich genug gewarnt zu haben. Offenbar hielten sie uns für so verständig, daß wir bei unserer Fahrt nach Westen uns strikt an die Überlandstraße von Port Augusta nach Calgoordie halten würden.

Das war auch unsere Absicht, als wir am frühen Morgen Kingunya verließen. Unser Tagesziel sollte Port Augusta sein, wo wir wieder Anschluß an den »Western Highway« gewinnen wollten. Aber dann kamen wir am westlichen Ortsausgang an die Straßengabelung, an der zwei Verkehrsschilder stehen. Das eine – zuoberst angebracht – sagt: »Nach Dingo Springs 45, Evans 66, Ceduna/Western Highway 148 Meilen.« Das zweite, darunter befestigt, verkündet: »Achtung! Wüstenpiste! Reservevorrat von Treibstoff und Wasser erforderlich! Im Fall einer Panne Straße nicht verlassen!«

Ich möchte wohl wissen, wieviel Touristen sich ebenso wie wir durch dies Warnschild haben verführen lassen, in die Wüstenpiste einzubiegen, statt brav den Umweg über Port Augusta zur Überlandstraße zu wählen. Nicht wenigen ist es vermutlich so ergangen wie uns. Beim Anblick der beiden Schilder regten sich Neugier und das Gelüst nach einem kleinen Abenteuer, von dem man später, daheim im Lehnstuhl, behaglich erzählen konnte, um sich vor weniger wagemutigen Nachbarn und Freunden ein bißchen aufzuspielen. Es konnte sich ja wirklich nur um ein Abenteuerchen handeln. Denn was sind 148 Meilen, also etwa 240 Kilometer, für einen modernen, starken Wagen?

Frisch getankt und frisches Kühlwasser nachgefüllt hatten wir. Zwei große Thermosflaschen mit Tee und einen wohlausgestatteten Freßkorb hatten unsere Freunde uns für die Fahrt mitgegeben. Damit fühlten wir uns der Wüstenpiste vollauf gewachsen. Wir holten die Landkarte hervor, studierten sie, lachten vergnügt und sagten wie aus einem Munde: »Auf nach Ceduna via Dingo Springs und Evans! Beschnuppern wir die Wüste mal ein bißchen!«

Spätestens am frühen Nachmittag würde unser guter Wagen die Strecke bis Ceduna hinter sich gebracht haben. In diese Rechnung bezogen wir stillschweigend schon unsere Erfahrungen mit australischen Landstraßen ein. Wir kannten sie bereits ganz gut. Auf einer Wüstenpiste waren wir jedoch noch nie gewesen, und da steckte der Fehler in unserer Rechnung. Die Wüste legte keinen Wert darauf, uns nur flüchtig kennenzulernen und dabei nur einen oberflächlichen Eindruck zu hinterlassen. Gewalttätig, wie es Wüstenart ist, zwang sie uns, mit ihr ausgiebig und gründlich Bekanntschaft zu schließen.

Kingunya liegt am Rand der Wüste, aber noch im Buschland. Wie nahe die Wüste ihm ist, hatten unsere dortigen Freunde mit keinem Wort erwähnt. Warum sollten sie auch? Sie hielten die Wüste nun einmal für ein lästiges Übel, das ein verständiger Mensch umgeht oder auf dem schnellsten, bequemsten Weg zu überwinden sucht — mit der Transkontinentalbahn oder noch besser mit dem Flugzeug. Für den lockenden Zauber der

Wüste hatten sie keinen Sinn. Ich mag sie dafür heute nicht mehr schelten, nachdem wir die Wüste erlebt haben. Aber ein wenig banausisch mutet mich diese Einstellung immer noch an.

Die Wüste bereitete uns trotz der frühen Stunde einen warmen Empfang im buchstäblichen Sinne des Wortes. Sie umarmte uns mit einer Glut, die überwältigend war. Solange der Wagen fuhr, empfand man die Hitze nicht so arg, denn die Luft war ungemein trocken. Zudem wird der menschliche Körper ja durch Verdunstung gekühlt.

Der Wagen genießt diese Wohltat nicht. Ihn wärmte der Motor von innen, die Sonnenglut von außen. Nicht lange, da wurde der Motor bedrohlich warm. Also: halten, damit er sich abkühlen konnte! Hätten wir das nur nicht getan! Einmal kühlte sich der Motor, wie sich nachher zeigte, während der Pause kaum ab. Und zweitens fiel die Hitze nun, sobald der leichte Fahrtwind aufhörte, mit wahrhaft mörderischer Glut über uns her. Schweißüberströmt und nach Luft schnappend, setzten wir uns in den Schatten des Wagens. Anderen Schatten gab es weit und breit nicht. Der Sand der Piste war so heiß, daß wir uns vorsichtshalber auf mehrfach gefaltete Decken setzten. Lustlos aßen wir einige Bissen und tranken Tee – mit dem Erfolg, daß uns der Schweiß alsbald in Bächen über den Körper strömte.

Wir sahen uns an, blickten in die öde, glühende Weite hinaus. Wir lachten nicht mehr, wir schwiegen nur. Wir dachten in diesem Augenblick das gleiche, wie mir Annette später zugab: Umkehren, sofort umkehren nach Kingunya! Aber wir fanden nicht den Mut, es auszusprechen. Aus Furcht vor dem Eingeständnis einer Feigheit tapfer sein: der Mensch ist doch ein sonderbares Wesen!

Schweigend starrten wir in die flimmernde Weite. Nun erst, da sie nicht mehr wie ein unruhig flirrender Filmstreifen zu beiden Seiten des Wagens vorübertanzte, wurde uns die grauenhafte Leere und Öde dieser Landschaft bewußt. Auch ohne die Nachhilfe der Karte, die wir auf den Knien ausbreiteten, kam uns hier schon eine Ahnung von der schrecklichen Größe und Menschenfeindlichkeit der Wüste an, die ja, wie Sie wohl wissen, eine der größten und schlimmsten der Erde ist: das »tote Herz« Australiens, das gut 2400 Kilometer in der Länge und Breite mißt.

Mit zermalmender Deutlichkeit wurde uns klar, wie klein und nichtig der

Mensch in dieser endlosen, glühenden Einöde ist. Und ein Schauder überlief mich, als ich plötzlich daran denken mußte, daß hier unter Umständen das Leben eines Menschen, daß mein und meiner Frau Leben vom Versagen oder Aushalten eines Reifens oder eines winzigen Drähtchens oder Rädchens abhing und daß ein Trunk Wasser, wenn er nicht rechtzeitig gefunden werden konnte, über unser Schicksal entscheiden würde.

Ich muß vom Erschrecken angesichts dieser Vorstellung wohl trotz der Sonnenglut blaß geworden sein, denn Annette fragte plötzlich besorgt: »Was hast du? Ist dir nicht gut?« Ich zuckte die Achseln und wandte mich schnell ab. »Komm, steig ein«, sagte ich. »Wir wollen weiter!«

Der Wagen war drinnen heiß wie ein Backofen in Betrieb, und so blieb es von nun an. Das Steuerrad war so heiß geworden, daß ich es nur noch mit Handschuhen anfassen konnte, und jeder Sitz glühend wie ein Herdrost...

Ja, so hat uns die Wüste begrüßt, damit wir ein wenig Ahnung von ihrem Wesen bekamen. Ihr nächster, schon deutlicherer Wink erreichte uns bei Dingo Springs.

In unserer Europäer-Einfalt hatten wir erwartet, hier eine Siedlung oder doch wenigstens ein Rasthaus und eine Tankstelle anzutreffen. Der kleine Kreis auf der Landkarte neben dem Namen verleitete uns dazu. Aber Dingo Springs war nur ein Wasserloch in der Wüste, wo zu Olims Zeiten ein Wüstenreiter einen Wildhund geschossen haben mochte. Das Wasserloch enthielt sogar ein wenig klares Wasser, das von einer dünnen Staubschicht überzogen war. Es schmeckte etwas salzig und bitter, war jedoch trinkbar, wenn auch warm wie Suppe. Das neben dem Tümpel eingerammte Schild: Dingo Springs – Wasser trinkbar – nach Evans 21 Meilen, log also nicht.

Wir füllten Kühlwasser nach; es war höchste Zeit. Die bereits geleerte Thermosflasche mit der lauen Bitterbrühe zu füllen, verschmähten wir jedoch. Diese Leckermäuligkeit sollten wir bald bereuen. Im Schatten des Wagens rastend, schimpften wir ein bißchen auf die sonst so tüchtige Straßenverwaltung von Südaustralien, weil sie zuließ, daß Namen auf Landkarten und Verkehrszeichen gesetzt wurden, die Siedlungen vortäuschten, wo es sich nur um Flurbezeichnungen handelte. Wir hatten eben noch keine Ahnung von der Wüste.

Diese Ahnungslosigkeit verleitete uns auch dazu, den Verheißungen der Landkarte trotz der üblen Erfahrung mit Dingo Springs so weit zu trauen, daß wir uns von dem Hinweis »Nach Evans 21 Meilen« trösten ließen. Das war nur ein Kätzchenhüpfer, den wir bald geschafft haben würden!

So dachten wir, krochen zuversichtlich in unseren fahrbaren Backofen und rollten wieder weiter, um eine Belehrung durch die Wüste reicher, aber immer noch nicht belehrt genug.

Erst als wir wieder im Wagen saßen, nahmen wir wahr, daß sich inzwischen etwas geändert hatte: Über dem westlichen und südlichen Horizont lag ein Streifen gelbbraunen Dunstes, und der bisher stahlblanke Himmel hatte sich bis zum Scheitelpunkt mit einem blassen Schleier bezogen. Die bisher weißglühende Sonne loderte dahinter wie eine goldrote Fackel, ebenso schön wie schrecklich anzusehen.

Die Farben der Landschaft verschwammen. Weite und Nähe schoben sich seltsam ineinander. Ein Felsbuckel wirkte plötzlich wie ein hoher Berg in der Ferne. Die flirrende Horizontlinie verwandelte sich in einen qualmigen Strick, der wie der kriechende Rauch eines Steppenbrandes aussah. Das verblassende Sonnenlicht gab dem Antlitz der Wüste einen gespenstisch drohenden Ausdruck.

Wir waren kaum eine Viertelmeile gefahren, da legte Annette die Hand auf meinen Arm und rief: »Sieh doch nur, dort rechts! Winken uns da nicht zwei Menschen zu – Schwarze?«

Ich bremste und sah hinüber. Auch ich nahm nun zwei winkende Gestalten wahr. Sie fuchtelten heftig mit den Armen, bückten sich, winkten aufs neue, hüpften herum. Ich meinte, sie winkten nicht, sondern stritten sich. Aber Annette bestand darauf, sie winkten uns zu. »Sind wir vielleicht vom Weg abgekommen? Oder wollen sie mitgenommen werden? Halte an, Bert«, sagte sie bestimmt.

Ich hielt. »Nein, wir sind auf der Piste«, sagte ich. »Sieh, dort rechts und links stehen die ›cairns‹, die Steinpyramiden, die den Pistenverlauf bezeichnen. Wenn die beiden Mohren mitgenommen werden wollen, wären sie wohl inzwischen herübergekommen. Schau, sie hüpfen ja immer noch wie närrisch herum und fuchteln mit den Armen!«

»Vielleicht brauchen sie Hilfe und winken deshalb?«

»Oder sie wollen uns in eine Falle locken und ausplündern! Den Gefallen werde ich ihnen nicht tun«, erwiderte ich ärgerlich und ließ den Wagen wieder an. »Von der Piste abweichen, das wäre das Dümmste, was wir tun können.«

Annette war nicht mit mir einverstanden. Das zeigte mir ihre verstockte Miene. Ich blickte noch einmal zu den winkenden Gestalten hinüber und mußte laut lachen, denn das Gefuchtel hörte in diesem Augenblick auf, und die beiden schwarzen Gestalten schrumpften vor unseren Augen zusammen und erhoben sich alsbald flügelschlagend in die Luft als ganz gewöhnliche Krähen. Sie entschwanden westwärts in den Dunst hinein, der immer dichter wurde und immer näher gegen uns heranzog. Eine Luftspiegelung hatte uns genarrt.

Bald darauf erkannten wir, was es mit dem rasch näherrückenden Dunst auf sich hatte. Staub und Flugsand wehte plötzlich in langen gelblichen Fahnen über die kahlen Flächen. Sandwirbel begannen vor und hinter uns über der Piste zu tanzen. Und dann, noch ehe wir recht erfaßt hatten, was diese Zeichen ankündigten, brach der Sandsturm über uns herein. Sausend und zischend peitschte er seine Sand- und Staubwolken gegen unseren Wagen. Ich konnte gerade noch die beiden Wolldecken vom Rücksitz zerren, um damit die Motorhaube vorn und an den Seiten einzuhüllen. Als ich damit fertig war, sah ich bereits aus wie paniert, denn der Sand klebte an meinen schweißnassen Kleidern und Gliedern fest. Nur mit Mühe fand ich in dem wirbelnden Staub den Türgriff wieder.

Annette hatte unterdessen alle Fenster des Wagens geschlossen und sogar zwei Schals hervorgezaubert, mit denen wir nun unsere Gesichter vermummten. Dies war unerläßlich, denn der Sturm drückte den feinen Flugsand durch alle Ritzen, so daß die Luft im Wagen nach wenigen Minuten davon erfüllt war. Trotz dieses Schutzes knirschte uns der Sand bald zwischen den Zähnen, setzte sich in Nase, Ohren und Augen und überzog alles mit einer graugelben Puderschicht.

Die Hitze schien trotz des heftigen Sturms noch zugenommen zu haben. Der Schweiß perlte uns von der Stirn, aus dem sandverkrusteten Haar und zog groteske Rinnen in die Panierung unserer Gesichter. Stumm hockten wir da, lehnten die Schultern aneinander und hielten uns an den Händen. Wir konnten nur eines hoffen: daß der Sturm bald vorüberzog.

Hielt er zehn, zwölf Stunden an, so mußte unser Wagen im Sand verschwinden und wir mit ihm. Auf jeden Fall würde der Motor nachher versagen, weil der eingedrungene Sand Motor und Getriebe blockierte. Wie sollte das enden? Wir getrauten uns nicht, diese Frage laut auszusprechen, doch wir dachten unausgesetzt an sie. Entließ uns der Sturm lebend aus seinen Klauen, dann hatten wir bis zum nächsten Stützpunkt, bis Evans, noch etwa 30 Kilometer zurückzulegen, und zwar jetzt zu Fuß. Und das war inmitten dieser schrecklichen, schattenlosen Einöde kein Katzensprung mehr, sondern für uns zivilisationsverwöhnte Zweibeiner eine Wanderung quer durch die Hölle.

Obwohl es erst dreizehn Uhr war, umgab uns ein Zwielicht, das düsterer war als tiefe Abenddämmerung. Unaufhörlich wirbelten Flugsandwolken heran, prasselten zischend und kreischend um unseren Wagen. Das unaufhörliche Brausen und Heulen betäubte uns allmählich. Wir versanken in dumpfes, schicksalergebenes Dahinbrüten. Immer mehr Sand drang zu uns herein. Als wir uns nach Stunden aufrafften und uns gegenseitig zuredeten, daß wir doch Hunger haben und etwas essen müßten, fanden wir unseren Proviantkorb von Sand durchsetzt. Jeder Bissen knirschte widerwärtig zwischen den Zähnen. Zunge und Gaumen waren wie ausgedörrt. Nur mit viel Flüssigkeit hätten wir Nahrung zu uns nehmen können. Aber wir mußten den Inhalt unserer letzten Thermosflasche schonen. Was hätten wir jetzt dafür gegeben, hätten wir die andere mit dem Bitterwasser von Dingo Springs gefüllt!

Nach Stunden stellten wir plötzlich zu unserem Schrecken fest, daß unsere Armbanduhren stehengeblieben waren. Auch sie waren Opfer des unwiderstehlichen Flugsandes geworden. Seltsam, wie tief es den Zivilisationsmenschen erschüttert, wenn ihm sein Zeitmesser den Dienst versagt! Uns war zumute, als habe uns ein zuverlässiger Führer und Wegbegleiter heimtückisch im Stich gelassen und der Ungewißheit unabschätzbarer Gefahren überantwortet. Dies warf uns ärger aus dem Gleichgewicht als das St.-Elmsfeuer, das wir plötzlich im Sandtreiben über unserer Motorhaube tanzen sahen; ärger sogar als die Blitze, die die Düsternis der prasselnden Sandwolken durchzuckten, so unheimlich die Lautlosigkeit dieser elektrischen Entladungen auch sein mochte.

Erst in der Nacht legte sich der Sturm. Nach dem Stand der Gestirne schätzte ich, daß es Mitternacht sein mußte. Der Himmel war klar, von Sternen übersät. Der Mond beleuchtete grell eine Einöde, in der sich durch den Sturm nicht das geringste geändert zu haben schien. In das zeitlos öde Gesicht der Wüste schreiben die Stürme wohl erst im Lauf der Jahrtausende ihre Zeichen unverwischlich ein.

Die Luft, die uns empfing, nachdem wir mit viel Mühe die Tür unseres Wagens geöffnet hatten, war nach der Stickluft des glutheißen Tags im Innern des Wagens so berauschend wie starker Wein, aber so eisig kalt, daß wir erschauerten und eiligst den Gepäckraum öffneten, um wärmere Kleider überzustreifen. Es dauerte einige Zeit, bis das versandete Schloß nachgab. Selbst bis in unsere Koffer waren unglaubliche Mengen feinen Sandes vorgedrungen.

»Was nun, Annette«, sagte ich zaghaft, als wir, in Decken gehüllt, auf dem Sandhügel hockten, den der Sturm an einer Seite des Wagens bis zu den Fenstern aufgehäuft hatte. »Den Tag abwarten, bis – vielleicht – ein Wagen vorüberkommt? Niemand weiß ja, daß wir die Piste nach Ceduna gewählt haben. Suchen wird man uns also zunächst nicht. Oder sollen wir zu Fuß nach Evans marschieren, solange die Nachtkälte uns frisch hält?«

»Zunächst einmal trinken«, antwortete sie. »Meine Zunge und mein Gaumen sind wie Reibeisen.«

Aber in unserer Thermosflasche war jetzt nur noch ein halber Becher Tee. Ich bot ihn Annette an. Sie betrachtete diesen kärglichen Rest nachdenklich, schüttelte den Kopf, zog ihr Taschentuch hervor und durchtränkte es mit dem Tee. Dann befeuchtete sie erst meine, dann ihre Lippen damit.

»Wenn du meinst, daß unser Wagen nicht mehr mitspielt, so laß uns die Nachtkühle zum Marsch nach Evans benutzen«, sagte sie nach einer Weile. »Auf den Tag, auf einen vorüberkommenden Wagen warten? Nein, nein! Ich fürchte, bis ein Wagen kommt, sind wir zu Mumien verdorrt.«

Ich belud mich mit den Decken, steckte unsere metallenen Zeltstöcke zu zwei handlichen Stäben ineinander. Einen gab ich Annette als Wanderstab; an den anderen hängte ich unseren Proviantkorb und legte ihn auf die Schulter. Nach einem wehmütigen Abschiedsblick auf unseren halb vom Sand begrabenen Wagen marschierten wir nach Süden los; das nächste Ziel hieß Evans. Heller Mondschein beleuchtete die Piste. Die

Steinpyramiden warfen weithin sichtbare schwarze Schatten über den Weg. Sie standen in einem Abstand von jeweils einer halben Meile rechts und links am Rand der Piste. Von ihnen geleitet, konnten wir unser Ziel gar nicht verfehlen.

Als man die Wüstenpiste anlegte, hatte man dabei natürlich nur an Autos, nicht an Fußgänger gedacht. So bestand sie aus mehr oder weniger grobem Geröll und Sand, der gewalzt und dem Wind, der Sonne und den darüberrollenden Autos und Lastwagen überlassen worden war. Fest und glatt war die Piste längst nicht mehr, war sie vielleicht nie gewesen. Wir hatten nur leichte Schuhe an. Bei jedem Schritt bekamen wir die Härte und Schärfe der Steine zu spüren. Dann wieder sanken wir knöcheltief in Sandwehen ein, die die Stürme in Rinnen gesammelt oder hinter den »cairns« aufgehäuft hatten. In immer kürzeren Abständen schob ich mein Gepäck von einer Schulter auf die andere. Nach zwei Stunden waren wir so erschöpft, daß wir uns bei einer Steinpyramide in den Sand warfen und eine halbe Stunde rasteten. Dann schleppten wir uns wieder eine Stunde weiter und legten uns danach aufs neue zum Ausruhen in den Sand, diesmal schon eine ganze Stunde.

Viel gebessert war damit nicht. Unsere Schritte wurden immer schleppender und langsamer. Wir sprachen kaum noch. Der Mond ging unter. Die Kälte nahm zu. Die große Wüstenstille lag wie ein dickes, dunkles Tuch beklemmend über der Landschaft. Unsere Kräfte nahmen nun schnell ab. Entsetzlicher Durst peinigte uns. Ich mußte Annette stützen. Plötzlich entglitt sie mir lautlos. Als sie wieder zu sich kam, flüsterte sie heiser: »Ich kann nicht mehr«, und begann leise zu weinen.

Ich tröstete sie, so gut ich es vermochte, hüllte sie in unsere Decken, und nach einer Weile bemerkte ich, daß sie eingeschlafen war. Ich ließ sie schlafen, obwohl es besser für uns gewesen wäre, den Weg nach Evans während der Nachtkühle fortzusetzen. Aber kam es darauf überhaupt noch an? Wie würden wir es überhaupt schaffen? Nur dreißig Kilometer ... Und wieviel mochten wir davon zurückgelegt haben? Ich wußte es nicht, konnte nur schätzen, daß etwa die Hälfte des Wegs hinter uns lag. Im stillen verfluchte ich meine Unaufmerksamkeit, die mich hatte vergessen lassen, während des Fußmarschs die Steinpyramiden zu zählen. Hätte ich das getan, dann hätte ich genau gewußt, wie weit es bis Evans noch war.

Trotz meiner Erschöpfung gelang es mir, wach zu bleiben. Ich döste nur vor mich hin und geriet dabei in einen seltsamen Zustand trunkener Gleichgültigkeit. Erst der feine Lichtschimmer der aufgehenden Sonne weckte mich daraus auf. Nun durfte auch Annette nicht länger schlafen. Es kostete mich große Mühe, sie zum Aufstehen zu bewegen. Wir versuchten, etwas zu essen, aber unsere ausgedörrten Gaumen brachten keinen Bissen hinab. Ich drängte zum Aufbruch. Annette schüttelte jedoch den Kopf und deutete stumm auf ihre Füße.

Jetzt erst nahm ich wahr, wie ihre Füße zugerichtet waren und was sie während des Nachtmarschs gelitten haben mußte, ohne ein Wort zu sagen. Die dünnen Sohlen ihrer Schuhe waren vom Geröll ganz zerfetzt, die Füße selbst von den Zehen bis hoch an die Hacken hinauf blutig rot wundgelaufen und sehr geschwollen. Damit konnte sie wirklich nicht weitergehen. Niedergeschlagen hockten wir stumm nebeneinander, bis sich meine Gedanken etwas geklärt hatten.

»Soll ich bei dir bleiben oder versuchen, Evans zu erreichen und Hilfe zu holen«, fragte ich sie. »Traust du dir zu, hier allein auszuhalten? Nach Evans sind es, schätze ich, nur noch etwa fünf bis sechs Kilometer.«

Es wurde mir sehr sauer, sie zu belügen, und es gelang auch nur sehr mäßig. Annette zwang sich ein aufmunterndes Lächeln für mich ab und streichelte meine Hand. »Geh nur, Bert«, sagte sie tapfer, »geh, solange es noch kühl ist! Laß mich hier ruhig zurück. Nähmst du mich mit, dann müßtest du mich nach kurzer Zeit doch wieder liegenlassen. Geh also und hole Hilfe!«

»Und wenn ich dich nun trüge?«

Sie schüttelte den Kopf: »Danke, Lieber, du meinst es gut. Aber das schaffst du nicht, jetzt nicht mehr. Nein, Bert, geh allein und geh gleich. Es gibt keinen anderen Ausweg.«

Ich errichtete ihr aus den Zeltpflöcken ein niedriges Gestell, deckte die eine Decke darüber, damit Annette bei steigender Sonne ein wenig Schatten hatte, und schob ihr meine Jacke als Stütze unter den Kopf. Dann küßte ich sie zum Abschied und marschierte los — mit sehr schlechtem Gewissen und zerrissenem Herzen, das muß ich bekennen. Ich fühlte mich wie ein Deserteur. Darüber konnte mich auch Annettes tapferes Lächeln und Winken nicht hinwegtrösten.

Zunächst kam ich ganz gut voran. Doch dann stieg die Sonne und schüttete ihre Glut genauso unbarmherzig über die Wüste aus wie am Vortag. Ich schleppte mich bald nur noch mühsam weiter und zwang mich dabei, die Steinpyramiden zu zählen. Bei der zehnten ging das Geröll erst in Kies, dann in feinen Sand über. Dieser tiefe, saugende Sand und die zunehmende Hitze fraßen meine letzte Kraftreserve.
Bei der zwölften Pyramide, also nach sechs Meilen Fußmarsch, war ich so erschöpft und halbtot von Durst, daß ich neben der Pyramide in den Sand sank, mir die Mütze übers Gesicht zog und nur noch eines Gedankens fähig war: Ausruhen, endlich ausruhen! Ich fiel in Halbschlaf und träumte wirr, sah mich im Traum am Ufer eines Flusses liegen, hörte Wasser rauschen, Röhricht rasseln. Beglückt richtete ich mich auf – und sah die Wüste um mich herum, weit, öde und hitzeflimmernd... Der Anblick wirkte wie ein Hieb über den Schädel. Aber dann mußte ich an Annette denken, die irgendwo hinten in dieser Glut hilflos dalag und auf Hilfe wartete, die nur ich für sie herbeirufen konnte. Das brachte mich wieder auf die Beine.
Ich wankte weiter, nahm mit brennenden Augen die Steinpyramiden wahr, aber ich zählte sie nicht mehr. Wie lange ich so weitergewankt bin, weiß ich nicht. Ich kann mich nur noch an eines erinnern – an die Stimme, die mich plötzlich anrief: »Hallo, hallo!« Dann muß ich in die Knie gebrochen sein, und die Welt versank für mich in einem Abgrund glühenden Dunkels.
Als ich wieder zu mir kam, blickte ich in ein weißbärtiges Gesicht, das sich über mich beugte. Sobald der Mann bemerkte, daß ich wieder bei Sinnen war, hielt er mir einen Becher Wasser an die Lippen und ließ mich in kleinen Schlucken langsam trinken. Als ich mich etwas erholt hatte, fragte er kurz: »Panne gehabt? Wo?«
Ich beschrieb es ihm, erwähnte den Sandsturm und daß ich meine Frau hatte liegenlassen müssen. Er runzelte die Stirn, murmelte etwas, das wie »verdammter Narr« klang, und entfernte sich schnell. Gleich darauf hörte ich einen Motor knattern, und bald hielt ein Jeep neben mir, der so aussah, als hätte er sämtliche Schlachten des pazifischen Kriegsschauplatzes mitgemacht und sei seitdem nicht mehr geputzt worden.
»Komm, steig ein!« befahl der Alte kurz.

Ich zog mich mühsam auf den Sitz neben dem Steuer. Kaum saß ich, da fegte der Alte mit einem wilden Ruck davon. Er sprach während der Fahrt kein Wort, sondern achtete nur auf die Piste und holte aus seinem Fahrzeug heraus, was dessen Motor hergeben wollte. Nach unglaublich kurzer Zeit sah ich Annettes improvisiertes Zeltchen. Sobald sie das Geräusch des nahenden Wagens hörte, kroch sie heraus und winkte uns kniend zu. Der Alte hielt mit einem so jähen Ruck neben ihr, daß ich fast aus dem Jeep geschleudert wurde. Er sprang mit einer Gewandtheit ab, die man ihm nicht zugetraut hätte, riß einen Kanister hinten aus dem Wagen und füllte daraus zunächst einmal einen Feldbecher mit Wasser.

»Gottlob, Sie leben noch, Missus«, rief er und strahlte über sein ganzes Rübezahlgesicht. »Hier, nun trinken Sie erst mal – aber hübsch langsam, Schlückchen für Schlückchen!«

Annette nahm ihm den Becher mit zitternden Händen ab. Aber sie trank nicht sofort, sondern starrte mit nassen Augen auf das tropfende Gefäß und murmelte etwas mit ihren verschwollenen und gesprungenen Lippen – ein Dankgebet, nehme ich an. Erst dann hob sie den Becher andächtig an den Mund, und wir beiden Männer sahen ihr beglückt zu, wie sie die Flüssigkeit gehorsam in winzigen Schlucken durch die Kehle gleiten ließ.

»Besser jetzt, Missus?« fragte der Alte, als Annette den Becher endlich absetzte.

Sie sah erst ihn, dann mich mit einem unbeschreiblich erlösten Lächeln an und antwortete leise: »Ja, viel, viel besser ... Ich danke euch beiden ... Ach, Bert ...« Ich kniete mich neben sie und legte meinen Arm um ihre Schultern. Sie lehnte sich mit geschlossenen Augen dagegen und flüsterte: »Ich habe ja so viel Angst um dich gehabt, so viel Angst ... Aber nun bist du wieder da und hast sogar Hilfe für mich geholt ...«

»Komm«, sagte ich, »wir fahren jetzt nach Evans. Nun ist alles gut und keine Gefahr mehr.«

Ich wollte sie aufheben, aber dazu reichte meine Kraft nicht mehr. Der Alte sprang mir wortlos bei, nahm Annette wie eine Feder auf seine Arme und hob sie hinten in den Jeep. Mit wahrhaft väterlicher Sorgsamkeit bettete er sie auf die Decken, die er inzwischen ausgebreitet hatte. Als er ihre blutverkrusteten Füße bemerkte, warf er mir einen mißbilligenden Blick zu und schüttelte den Kopf. Diesmal fuhr er ungemein behutsam und mit sehr gemäßigter Geschwindigkeit, um Annette jede unnötige Erschütterung zu ersparen.

Jetzt, da meine Lebensgeister sich wieder zu regen begannen, nahm ich erst wahr, was es mit der Ortsbezeichnung »Evans« auf der Landkarte auf sich hatte. Von einem Ort, wie ihn der kleine Kreis auf der Karte anzukündigen schien, war hier ebensowenig zu sehen wie bei Dingo Springs. Evans bestand aus einer einzigen niedrigen, aus rohen Kalksteinen errichteten Hütte mit Wellblechdach am Ostabhang einer flachen Bodenerhebung. Die Hütte war auf drei Seiten von einer offenen Veranda umgeben. Auf der einen, der Piste zugewandten Seite stand ein niedriger Wellblechschuppen und davor eine altmodische Benzinpumpe. Auf der anderen Seite ragte das Gerüst eines artesischen Brunnens empor. Zu dessen Füßen breitete sich im Schutz einer Kalksteinmauer ein grüner Fleck aus, der sich leuchtend vom stumpfen Graugelb der Wüste abhob: ein Garten inmitten dieser toten Einöde! Die Bevölkerung von Evans bestand, wie sich bald herausstellte, aus dem alten Mann, in dessen Jeep wir nun vor die Hütte rollten, und einem Sittichpärchen in einem großen Vogelbauer. Das war alles: wenig und doch sehr viel.

Ohne lange zu fragen, hob unser Retter Annette aus dem Wagen und trug sie auf die Veranda, wo er sie in einen alten, sehr abgenutzten Schaukelstuhl setzte. Mir bedeutete er mit einer knappen Geste, mich auf den Treppenstufen der Veranda niederzulassen. Dann verschwand er im Innern seiner Behausung, wo wir ihn kramen hörten. Nach einer Weile tauchte er wieder auf und sagte vergnügt: »So, Missus, Bett ist fertig«, nahm Annette wieder auf seine Arme und trug sie ins Haus.

Das Haus bestand aus zwei Räumen. Der vordere diente als Küche und Wohnzimmer, der andere als Schlafraum. Hier hatte Evans inzwischen für Annette ein Bett frisch bezogen. Sie wehrte erschrocken ab: »Aber ich bin ja ganz voll Staub und Sand und Schweiß! Und meine Füße ...«

Hilflos blickte der Alte uns an. Dann verstand er und sagte betrübt: »Well, Missus, auf ein Bad bin ich nicht eingerichtet. Fürchte auch, mein Propangas reicht nicht mehr für einen großen Kessel voll Wasser. Der Nachschubwagen ist nämlich erst in fünf Tagen fällig.«

Annette lachte: »Das Wasser muß ja nicht heiß sein. Und eine Schüssel voll tut's auch.«

»Sollen Sie haben, Missus, sollen Sie sofort haben!« Der Alte strahlte und lief erleichtert hinaus. Eine halbe Stunde später lag Annette gewaschen und mit verbundenen Füßen im Bett. Ich richtete mir auf dem Fußboden ein Lager aus Decken her. Evans bereitete uns in der Küche eine Mahlzeit. Sobald wir sie verzehrt hatten, überließ er uns der Ruhe.
»Und unser Wagen?« rief ich ihm zwischen Tür und Angel nach. »Was wird aus dem? Und wie kommen wir weiter?«
»Nur nicht so hastig, junger Mann«, brummte er unwirsch. »Erst muß Ihre Missus wieder bei Kräften sein. Dann kann's weitergehen. In fünf Tagen kommt der Nachschubwagen. Der nimmt euch nach Ceduna mit. Und euren Wagen holt der Abschleppdienst. Ich funke nachher gleich, damit man Bescheid weiß.«
»Fünf Tage«, erwiderte ich entsetzt. »Heute ist Montag. Am Sonnabend spätestens muß ich in Perth sein, um meine neue Stellung anzutreten.«
Er sah mich erbost an. »Unsinn, Herr! Wichtig ist allein, daß Ihre Missus wieder munter und gesund wird. Eine neue Stellung kriegen Sie alle Tage, aber nicht so eine tapfere Frau! Immer diese verdammte Eile«, polterte er weiter. »Stellung, Geldverdienen, hol's der Geier! Alles dummes Zeug! Ausruhen jetzt, schlafen, an mehr brauchen Sie nicht zu denken.« Und damit schlug er mir die Tür vor der Nase zu.
Annette lachte herzlich. »Er hat ja recht, Bert. Leg dich hin und schlaf! Ach, ist mir himmlisch wohl zumute! Welch ein prächtiger alter Mann! Du, ich glaube, dem können wir gar nicht besser für seine Hilfsbereitschaft und Gastfreundlichkeit danken als dadurch, daß wir diese fünf Tage gern bei ihm bleiben.«
»Ja, hast du denn noch nicht genug von diesem Wüstenabenteuer? Ich bereue es bitter, daß ich dich da hineingezerrt habe und möchte es möglichst bald hinter mir haben. Ich will meinem Schopfer danken, wenn wir wieder auf der Überlandstraße sind, alle vierzig Kilometer auf eine Raststätte stoßen und Menschen sehen. Ich kann diese mörderische Weite mit ihrer unbarmherzigen Sonne nicht mehr sehen...«
»Du möchtest alles, was wir erlebt haben, so schnell wie möglich vergessen, wie? Ich aber nicht. Ich will dies bewahren: unseren törichten Leichtsinn, die Angst, die Weite der Wüste und diese winzige Zelle geordneten Lebens, die der alte Evans ihr abgerungen hat. Mir ist, als sei es

nicht Zufall, daß wir das erleben mußten, sondern als sei damit ein Wink gemeint, der gedeutet und – befolgt sein will. Menschen möchtest du wieder sehen? Ja, siehst du denn nicht, daß wir hier wirklich einem Menschen begegnet sind, nicht bloß einem Tankwart oder Autofahrer oder einem anderen beliebigen Zeitgenossen?«

Ich wußte darauf nichts zu antworten. Wir schliefen den ganzen Tag und die folgende Nacht hindurch.

Damit, lieber Herr L., daß ich dies Erlebnis für Sie aufzeichnete, habe ich Ihre Bitte, Ihnen Australien möglichst eingehend zu schildern, doch wohl ziemlich ausgiebig erfüllt, nicht wahr? Aber die Geschichte ist noch nicht zu Ende. Das Beste kommt noch.

Als wir fünf Tage später von dem Versorgungsfahrzeug nach Ceduna mitgenommen wurden, erfuhren wir von dem Fahrer etwas über unseren Gastgeber.

»Volle fünf Tage waren Sie bei Tom?« fragte er verblüfft. »Uh, das muß eine mächtig langweilige Zeit für Sie gewesen sein.«

»Wieso?« fragte ich erstaunt, denn Evans war für uns nicht nur ein rührend besorgter Gastgeber gewesen, sondern hatte uns auch aus einem offenbar reichen Schatz von Geschichten vortrefflich unterhalten.

»Na«, erwiderte der Fahrer, »soweit mir bekannt ist, gehört Tom zu den berüchtigten Neuneinhalb-Worte-am-Tag-Männern. Touristen, die bei ihm getankt hatten, haben sich nachher bei uns in Ceduna bitter über den maulfaulen Kerl beschwert. Sagten, der könne eine Unterhaltung stundenlang mit ›ja‹ und ›nein‹ und ›vielleicht‹ und ›mag sein‹ bestreiten. Und wenn ein Kunde von ihm Benzin haben will, rührt er sich meistens nicht mal aus seinem Schaukelstuhl, sondern sagt bloß: ›Pump dir selber 'raus, was du brauchst.‹ Und wenn einer Öl oder Zigaretten oder eine Büchse Obst aus dem Laden haben will, sagt er: ›Steht auf dem Regal, nimm's dir 'runter.‹ Braucht einer Wasser, sagt er: ›Der Brunnen ist hinterm Haus.‹ Und das Geld muß man ihm auch noch in die Hand geben – möglichst abgezählt, sonst knurrt er. So ein Kerl ist das!«

Der Fahrer war höchst empört über so viel Faulheit und Ungefälligkeit. Er gehörte wohl zu den Leuten, die so sehr auf Kundendienst gedrillt sind, daß sie darin eine Art Religionsübung sehen.

Annette und ich, wir sahen uns augenblinzelnd und lächelnd an. Wir hatten Tom Evans in diesen Tagen anders und besser kennengelernt und rechneten es uns ein bißchen als Verdienst an, daß er sich uns so freundlich gezeigt hatte.

Annette hatte eine solche Zuneigung zu dem alten Wüsteneremiten gefaßt, daß sie ihn verteidigen mußte: »Vielleicht mag er es nicht, wenn man ihn ausfragen will, und wehrt sich auf seine Weise gegen die Neugierigen, die in ihm einen sogenannten interessanten Charakter, einen komischen Kauz sehen? Ich könnte mir vorstellen, wenn man ihm – baff! – mit der Frage ins Gesicht springt: ›Warum hausen Sie eigentlich hier mitten in der Wüste?‹, dann schaut er mit zusammengekniffenen Augen über die flimmernde Glut der öden Ebene, und es sieht aus, als ob er lange über diese zudringliche Frage nachdenke. Und plötzlich antwortet er brummig: ›Na, weil's mir hier gefällt.‹ Und das ist dann nicht einmal gelogen. Aber den Touristen, der gerade mal ein bißchen in die Wüste hineingeschnuppert und bereits die Nase bis oben hin voll hat, den mutet eine solche Antwort natürlich wie purer Hohn an. Er kann sich nicht eine Sekunde lang vorstellen, daß es einem vernünftigen Menschen in der Wüste gefallen kann.«

»Das kann ich mir, offen gestanden, auch nicht vorstellen«, sagte der Fahrer. »Wer jahrelang allein mitten in der Wüste hausen mag wie Tom Evans, der muß schon übergeschnappt oder erzfaul oder beides zusammen sein. Und ich glaube, Tom ist beides!«

Dann berichtete er uns, was er von Toms Lebensgeschichte wußte. Es war erstaunlich viel, wenn man Toms Zurückhaltung bedachte. Aber diese seltsame Erfahrung habe ich in Australien schon mehrmals gemacht: Je weiträumiger und menschenleerer ein Land ist, um so mehr interessiert sich jeder Bewohner für den anderen.

Daß Tom Evans viele Jahre seines Lebens auf einer ziellosen Wanderschaft durch alle Landschaften Australiens und durch allerlei Berufe – Schafscherer, Fleischpacker, Obstpflücker, Viehtreiber, Landstreicher, Straßenbauer, Telegrafenarbeiter – verbracht hatte, ließ sich aus dem erraten, was er uns erzählt hatte. Von dem Fahrer hörten wir nun, daß Evans dies unruhige Leben erst in seinen Mannesjahren aufgenommen hatte. Vorher hatte er zusammen mit seinem Bruder ein von ihrem Vater begründetes Wolle- und Häute-Exportgeschäft in Melbourne geführt.

Es ging ihnen gut dabei. Die Firma warf Jahr für Jahr größeren Gewinn ab und gehörte bald zu den führenden Unternehmen dieser Art. Im Frühling seines fünfunddreißigsten Lebensjahrs trat Tom eine Ferienreise in die Wüste an – über Adelaide zu den Eyre-Seen und nach Alice Springs. Und da muß etwas Ungewöhnliches mit ihm geschehen sein. Annette meint, etwas Ähnliches, wie es anderen erfolgreichen Weltmenschen begegnet ist, die von heute auf morgen ihr bisheriges Leben aufgaben, um Maler zu werden oder versunkene Städte auszugraben oder in einen Mönchsorden einzutreten. Annette nennt es »das große Ungenügen an sich selbst« oder »den Traum vom eigenen, sinnerfüllten Dasein«. Sie werden besser wissen als jeder andere, was damit gemeint sein kann.
Tom Evans hat jedenfalls auf jener Reise seinen üppigen Acht-Zylinder-Wagen irgendwo in der Wüste einfach stehenlassen und sich einem Viehtreck nach Wyndham als Treiber angeschlossen. Zehn volle Jahre blieb er für seinen Bruder verschollen, obwohl der ihn wie einen vergrabenen Schatz suchen ließ.
Im Jahr 1947 wurde die Wüstenpiste von Kingunya nach Ceduna angelegt. Bei dieser Arbeit war Tom Evans beschäftigt. Sobald sie beendet war, ließ er sich entlohnen, hob seine Ersparnisse ab, erbohrte an einer Stelle, die ihm zusagte, einen Brunnen, errichtete sich mit eigenen Händen eine Hütte, ließ sich eine Benzinpumpe samt einem kleinen Kram- und Proviantladen von einer Treibstoffgesellschaft aufstellen und machte sich als Tankwart und Raststelleninhaber an der Piste ansässig.
Sein Bruder wurde jetzt endlich seiner wieder habhaft, schrieb ihm drängende Briefe und kam, als das fruchtlos blieb, eines Tages zu Tom gefahren, um ihn wieder zur Vernunft, will sagen: ins Geschäft und nach Melbourne zurückzubringen.
Tom hörte ihm höflich zu. Als aber der Bruder sagte: »Du vergeudest hier dein Leben und deine Gaben«, wurde Tom bockig: »Wer vergeudet sein Leben? Ich? Nein, du! Woraus besteht denn dein Leben? Daraus, daß du dem Geld nachjagst, Magengeschwüre vor Aufregung und Sorgen um Dinge bekommst, die jeder andere ebensogut tun kann. Seit ich dich kenne, hast du dir nicht eine einzige Stunde zu ruhiger Besinnung gegönnt.«
»Aber man kann sich doch nicht einfach dem Nichtstun überlassen«, rief

sein Bruder entrüstet. »Man muß doch etwas tun, wenn man etwas gelten, etwas darstellen will in der Gesellschaft!«

»So, muß man? Habe ich vielleicht nichts getan während meiner Wanderjahre? Habe ich nicht an ein paar neuen Straßen mitgebaut, eine Telegrafenlinie in Ordnung gehalten? Ich habe mein Teil der Gesellschaft gegeben. Jetzt will ich an mich denken. Mir gefällt es hier, und im übrigen: Wer hier meine Dienste braucht, findet mich bereit. Diese Wüstenpiste ist lang und tückisch. Irgendein Mensch muß doch an ihrem Rand Wache halten. Warum soll ich dieser eine nicht sein? Das ist ebensogut wie Häute und Wolle verkaufen, meine ich.«

»Wenn ich nur wüßte, warum es dir ausgerechnet in dieser entsetzlichen Einöde so gefällt«, stöhnte der Bruder.

»Nimm an, es ist der einzige Fleck in diesem gesegneten Land, wo ein Faulpelz seinen Lebensunterhalt durch Nichtstun erwerben kann«, erwiderte Tom sarkastisch.

Da gab es sein Bruder auf, den unverbesserlichen Eigenbrötler wieder zur Vernunft zu bringen. Er fuhr nach Melbourne zurück und buchte den Bruder endgültig auf Verlustkonto. Fünf Jahre später starb er an einem Herzinfarkt, starb als reicher Mann und Präsident der Handelskammer. Als hochangesehener Mitbürger bekam er rühmende Leichenreden und einen prunkvollen Grabstein. Nach ein paar Monaten war er vergessen, als hätte er nie gelebt. Das Wolle- und Häutegeschäft war durch sein Ausscheiden auch nicht eine Stunde aus dem Gleichgewicht geraten.

Sein Bruder Tom Evans fuhr inzwischen fort, den Touristen und Lastwagenfahrern, die über die Wüstenpiste fuhren, Benzin, Öl, Wasser, Konserven und Zigaretten zu verkaufen, wenn ihnen der Sinn danach stand. Im übrigen hegte er sein Gärtchen und las in seinen wenigen alten Büchern. Den größten Teil seiner Zeit aber verbrachte er damit, in seinem Schaukelstuhl auf der Veranda zu sitzen — bald schlummernd, bald den Begebenheiten seines Lebens und den Tages- und Jahreszeiten der Wüste in gelassenem Nachsinnen nachgehend.

Auf diese Weise hat er, ohne sich darum zu bemühen, den Namen Evans unsterblich gemacht, denn der ist nun auf jeder australischen Landkarte zu finden. Es ist nur ein Punkt auf der Landkarte, gewiß, und nur ein unscheinbares Partikelchen Unsterblichkeit, doch

immerhin ein Zeichen dafür, daß ein Menschenleben nicht ganz in den Wind geschrieben ist.
Daß es sich lohnt, hierüber nachzudenken, davon sind seit ihrem Wüstenabenteuer fest überzeugt
Ihre Sie herzlichst grüßenden Annette und Bert W.

Unter Schatzsuchern, Glücksrittern und Fallenstellern

Sullivans Silber

»Laß uns ein paar Minuten rasten, Ben! Ich bin hundemüde. Jeden Tag acht Stunden Streife, und nachts dann noch mal zwei Stunden Wache schieben... Das ist die reinste Schinderei und nichts als Schikane von unserem Alten. Ich hab's satt bis oben hin!«
Ohne die Antwort seines Kameraden auf diesen Ausbruch von Ärger und Überdruß abzuwarten, ließ sich der Gefreite Tom Sullivan auf einen der dunklen, abgeplatteten Felsbrocken sinken, die neben der Straße aus dem Erdboden ragten.
»Reg' dich nicht so auf, Tom«, antwortete sein Gefährte gutmütig. »Du hast den Stumpfsinn ja nun bald hinter dir. Im nächsten Monat wirst du entlassen. Weißt du eigentlich schon, was du dann anfangen willst?«
Sullivan schüttelte den Kopf und sammelte spielerisch einige flache Gesteinsstücke auf, die neben seinem Sitzplatz im dürren Gras herumlagen.
»Was kann unsereins schon mit sich anfangen«, sagte er verdrossen. »Daheim hab' ich nichts anderes gelernt als ein bißchen Lesen und Schreiben und das Übliche von Farmerarbeit – pflügen, eggen, mähen, Vieh füttern... Und als mir das zu langweilig wurde und ich die ewige Nörgelei von meinem Alten nicht mehr aushalten konnte, bin ich weggelaufen – zur Armee. Was Klügeres fiel mir nicht ein. Dachte wunders, wie kurzweilig das Leben da sein würde: Apachenkrieg, Grenzgefechte mit mexikanischen Viehräubern und dergleichen. Pustekuchen! Was hab' ich in Wahrheit davon gehabt? Zwei Jahre lang Drill auf dem Kasernenhof, ein bißchen Spielerei mit dem Gewehr – gerade so viel, wie man zum Laden, Sichern und Schießen braucht! Und Spitzhacke und Schaufel schwingen beim Straßenbau – hier in den Pinalbergen, bei dieser verdammten Straße, auf der wir jetzt jeden Tag acht Stunden lang in der glühenden Sonne her-

umlatschen, damit die Apachen unser Kunstwerk nicht beschädigen«, schloß Sullivan erbittert. »Ich bin also noch genauso schlau und so tüchtig wie zuvor.«

»Na, na, wenn du mit dem Gewehr und mit der Spitzhacke umgehen kannst, dann hast du immerhin nach der Entlassung zwei Möglichkeiten, und die sind gar nicht so schlecht«, erwiderte Ben. »Du könntest dich zum Beispiel hier in Arizona oder drüben in Texas als Wachmann anwerben lassen. Solange es Viehräuber gibt, brauchen die immer Leute, die mit dem Gewehr umgehen können. Und wenn dir die Hacke lieber ist als das Gewehr, dann geh doch nach Utah oder Nevada und werde Erzschürfer! Dabei hat schon mancher sein Glück gemacht. Vielleicht gelingt's dir auch, und du findest Silber oder sogar Gold und wirst ein reicher Mann.«

»Ach, dummes Zeug«, gab Sullivan mürrisch zurück und schlug ärgerlich die beiden Gesteinsbrocken gegeneinander, mit denen seine Hände spielten. »Ich und reich werden! Dazu wird's bei mir nie kommen, denn ich hab' nun mal kein Glück. Ich würde überall, wo ich nach Erz suche, nur solchen Dreck finden wie diese komischen Steine hier. Hast du schon mal irgendwo ähnliches Zeug gesehen? Klingt gar nicht wie richtiger Stein, wenn man's gegeneinanderschlägt. Und es zerspringt auch nicht, sondern ist und bleibt so zäh wie ein altbackener Pfannkuchen.«

Sein Kamerad betrachtete und befühlte die seltsamen schwärzlich grauen Steine von allen Seiten. »Nein«, sagte er schließlich, »ich habe so etwas auch noch nie gesehen. Aber was verstehen wir beide schon davon? Weißt du was? Nimm ein paar Brocken mit, und zeige sie unserem Hauptmann. Der tut ja immer so, als ob er wer weiß wieviel von Steinen kennt. Vielleicht kann er dir sagen, was es mit diesem Zeug auf sich hat. Wenn es Wert hat, bist du vielleicht schon ein gemachter Mann, ehe du entlassen wirst. Aber jetzt komm! Wir müssen weiter, damit wir nicht zu spät ins Lager kommen.«

Doch die beiden hatten ein wenig zu lange gerastet. Sie verspäteten sich um mehr als eine Viertelstunde und wurden deswegen beim Abendappell von ihrem Kompanieführer scharf angeblasen. Das nahm dem Gefreiten Sullivan die Lust, den Hauptmann der sonderbaren Steine wegen zu befragen. Er steckte sie in sein Gepäck und dachte bald nicht mehr daran.

Vier Wochen später, am 15. April 1872, bekam Sullivan seine Entlassungspapiere und wanderte den Salt River abwärts bis zur Viehranch von Charles Mason, die ganz in der Nähe jenes Ortes lag, wo kurze Zeit später Arizonas Hauptstadt Phoenix gegründet wurde. Da er nichts Besseres mit sich anzufangen wußte, nahm er bei Mason Dienst als Wachmann und Stallknecht.

Aber er hielt dort nur ein Jahr aus. »Wäre ganz gern noch länger geblieben, Chef«, sagte er, als er kündigte. »Aber hinter Pferdehintern herumzukriechen, habe ich schon seit meinen Kinderjahren auf der Farm meines Vaters satt. Und das verdammte Gewehr mag ich auch nicht mehr sehen und kein Schießpulver mehr riechen. Und zum Cowboy tauge ich auch nicht, wie Sie wissen, weil's bei mir mit dem Reiten nun mal nicht klappen will.

Ja, wäre gern noch geblieben. Es war so hübsch, am Abend mit Ihren beiden Kleinen zu plaudern und zu spielen. Fühlte mich dabei richtig zu Hause.«

»Du solltest sehen, daß du irgendwo ein Stück Land bekommst, Sully«, erwiderte Charles Mason. »Es muß ja nicht gleich eine große Viehranch sein. Eine kleine Siedlerstelle in Kalifornien oder weiter im Norden tut's auch. Dann hast du dein Auskommen, heiratest und bekommst bald eigene Kinder, mit denen du plaudern und spielen kannst. Du bist zum Familienvater geschaffen, das muß ich sagen. Meine Kleinen werden dich sehr vermissen.«

»Ich sie auch, Chef«, sagte Sullivan warm. »Und damit die beiden noch ein bißchen an mich denken, hab' ich das hier für sie gemacht. Geben Sie's ihnen bitte – aber erst, wenn ich weg bin. Ich möchte nicht, daß es Tränen gibt.«

Damit reichte er Mason zwei grobe, flache Schalen.

»Woraus hast du die denn angefertigt«, fragte Mason erstaunt. »Wie Holz sieht das nicht aus.«

»Nein«, antwortete Sullivan, »die sind aus einem Gestein, das ich in den Pinalbergen gefunden habe. Komisches Zeug! Läßt sich zurechtklopfen und -biegen wie Blei. Sieht nicht gerade hübsch aus, dieses schwärzliche Zeug. Aber was anderes, um den beiden Kleinen eine Freude und ein Abschiedsgeschenk zu machen, hatte ich nun mal nicht.«

Am folgenden Morgen nahm Sullivan Abschied und wanderte weiter – nach Kalifornien, wie er sagte. Zwei Jahre danach bekam Charles Mason Besuch von seinem Freund William Long, der die Viehwirtschaft aufgegeben hatte und unter die Erzschürfer gegangen war. Dabei waren ihm in Nevada einige gute Funde geglückt.

»Ja, ganz hübsch, aber der ganz große Schlag war noch nicht dabei«, erklärte er. »Der soll erst noch kommen. Wie steht's denn hier bei euch in Arizona? Man munkelt viel von Gold in den Bergen des Aberglaubens. Aber dort soll es ja der Apachen wegen nicht recht geheuer sein, und ich bin nicht begierig darauf, meinen Skalp vorzeitig loszuwerden. Und wie ist es mit den Pinalbergen? Hat dort schon jemand etwas gefunden?«

»Nicht daß ich wüßte«, antwortete Mason. Aber bei dieser Frage erinnerte er sich an die beiden seltsamen, schwarzgrauen Schalen, die Sullivan seinen Kindern geschenkt hatte. Er erzählte Long davon. Der spitzte sofort die Ohren.

»Weich wie Blei, sagst du? Das könnte Rohsilber sein«, meinte er. »Zeig mir bitte die Schalen.«

Und nachdem er Sullivans Schalen untersucht hatte, fuhr er fort: »Ja, das ist ein sehr stark silberhaltiges Gestein. Wo wurde es gefunden?«

»In den Pinalbergen, hat Sullivan gesagt. Er gehörte, soviel ich weiß, zu General Stonemans Pionierkompanien, die in den Pinalbergen die Militärstraße bauten, um die Apachen besser überwachen zu können. Die Plätze der Truppenlager in den Bergen müßten eigentlich noch festzustellen sein.«

»Na, es wird trotzdem eine Jagd ins Blaue werden«, sagte Long lachend. »Aber das verleiht der Erzsuche erst den richtigen Spaß. Ich habe schon auf dürftigeren Fährten gepirscht und gerade dabei die beste Beute gehabt. Ich will's riskieren. Hältst du mit? Wenn wir fündig werden, lohnt sich das Wagnis bestimmt, sofern das Erzvorkommen hält, was diese Proben hier versprechen.«

Sie machten die Stellen, an denen General Stonemans Pioniertruppen ihre Feldquartiere gehabt hatten, ohne besondere Mühe ausfindig und suchten die Höhenzüge in deren Umgebung nach Erz ab. Von Zeit zu Zeit stießen sie dabei auf schwärzliche Gesteinsbänke, doch sie erwiesen sich jedesmal als taub.

Gefahrlos war diese wochenlange Suche nicht. Die Pinalberge sind ein wildzerklüftetes, düsteres Gebirge – von dichten Nadelwäldern bedeckt, denen es seinen Namen verdankt. Nachdem Stonemans Truppen abgezogen waren, hatten sich in den unzugänglichsten Tälern wieder versprengte Apachenbanden festgesetzt, die sich nach der schweren Niederlage ihres Häuptlings Cochise der Verfolgung entziehen und aufs neue hatten sammeln können. Kriegerische Vorstöße und Raubzüge ins offene Land wagten sie nicht mehr. Aber es kam immer wieder vor, daß sie sich als Straßenräuber betätigten. Long, Mason und die drei Helfer, die sie mitgenommen hatten, hielten deshalb bei Tag und Nacht abwechselnd Wache, sobald sie irgendwo ein Lager aufschlugen.

Aber zunächst machten ihnen die Klapperschlangen und die Javelinas, die Wildschweine, zu schaffen. Alle Waldblößen und die von lichtem Gestrüpp bewachsenen Felspartien wimmelten von Schlangen, und aus dem Dickicht der Wälder brachen immer wieder unversehens die angriffslustigen Wildschweinrudel hervor, wenn sie sich bedroht fühlten. Die fünf Erzsucher mußten mehrmals schleunigst auf Bäume flüchten, um den wütenden Angriffen eines Rudels zu entgehen.

Nachdem sie vier Wochen lang vergeblich nach Erz gesucht hatten, beschlossen sie, aufzugeben und die Berge zu verlassen. In der Nacht vor dem Rückzug zum Rand des Gebirges wurden sie plötzlich von Indianern umstellt. Der warnende Eulenschrei der Apachen hatte sich bereits den ganzen Tag über hören lassen. Charles Mason drängte deshalb darauf, daß man sich abends in einer Felsengruppe verschanzte. Sie konnten dort zwar ihre Packpferde nicht unterbringen. Aber es gelang ihnen nach stundenlanger Schießerei, den Angriff der Indianer, der gegen Morgen erfolgte, abzuschlagen. Nur Mason wurde durch einen Streifschuß am Oberarm leicht verwundet. Freilich gingen ihnen dabei bis auf zwei Packpferde alle Lasttiere verloren.

Eines der beiden Tiere entlief ihnen in der nächsten Nacht, als sie kurz vor dem Verlassen der Berge noch einmal dicht neben der Militärstraße lagerten. Mason wollte nach dem entlaufenen Gaul nicht mehr suchen lassen. »Jetzt kommt es auf den einen auch nicht mehr an«, sagte er. »Keiner von uns soll sich seinetwegen der Gefahr aussetzen, den Indianern in die Hände zu fallen, die uns bestimmt auf den Fersen geblieben sind.«

William Long war damit nicht einverstanden – aus purer Faulheit, wie er lachend erklärte. Er habe keine Lust, sich auf dem Heimweg mit Gepäck abzuschleppen, deshalb wolle er das Pferd aufstöbern und zurückholen. Er ging den Hufspuren nach und fand das Tier nur wenige hundert Schritte von dem Nachtquartier entfernt. Es weidete friedlich auf einem Hügel neben der Straße, dessen grasige Kuppe überall von dunklen Felsnasen gespickt war.

Als Long sich dem Tier näherte und schon nach dessen Kopfhalfter greifen wollte, scheute es, bäumte sich auf und trat dabei heftig gegen eine der dunklen Felsnasen. Long sah, daß sich das Hufeisen deutlich in dem Gestein abgedrückt hatte. Da ließ er den Gaul weiter streunen und rannte zu seinen Gefährten zurück, so schnell ihn die Füße tragen wollten.

»Ich hab' das Silber«, rief er ihnen schon von weitem zu. »Ich hab' das Silber gefunden!«

Die Hufspur des entlaufenen Pferdes hatte ihn offenbar in die Nähe jener Stelle neben der Militärstraße geführt, wo der Gefreite Tom Sullivan seinerzeit die Erzbrocken aufgelesen hatte, aus denen er später sein Abschiedsgeschenk für Masons Kinder zurechtbastelte. Long und Mason erkannten schon bei der ersten Besichtigung der Fundstelle, daß allein an den Flanken dieser Hügelkuppe ein ansehnlicher Silberschatz offen zutage lag. Was mochte sich erst unter der Grasnarbe und noch tiefer im Gestein finden?

Nun, wie sich in den folgenden Jahren zeigte, bestand nicht nur dieser Hügel, sondern der ganze angrenzende Höhenzug fast ausschließlich aus einem hochprozentigen Silbererz, und in der Tiefe fand sich noch mehr – so viel, daß die Fundstelle den Namen »Silberkönig« vollauf verdiente, den Long und Mason ihr in der ersten Begeisterung verliehen. Und als sich die Silberadern nach zwanzig Jahren erschöpften, stellte sich heraus, daß in den tieferen Flözen des Bergwerks Kupfererz von ungewöhnlicher Reinheit in mächtigen Bänken anstand.

Um die Mine »Silberkönig« bildete sich schnell eine geschäftige Bergwerksstadt, und im Jahre 1910 mußte die Kupfermine der »Magma Copper Company«, an die Mason und Long ihre Schürfrechte verkauft hatten, mit drei Schichten arbeiten lassen, um den Reichtum der Erde aus der Tiefe ans Licht und in die Schmelzöfen zu befördern.

Im März dieses Jahres 1910 meldete sich eines Tages im Lohnbüro der Mine ein älterer Mann, der sehr abgerissen und landstreicherhaft aussah. Er fragte bescheiden, ob man hier wohl irgendeinen Arbeitsplatz für ihn habe.

Der Angestellte, den er angesprochen hatte, blickte nur flüchtig von seinen Lohnlisten auf und antwortete abweisend: »Untertagearbeiter können wir immer brauchen. Aber dafür sind Sie doch wohl schon zu alt.«

Aber der Landstreicher ließ sich nicht so leicht abschütteln. Er blieb neben der Tür stehen und sagte bittend: »Meinen Sie nicht doch, daß sich in diesem Riesenbetrieb für mich irgendeine Arbeit finden läßt — als Lampenputzer vielleicht oder als Platzwart beim Förderturm? Ich meine, ich hätte es wohl verdient, daß man mir eine Arbeit gibt, mit der ich mein Brot verdienen kann. Ohne mich gäb's diesen Betrieb hier und alles, was so drum und dran hängt, nämlich wahrscheinlich überhaupt nicht.«

»He, Sie nehmen das Maul aber tüchtig voll«, erwiderte der Angestellte und lachte schallend. »Wie kommen Sie bloß auf diese wahnwitzige Behauptung?«

»Da gibt's gar nichts zu lachen«, sagte der Landstreicher gekränkt. »Sagen Sie nur Ihrem Chef Bescheid, der wird sich wohl erinnern. Ich heiße nämlich Sullivan, Tom Sullivan.«

Die Königin von Comstock

Reich werden, reich sein: was haltet ihr davon? Soll ich meine Meinung dazu äußern, dann muß ich bekennen, daß ich Fontanes Auffassung teile:

> Mein Interesse für Gold und derlei Stoff
> beginnt erst beim Fürsten Demidoff...
> Erst in der Höhe von Vanderbilt
> Seh' ich mein Ideal gestillt:
> So reich sein, das könnte mich verlocken.
> Sonst bin ich für Brot in die Suppe brocken.

Aber gelegentlich frage ich mich doch: Was würde wohl aus dir, wenn dir unversehens ein Vermögen à la Demidoff oder Vanderbilt zufiele? Welche Änderungen würde das in deinem Leben hervorrufen? Nur äußerliche oder auch innerliche? Sollte ich mir wünschen, daß ein solcher Glücksfall gerade mich trifft? Wäre es überhaupt ein Glücksfall? Was meint ihr dazu? Ihr zuckt die Achseln, ihr wißt es auch nicht, weil ihr darüber noch nie nachgedacht habt? Nun, vielleicht laßt ihr euch die Frage einmal durch den Kopf gehen und gebt ihr als Führer diese Geschichte mit, die, wie ich denke, unterhaltsam ist und vielleicht auch nachdenkenswert für Menschen, die sich über Reichwerden und Reichsein eine Meinung bilden wollen.

Meine Geschichte berichtet von zwei Menschen, die von heute auf morgen ein Vermögen fanden, das die Bezeichnung Reichtum wirklich verdient. Das ist — fast möchte ich sagen: wie könnte es anders sein — in Amerika geschehen, das damals in der Tat noch mit einem gewissen Recht »das Land der unbegrenzten Möglichkeiten« genannt werden durfte. Damals — das will heißen: vor etwa hundert Jahren...

Zu jener Zeit kehrte eine Frau im sogenannten Wilden Westen dem Waschtrog, an dem sie sich bisher das tägliche Brot erarbeitet hatte, den Rücken, ging in die Berge und fand dort sagenhaften Reichtum — ungefähr so, wie der junge Saul, der auszog, ein paar entlaufene Esel zu suchen, und dabei eine Königskrone fand.

Eine Krone hat jene Frau übrigens auch gefunden; jedenfalls bekam sie bald nach jenem Glücksfund den Beinamen »Königin von Comstock«. Diesen Titel hat sie wohl verdient. Sie hat nämlich gelebt wie eine Königin aus dem Märchenbuch, königlicher jedenfalls und märchenhafter, als alle gekrönten Damen ihrer wie unserer Tage sich erlauben könnten und dürften. Außerdem hat sie, wie es sich für eine Märchenkönigin und noch dazu eine von amerikanischer Herkunft gehört, ihren Weg zu Krone und Glück ganz tief unten auf der sozialen Stufenleiter begonnen: in einer Bretterbude, deren Fußboden aus gestampftem Lehm bestand. Nicht sattgrüne, weiche Rasenflächen umgaben dieses Heim, sondern der graugelbe Wüstensand von Nevada. Statt üppiger Rosenbeete umblühten Disteln, Ginster und wilde Lupinen die löcherigen Wände. Vor ihrem Wagen trabten nicht etwa feurige Rappen oder prächtige Apfelschimmel, sondern trotteten zwei ausgemergelte, zaundürre Maultiere. Und was ihren Herrn Gemahl anlangt – schweigen wir lieber davon! Unter uns gesagt: er konnte nicht einmal lesen und schreiben. Und wo lag das Königreich dieses sonderbaren Pärchens? Nun, im Staat Nevada, und sein Name lautete Comstock. Wie, ihr habt diesen Namen noch nie gehört? Da sieht man einmal wieder, wie schnell die Welt ihre Heroen vergißt! Vor gut hundert Jahren besaß dieser Name einen Glanz, der weit in die Welt hinausschimmerte: echten Silberglanz! Das war, als man in der Sand- und Tonwüstenei, die auf der Karte den Namen Comstock trug, eine Erzader entdeckte, die Silber in, wie es schien, unerschöpflichen Mengen verströmte.

Von diesem Strom befruchtet, entwuchs dem dürren Boden eine Stadt, die sich sehen lassen durfte. Sie wuchs und gedieh mit derselben unbegreiflichen Schnelligkeit und Üppigkeit, mit der ein einziger kräftiger Regenguß aus dem verdorrten Boden der Wüste einen märchenhaft reichen und schönen Blumenflor hervorlockt. Als Goldgräberlager gegründet, konnte sie zunächst nicht leben und nicht sterben. Aber dann kam das Silber, und innerhalb weniger Monate entstanden Hotels und Banken, dazu eine Unmenge von Schenken und endlich sogar ein Opernhaus, auf dessen Bühne selbst die gefeiertsten Sänger jener Jahrzehnte ein Gastspiel gegeben haben. Schwärme von Erzsuchern und Glücksrittern anderer Art strömten nach Virginia City. Die Stadt wuchs und wuchs und ernährte schließlich mehr als vierzigtausend Menschen. Unter ihnen befand sich auch eine Frau schottischer Abkunft: Eileen Orum.

Eileen war mit den Mormonen über Prärien und Berge westwärts gezogen. Doch die Nachricht von den Goldfunden bei Virginia City lockte sie vom Großen Salzsee Utahs fort in die Wüste von Nevada. Später erzählte sie gern, ein Traum habe sie dazu aufgerufen und ihr den Weg gewiesen. Eileen gab nämlich viel auf Träume und glaubte fest an deren Verheißungen und Winke: so auch an den Traum, der sie nach Virginia City aufbrechen ließ. In ihm hatte sie sich als große Dame gesehen, umgeben von königlicher Pracht.
Zunächst freilich war von Pracht und Herrlichkeit nicht die Rede. Wie zuvor bei den Mormonen wusch Eileen auch in Virginia City die schmut-

zige Wäsche anderer Leute, bis ihr die Arme schmerzten und der Rücken lahm wurde.
Auf dem Weg zu dem geträumten Glück begegnete ihr in Virginia City nicht etwa ein Märchenprinz, sondern Sandy Brown. Sandy war weder Erzsucher noch Kaufmann oder Kneipenwirt; er war ein Fuhrmann, der mit seinem Maultiergespann den Schürfern Wasser und Holz herbeischaffte und andere Spanndienste leistete. Er verdiente nicht schlecht, und da er wie Eileen schottischer Herkunft war, legte er bedächtig und zielbewußt Dollar um Dollar zurück: ein weißer Rabe in einer Stadt, in der das Geld den meisten Männern sehr locker in der Tasche saß. Seine Träume waren viel bescheidener als die Eileens. Ein zweites Maultiergespann wollte er anschaffen, ein höheres Ziel hatte er sich nicht gesetzt. Vielleicht gefiel Eileen diese Sparsamkeit. Oder tat es ihrem Herzen wohl, daß sie mit Sandy in heimatlicher Mundart plaudern konnte, wenn er seine Wäsche brachte oder abholte? Jedenfalls gelang ihm, was vordem keinem gelungen war. Er gewann ihr Herz und führte sie zum Traualtar. Oder verhielt es sich am Ende umgekehrt? Hat sie ihn dahin geführt? Zuzutrauen wäre es ihr, denn Sandy war – gelinde gesagt – schlichten Gemüts. Mit Worten und Gefühlen ging er womöglich noch sparsamer um als mit seinem Geld, und besonders mutig kann er auch nicht gewesen sein. Sonst wäre er wohl längst unter die Erzsucher gegangen, statt hinter seinen Maultieren herzutrotten. Wahrscheinlich hat also Eileen das Heft in die Hand genommen, als sie es für gut hielt. Versteht sich, daß sie es danach nicht wieder abgab. Wäre es ihr sonst möglich gewesen, ihren sparsamen, bedächtigen, zaghaften Sandy Brown dazu zu bewegen, daß er einen Claim belegte?
Ich höre ihn erstaunt fragen: »Aber wozu denn das, Eileen? Ich verdiene doch mit meinen Maultieren genug. Im kommenden Jahr habe ich bestimmt so viel gespart, daß ich noch ein Gespann anschaffen kann.«
»Ach, Sandy, geliebtes Dusselchen«, wird Eileen darauf überlegen geantwortet haben, »sieh doch nur, wie es unserem Nachbarn MacKay ergangen ist. Er war Tagelöhner wie du. Und jetzt? Nachdem er ein paar Monate geschürft hat, baut er sich ein schönes Haus! Sandy, mir hat geträumt...«
Ich höre Sandy verstohlen seufzen. Er weiß, wenn seine Eileen anfängt,

von ihren Träumen zu reden, ist nicht dagegen anzukommen. Und da hebt sie auch schon an – in einem geheimnisträchtigen Flüsterton, der zu einem beschwörenden, schicksalsschweren Druden- und Nornengeraune wird, bei dem es dem braven Sandy kalt über den Rücken läuft: »Von einem großen Haus habe ich heute nacht geträumt, Sandy! Alle Türklinken darin waren aus purem Silber. Stell dir das vor! Und eine Kutsche hatte ich, Sandy, eine Kutsche mit sechs Schimmeln davor! Und du und ich, wir fuhren darin durch die Straßen von Glasgow. Denk dir nur: durch Glasgow! Und dann... Dann hat der Traum mir auch gezeigt, wo die Silberader liegt, von der hier jeder redet und die alle suchen. Nur hat sie bisher noch keiner gefunden... Hör gut zu, Sandy!«
Raunend beschreibt sie ihm, an welcher Stelle des Tals von Comstock der Traum ihr die große Silberader gezeigt hat.

Je nach Stimmung und Gemütsart grinsten die Erzsucher in Virginia City höhnisch oder mitleidig, als sich bei ihnen herumsprach, auch der Fuhrmann Sandy Brown sei nun unter die Schürfer gegangen und habe ganz am Ende des Gebirgsstocks, wo sich niemand von einer Mutung auch nur den geringsten Erfolg versprach, gleich zwei Claims abgesteckt.
Sandy hat nicht wenig gebrummt und gemurrt, ehe er sich zu diesem Entschluß durchringen konnte. Innerlich weint er auch jetzt noch seinen sauer verdienten Dollars nach, die er für die Claims hinlegen mußte. Aber Eileen hat keine Ruhe gegeben und ihren Willen durchgesetzt.
Sandy beginnt an der Stelle zu graben, die der Traum Eileen gezeigt hat. Zu Eileens Ehre sei gesagt, daß sie sich nicht scheut, ebenfalls zu Grabscheit, Schaufel und Hacke zu greifen, und Sandy tapfer beisteht. Tagelang hacken und schaufeln sie und wühlen sich tiefer und tiefer in die Erde hinein. Endlich können sie die erste Karre schwarzen Tons zur Erzschmelze bringen.
Bänglich warten sie vor der Pforte auf das Ergebnis. Haben sie wertlosen Dreck gefunden? Werden Eileens Träume sich als Schäume, als Irrlichter entlarven? Oder... Nach drei Stunden schießt der Erzscheider der Schmelze aufgeregt aus der Tür: »Wo habt ihr dies Erz gefunden?«
»Na, in unseren Claims natürlich«, erwidert Eileen stolz. »Und, nicht wahr, es ist Silber drin? Viel Silber, wie mir geträumt hat?«

»Viel Silber?« Der Erzscheider lacht hysterisch. »Kinder und Leute, es ist das reichste Roherz, das jemals im Westen gefunden wurde! Fünfhundert Dollar Silberwert pro Tonne Roherz!«
So beginnt Eileen Orum-Browns märchenhaftes Glück. Die zweite Erzprobe ergibt bereits einen Silberwert von tausend Dollar pro Tonne, und je tiefer sie graben, um so reicher wird der Erzgehalt. Schließlich erreicht er zweitausendfünfhundert Dollar Silberwert je Tonne. Eileen und Sandy haben die reichste Silbermine entdeckt, die diese Erde jemals gesehen hat. Von heute auf morgen ist ihnen ein unermeßliches Vermögen in den Schoß gefallen. Und wodurch? Nur durch Eileens weissagende Träume, wodurch denn sonst?
So wurde aus der Waschfrau Eileen die Königin von Comstock. Sie fuhr mit ihrem Sandy nach San Francisco und ließ sich dort einkleiden, wie es sich für eine Königin geziemt, und das mit einem Genuß, den nur eine Königin empfinden kann, die zuvor Aschenbrödel oder – Wäscherin in einer Erzschürferstadt gewesen ist. Danach ließ sie sich halbwegs zwischen Carson City und Reno ihren Traumpalast bauen. Alle Türklinken darin bestanden aus purem Silber! Und auch sonst war er an märchenhafter Pracht nicht zu überbieten. Mindestens eine Million Dollar hatte der Prunkbau gekostet, erzählten sich die Leute ehrfurchtsvoll staunend. Eileen hat sich dazu nicht geäußert. Eine Königin ist über solche Trivialitäten wie Baurechnungen erhaben – vor allem eine Königin, die nur ein bißchen in der Erde graben zu lassen braucht, um eine frische Wagenladung Silber zu bekommen.
Während das Märchenschloß aus dem Boden wuchs, fuhren Eileen und Sandy nach Europa. Sandy spielte bei dieser Reise seine Rolle als Prinzgemahl mehr schlecht als recht. Die feinen neuen Schuhe drückten seine an schmiegsame Mokassins gewöhnten Wildwestlerfüße noch immer, und der steife weiße Kragen brannte ihm wie Feuer im Nacken. Sooft es irgend anging und ohne daß es seiner Königin Eileen auffiel, ging er barfuß und im offenen Hemd. Eileen aber trat auf, wie sich Kinder und schlichte Seelen eine richtige Königin vorstellen. Es war, als sei sie in diese Rolle hineingeboren. Nun ja, ihre Träume hatten sie wohl gut darauf vorbereitet.
In Paris ließ sie sich aus zwei Wagenladungen Silber eigener Provenienz

ein Tafelgedeck für sechzig Personen herstellen. In Rom kaufte sie dutzendweise Gemälde und Plastiken alter Meister. In London schenkte sie einem Krankenhaus eine Wagenladung Silberbarren. Diese Spende verhalf dem wohl verwegensten ihrer Träume zur Erfüllung: Sie wurde von Königin Viktoria in Audienz empfangen! Schade, schade, daß es damals weder Film noch Tonband gab, um die erste und einzige Begegnung zwischen Ihrer Majestät von Großbritannien und Irland und der Königin von Comstock für die Ewigkeit festzuhalten.

Nach diesem Triumph segelten Eileen und Sandy wieder heimwärts. Dort war ihr Märchenschloß inzwischen fertig eingerichtet. Säulen und Pfeiler aus italienischem und griechischem Marmor, Wandtäfelungen und Türen aus schimmernden Edelhölzern und die unerläßlichen silbernen Türklinken und silbernen Leuchter ohne Zahl spiegelten beim Einweihungsfest das Licht von einigen tausend Wachskerzen wider, die von kristallfunkelnden Kronleuchtern ihr warmes, goldenes Geleucht verströmten. Rings um den Palast jedoch hatte sich der dürre Wüstenboden Nevadas in saftig grünen Rasen verwandelt, hatte das Distel- und Ginstergestrüpp ganzen Rosenwäldern weichen müssen.

Im Schloß gab es zu Sandys Unbehagen mehrere Badezimmer – und das, obwohl es Eileen bekannt war, daß ihr Gemahl Wasser, sowohl innerlich als auch äußerlich angewendet, nicht sonderlich schätzte. Und wozu die zehntausend in Leder gebundenen Bände der Bibliothek gut sein sollten, blieb Sandy ein Rätsel. Lesen und Schreiben konnte er nämlich immer noch nicht.

Daß Eileen von diesen Künsten jemals viel Gebrauch gemacht hätte, kann auch nicht behauptet werden. Aber sie war der Meinung, zum Heim einer Königin gehöre eine Bibliothek ebenso wie eine silberstrotzende Kutsche mit sechs Apfelschimmeln davor.

Eileens Träume hatten sich in einem Ausmaß erfüllt, wie es Menschenträumen nur selten vergönnt wird. Ihr Glück, von einem Traum erzeugt und vom Silberstrom von Comstock genährt und getragen, war so vollkommen, wie Menschenglück nur in wenigen Ausnahmen einmal Wirklichkeit werden darf. Deshalb wünschte ich wohl, ich könnte die Geschichte eines solchen märchenhaften Glücks hier mit dem einzig angemessenen Satz schließen: Sie haben noch viele Jahrzehnte als glückliches

Paar auf ihrem Schloß gelebt, und wenn sie nicht hätten sterben müssen, so lebten sie wohl noch heute im milden Silberglanz ihres unerschöpflichen Reichtums.

Aber da ich eine zwar märchenhaft anzuhörende Geschichte, jedoch kein erdachtes Märchen erzähle, muß ich bei der Wahrheit bleiben – bei einer Wahrheit, die so grau und glanzlos ist wie die meisten Wahrheiten auf Erden. Die Wahrheit ist, daß die große Silberader, zu der Eileens Traum den Weg gewiesen hatte, eines Tages versiegte. Die Schatzkammer der Königin von Comstock leerte sich fast ebenso schnell wieder, wie sie sich seinerzeit gefüllt hatte. Virginia City verödete; es ist heute eine der vielen Geisterstädte des amerikanischen Westens. Ginster und Disteln eroberten sich langsam die Rosengärten und Rasenflächen des Märchenschlosses zurück, denn bald fehlte es an Geld, ihnen zu wehren und die Bewässerung in Gang zu halten. Ja, es kam der Tag, da statt der vielen Gäste, die die Königin von Comstock in ihren Glücksjahren hatte begrüßen dürfen, nur noch ein einziger Gast sich immer wieder hartnäckig einstellte, ein sehr unwillkommener Gast noch dazu: der Gerichtsvollzieher.

Sein Erscheinen erst brachte Eileen zu der Einsicht, daß die Tage ihres Glücks unwiderruflich vorüber waren. Bis dahin hatte sie sich und anderen um keinen Preis eingestehen wollen, daß die Krone von ihrem Haupt genommen und sie selbst verbannt werden sollte aus dem Reich, in dem Träume Wirklichkeit werden.

Als in Gestalt des Gerichtsvollziehers eine Macht auftrat, die fähig war, sie zu entthronen und Hand an ihre Kronjuwelen, will sagen: an Edelholzmöbel, Silbergeschirr, Bibelots, Kunstwerke und Schmuckstücke zu legen, geschah etwas, das dem Unglück der bis vor kurzem noch so glücklichen Königin von Comstock die Vollendung gab.

Eileen geriet in einen Zorn von wahrhaft majestätischen Ausmaßen, als der Gerichtsvollzieher, Vögelchen anklebend, von Raum zu Raum ging. Sie tobte, raste und wütete, bis sie in Schreikrämpfe verfiel, die schauerlich anzuhören waren. Als Wut und Raserei sich ausgetobt hatten, war Eileen in einem Gemütszustand angelangt, in dem nichts und niemand mehr sie aus dem Reich vertreiben konnte, in dem allein der Traum noch Recht und Gültigkeit besitzt. Sandy Brown blieb nichts anderes übrig, als seine Eileen nach San Francisco in ein Asyl für Geisteskranke zu bringen.

Er selbst legte seine Würde als Prinzgemahl der Königin von Comstock ohne Verbitterung, ja, vielleicht sogar erleichtert nieder und wurde, was er vordem gewesen war: ein Fuhrmann. An jedem vierten Sonntag besuchte er Eileen. Erstaunt und verwirrt, jedoch mit nie erlahmender Geduld nahm er jedesmal wahr, daß Eileen noch immer in ihrer Welt lebte. Sie hielt das Irrenhaus für ein Luxushotel und ihre Kammer für das Fürstenzimmer. Sandy gab sie ebenso wie ihren Leidensgenossinnen immer wieder zu verstehen: »Ich bleibe hier nur so lange, bis unser Schloß bei Reno restauriert ist. Wenn es soweit ist, lade ich euch alle ein.«

Jahr um Jahr erwartete sie den Tag, da sie in den Silberglanz ihres Märchenschlosses zurückkehren durfte. Jahr um Jahr ließ jede Nacht sie gnädig wieder vergessen, wie oft und lange diese Erwartung schon enttäuscht worden war. Sie überlebte sogar noch den braven Sandy, dem sie bis zuletzt nicht verzeihen konnte, daß er bei jedem seiner Besuche so arg nach Pferden roch.

Als dann die Nachricht von ihrem Tod bekannt wurde, fanden sich einige Männer zusammen, die dem »Königreich Comstock«, zu dem Eileens Traum den Weg gewiesen hatte, ihr Vermögen verdankten. Sie richteten der toten Königin von Comstock ein Leichenbegängnis aus, das ihrer würdig war. Schade nur, daß sie es nicht mehr sehen konnte! Selbst sie, deren Ansprüche in dieser Hinsicht nicht leicht zu befriedigen waren, hätten nichts auszusetzen gefunden.

Sechs Apfelschimmel zogen ihren Sarg von der Bahnstation zum Märchenschloß der Königin Eileen, das bereits deutliche Verfallsspuren zeigte. Inmitten einer Wildnis aus Rosen, Ginster und Disteln, im Schatten eines zerfallenden Pavillons war Eileen Orum-Brown, war die Königin von Comstock dort angelangt, wo aller Menschen Träume enden.

Jeder lebt von seinem Traum

Heutzutage ziehen die Erzsucher mit modernsten Spürgeräten in die Wildnis. Man drillt sie sogar schon auf richtigen Schulen für ihre Aufgabe, wie ich höre. Ob sie dann mehr Erfolg haben als die Prospektoren vergangener Zeit, die nur Hacke, Schaufel und Sieb als Gerät kannten? Und ob sie mit Mißerfolgen, Strapazen und Einsamkeit besser fertig werden als die alten Goldsucher der wilden Jahre in Kalifornien und der Klondike-Zeit?
Ich habe die letzten Glücksritter des alten Schlags noch kennengelernt – damals, Anfang der dreißiger Jahre, als ich im Dienst der kanadischen Regierung stand und mich bei der geologischen Landesaufnahme ein paar Jahre lang am oberen Yukon herumtrieb. Was ihnen half, Enttäuschungen zu verwinden und Schicksalsschläge zu ertragen, davon gibt vielleicht Robert Hendersons Geschichte ein gutes Bild.
Ich bin Henderson begegnet, als ich mich auf einem Ritt verirrt hatte. Es fing schon an zu dunkeln, ehe ich die Station am Yukon erreicht hatte, die mein Tagesziel war. Ich machte mich bereits darauf gefaßt, irgendwo in der Wildnis auf bloßer Erde übernachten zu müssen, da sah ich plötzlich in einem kleinen Seitental ein Feuer zwinkern. Erfreut hielt ich darauf zu, und nach einer Viertelstunde kam ich bei einer dürftigen Blockhütte an.
Vor dem Feuer hockte ein alter Mann. Er schien ein richtiger Einsiedler zu sein. Er blickte kaum auf, als ich näher kam, und beantwortete meinen Gruß nur mit einem unverständlichen Gebrumm. Ich ließ mich dadurch nicht stören. Ich kannte diese alten Murrköpfe bereits; sie gehörten samt und sonders zu der berühmten Rasse der Neuneinhalb-Worte-am-Tag-Leute. Deshalb sattelte ich gemächlich ab und bereitete mir in aller Gemütsruhe mein Abendessen. Einen Platz am Feuer und unter seinem Dach würde mir keiner dieser Brummbären verweigern, das wußte ich. Es gab für sie einige ungeschriebene Gesetze, an die sie sich strikter hielten als an die Zehn Gebote.
Mein Gastgeber tat erst den Mund auf, als ich gegessen, mir die Pfeife angeraucht und ihm einen Becher Tee mit Rum zugeschoben hatte. Ja,

er wurde sogar ganz gesprächig, sobald er spürte, daß ich kein Neuling in den Yukon-Bergen war. Lang und breit erzählte er mir von seinen Wanderungen in Alaska, und schließlich eröffnete er mir beiläufig, er könne nicht lesen. Ich erwiderte, von dieser Kunst hielte ich auch nicht viel. Er nickte, meinte dann aber, mitunter könne man sie nicht ganz entbehren. Er habe da zum Beispiel seit einem halben Jahr einen Brief in seiner Hütte, dessen Inhalt er noch immer nicht kenne.

»Weißt du«, erklärte er mir, »den Posthalter in der Station drunten, diesen neugierigen Patron, mochte ich nicht bitten, mir das Geschreibsel vorzulesen. Der tratscht womöglich darüber. Du mußt nämlich wissen, der Brief ist von meiner Bank. Das hat mir der Posthalter laut entgegentrompetet. Nun habe ich eine ganz hübsche Summe auf der Bank. Aber das braucht schließlich nicht jeder zu wissen, nicht wahr!«

Ich stimmte zu, konnte mir aber die Frage nicht verkneifen, weshalb er bei seinem Alter noch immer mutterseelenallein in der Wildnis nach Gold suche, statt sich mit seinem Vermögen zur Ruhe zu setzen.

»Na, höre mal«, rief er entrüstet. »Sehe ich etwa so aus, als ob ich schon fürs Siechenhaus reif bin? Nein, mein Lieber, solange ich Hacke, Schaufel und Sieb noch regieren kann, arbeite ich. Viel springt in dieser Gegend zwar nicht dabei heraus, aber bald habe ich mir so viel zusammengekratzt, daß ich nach dem Norden gehen und dort den großen Schlag tun kann, der mir bisher nirgendwo hat gelingen wollen. Ich weiß da in den Mackenzie-Bergen eine Stelle ... Gold von den Graswurzeln abwärts, sage ich dir! Aber da oben, wo schon der Dauerfrostboden ist, braucht man eine teure Ausrüstung. Für die spare ich.«

Ich hütete mich wohlweislich, gegen diesen Plan etwas einzuwenden. Vom »großen Schlag« träumten sie alle unentwegt, diese alten Murrköpfe. Und wehe, wenn ihnen einer beweisen wollte, sie jagten einem Phantom nach, und Gold sei ohnehin nicht mehr Nummer eins unter den Metallen. Ich griff also nach dem Brief und riß den Umschlag auf. Der Alte verriet nicht die geringste Neugier, sondern schürte gemächlich das Feuer. Das war mir lieb, denn es gab mir Zeit, mir zu überlegen, was ich ihm sagen wollte.

Erst nach geraumer Zeit fragte er gelassen: »Na, steht was Wichtiges darin?«

»Nein«, sagte ich so ruhig wie möglich. »Es ist nur die Ankündigung einer Aufsichtsratssitzung.«
»Hab' ich mir schon gedacht«, brummte er. »Die teilen meistens solche Dummheiten mit. Wirf den Wisch nur gleich ins Feuer.«
Ich gehorchte. Schweigend rauchten wir unsere Pfeifen aus und legten uns dann in der Hütte zum Schlafen nieder. Die tiefen gleichmäßigen Atemzüge des Alten zeigten mir bald, daß er in gesunden, festen Schlaf gesunken war. Ich aber lag noch eine gute Weile wach. Ich wußte nicht, sollte ich diesen alten Goldsucher nun bedauern oder beneiden. Unser Gespräch am Feuer hatte mir hinlänglich bewiesen, daß er trotz seines Alters und trotz ungezählter Enttäuschungen noch immer wie in einer schützenden Hülle von seinem Traum lebte. Und nun sollte ich diese Hülle zerstören, die sein einsames Alter so gnädig behütete und wärmte? Der Brief hatte nämlich die Nachricht enthalten, die Bank, die sein Vermögen von fast dreißigtausend Dollar verwaltete, habe ihre Zahlungen eingestellt. Ich kannte die Bank, und ich wußte, daß bei ihrem Konkurs die Kunden und Gläubiger kaum einen Cent zu erwarten hatten.
Doch noch etwas anderes hatte mir der Brief verraten: Der Name in der Anschrift und einige Andeutungen in dem vorausgegangenen Gespräch sagten mir, daß ich in diesem alten Goldsucher Robert Henderson vor mir hatte – einen der bekanntesten, aber auch vom Schicksal am härtesten geprüften Männer der nun schon fast zur Sage gewordenen Klondike-Zeit.

Ein Einzelgänger war Henderson von jungen Jahren an gewesen und ein Grobian dazu. Niemand nahm ihm das übel, denn Einzelgänger und grobe Kerle waren in ihrer großen Zeit mehr oder weniger alle Goldsucher des Nordens. Aber einmal geriet Henderson doch an einen, der empfindlich war – empfindlich zumindest gegen ein bestimmtes grobes Wort. Henderson hat es ihm eines Augustnachmittags im Jahr 1896 im ungeeignetsten Augenblick gedankenlos ins Gesicht geschleudert, und das ist ihm teuer zu stehen gekommen.
Henderson war bereits seit fast zwanzig Jahren am Yukon und seinen Nebenflüssen unterwegs und bekannt wie ein bunter Hund. Doch seinen Namen kannten die meisten nicht; sie sprachen von ihm nur als von dem »Mann mit dem großen Hut«. Er hatte bis dahin als Goldsucher nicht

viel Erfolg gehabt – immer nur gerade so viel, daß er nicht den Mut verlor, sofern ein Träumer dieser Art sich überhaupt jemals entmutigen läßt.
Im Juni 1896 paddelte Henderson mit seinem Kanu wieder einmal den oberen Yukon hinab. Fester als jemals war er davon überzeugt, endlich auf dem rechten Weg zu dem großen Goldfund zu sein, von dem er unentwegt träumte. Dabei war es ihm nie zuvor so schlecht gegangen. Der vorige Sommer war fast ergebnislos gewesen, und er hatte einen schlimmen Hungerwinter hinter sich. Sein nächstes Ziel war deshalb die Mündung des Sechzig-Meilen-Flusses. Er wollte dort in der Handelsstation Ogilvie den Händler Leduc aufsuchen, bei ihm Erkundigungen einziehen und sich mit Proviant für den Sommer versehen lassen. Leduc war bei den Goldsuchern dafür bekannt, daß er großzügig Kredit gewährte.
Als Leduc hörte, Henderson sei auf dem Weg zum Indianer-Fluß, war er sofort Feuer und Flamme. »Gut, daß sich endlich einmal jemand entschließt, dort zu schürfen! Ich bin seit jeher überzeugt, dort in der Gegend wird einmal der große Fund gelingen. Selbstverständlich bekommst du Proviant. Aber sei darauf gefaßt, daß du dich durch die dickste und wegloseste Wildnis durchschlagen mußt.«
Henderson erfuhr bald, daß der Händler mit dieser Warnung recht hatte. Es dauerte fast zwei Monate, bis er sich zu seinem Ziel durchgekämpft hatte, zu einem kuppelförmigen Berg, der ihn – er wußte selbst nicht recht, warum – seit Jahren immer wieder anlockte. Viel Hoffnung machte er sich trotzdem nicht, als er am Nordhang dieses Berges den ersten Sand aus einem Bach in das Sieb schaufelte. Keiner der zahllosen Nebenflüsse und Bäche, die er auf dem Weg hierher untersucht hatte, war erfolgversprechend gewesen. Trotz seiner jahrelangen Erfahrungen packte ihn die Spannung, stritten sich Hoffnung und Furcht in seiner Brust, als er das Sieb zu schwenken begann. Würde dies endlich der Platz sein, wo seine Träume sich erfüllten? Wie oft hatte er diese Frage gestellt, wie oft war er enttäuscht worden...
Schließlich blieb nur noch eine Handvoll schwarzer Feinsand im Sieb. Vorsichtig schwenkte er es im klaren Wasser. Da – ihm wurde der Mund trocken vor Erregung, und sein Atem ging schneller –, der erste helle Fleck. Gold so groß wie ein Hirsekorn! Wieder eins! Und dort noch eins

und wieder eins und so fort, bis sich ein goldener Streifen über das Sieb zog. Henderson atmete tief, um sich zu beruhigen. Das Ergebnis ließ sich gut an. Was mochte tiefer im Bachbett, auf dessen Felsuntergrund auf ihn warten?

Nachdem auch das vierte Sieb ihm bestätigt hatte, daß er endlich auf eine wirklich ergiebige Fundstelle gestoßen war, steckte Henderson seinen ersten Claim unterhalb der Nordseite des Berges ab, dem er den Namen »König-Salomons-Kuppel« gab: Sinnbild des alten Goldsuchertraums, einen Fund so reich wie die Schätze Ophirs zu tun. Danach entschloß er sich, die Goldwäscherei an dieser Stelle zunächst abzubrechen und nach Ogilvie zurückzukehren. Hierfür hatte er zwei Gründe. Einmal mußte er sich, ehe der Winter einsetzte, mit ausreichendem Proviant versehen; zum zweiten wollte er, einem ungeschriebenen, aber von allen strikt eingehaltenen Gesetz der Goldsucher Alaskas gehorchend, die Umwelt wissen lassen, daß er fündig geworden war und es bei seinem Claim noch Platz und Aussicht für andere Goldgräber gab. So eigenwillig und abweisend der Einzelgänger Robert Henderson auch war, er hielt dieses Gebot, weil er wußte, welchen guten Sinn es hatte.

In der zweiten Augustwoche erreichte er Ogilvie. Hier teilte er mit Leduc das bisher gefundene Gold als Gegenleistung für den Proviantkredit. So wurde es damals bei den Goldgräbern allgemein gehalten.

»Mit den Funden in Kalifornien läßt sich die Ausbeute meines Claims nicht vergleichen«, erklärte er Leduc und den drei anderen Goldsuchern, die er in Ogilvie antraf. »Aber ich bin überzeugt, das ist nicht das letzte Wort. Wenn ihr wollt, geht hin und steckt euch einen Claim ab. Und wenn ihr unterwegs noch jemand trefft, sagt ihm Bescheid: am Nordhang des Kuppelberges ist was zu holen.«

Die drei Männer brachen sofort auf. Henderson gönnte sich noch zwei Tage Rast. Dann belud er sein Boot mit frischem Proviant und fuhr zum Indianerfluß. Einer plötzlichen Eingebung folgend, entschloß er sich dort, bis zur Einmündung des nächsten schiffbaren Nebenflusses weiterzufahren, den die Indianer Throndiuk – Lachswasser – nannten, die Weißen aber Klondike.

Henderson meinte, er könne sich den Weg zu seinem Claim abkürzen, wenn er den Klondike hinaufpaddelte.

Die milde Luft des Indianersommers hing warm und still über dem ganzen Yukon-Stromtal, und ein feiner Duft von Holzrauch zog vom Stromufer in die Wälder und Berge hinauf. Es war Lachsfangzeit. Vor allem die Indianer hatten sich, wie alljährlich um diese Zeit, an den Nebenflüssen versammelt, um ihren Wintervorrat an geräuchertem Lachs und Weißfisch anzulegen, von dem in den Frost- und Schneemonaten des Nordlandes eine ausreichende Ernährung von Mensch und Schlittenhund weitgehend abhing.

Unter den Tagish-Indianern, die sich am unteren Klondike zum Fischfang verteilt hatten, befand sich auch ein Weißer: George Carmack, unter dem Spitznamen »Siwash-George« damals in Alaska kaum weniger bekannt als Robert Henderson. Man nannte ihn so, weil er nicht nur eine Indianerin zur Frau genommen, sondern sich auch in Kleidung, Sprache und Lebensart der Gemeinschaft der Tagish-Indianer vollkommen angepaßt hatte.

Siwash-George war auf seine Art ebenso ein Eigenbrötler wie Henderson. Man munkelte von ihm, er sei wegen einer schlimmen Untat bei den Indianern untergetaucht. Er mied die Weißen nach Möglichkeit – vor allem die Goldsucher, die er als ruhelose, nimmersatte Narren verachtete. Eines freilich unterschied ihn deutlich von Henderson: Er liebte die Indianer, dieser verabscheute sie mit einem an Haß grenzenden Widerwillen und verurteilte sie in Bausch und Bogen als »verdammte Siwashs«, deren Schmutzigkeit, Faulheit und Grausamkeit gegen Mensch und Tier keine Nachsicht verdienten.

Was Henderson zu diesem aberwitzig überspannten Vorurteil veranlaßt hat, ist nicht bekannt. Fest steht nur, daß er sich selbst damit am ärgsten geschadet hat.

Dies geschah, als er an einem jener schönen Spätsommertage des Jahres 1896 an den Klondike-Fluß kam, wo Carmack, seine Indianerfrau Kate und seine beiden Schwäger Skokum und Tondak ihre Fischreusen ausgelegt und ihre Räucher- und Trockengestelle aufgestellt hatten. Die vier waren gemächlich bei ihrer Arbeit, als Henderson mit seinem Kanu um die Flußbiegung kam. Als er das Lager bemerkte, das am Fuß eines Hügels aufgeschlagen war, und einen Weißen an den Trockengestellen arbeiten sah, steuerte er ans Ufer. Zunächst hatte er sich freilich versucht gefühlt,

vorüberzufahren, weil er bis zum Abend gern noch eine größere Strecke bewältigt hätte. Doch er mochte nicht gegen jenes gute alte Goldgräbergesetz verstoßen, einen ergiebigen Goldfund überall, wohin er gelangte, bekanntzumachen.
Carmack sah Henderson anlegen und ging ihm zur Begrüßung entgegen. Auch er gehorchte damit einem guten alten Nordlandgesetz, das jeden Weißen zur Gastfreundschaft verpflichtete. Sie schüttelten sich die Hand, und dann fragte Henderson sofort: »Du kennst die runde Bergkuppe oben beim Indianerfluß?« Und als Siwash-George bejahte, fuhr er fort: »Ich habe dort unter dem Nordhang eine ergiebige Fundstelle entdeckt. Drei andere sind schon dorthin unterwegs. Wenn du noch einen guten Claim abstecken willst, dann mache dich gleich auf.«
Carmacks indianische Schwäger Skokum und Tondak waren inzwischen herbeigekommen, um den Fremden ebenfalls zu begrüßen. Als Henderson sie sah, verfinsterte sich sein Gesicht. »Gehören die etwa zu dir«, fragte er verdrossen. Siwash-George nickte. Und da warf ihm Henderson die Grobheit ins Gesicht, die ihn nachher so teuer zu stehen kommen sollte: »Diese Drecksindianer, diese Schweinekerle will ich aber bei meiner Fundstelle nicht haben!«
Carmack, der sich aus Sympathie für indianische Lebensweise und seiner Frau wegen schon lange den Indianern mehr als den Weißen zugehörig fühlte, mußte diese Worte als Beleidigung empfinden. Aber noch ärger fühlten sich Skokum und Tondak getroffen, die genug Englisch konnten, um die Beschimpfung zu verstehen. Henderson mochte wohl spüren, daß er gehörig ins Fettnäpfchen getreten hatte. Er wandte sich wortlos ab und kehrte zu seinem Boot zurück. Grußlos stieß er vom Ufer ab und paddelte davon. Siwash-George und seine Schwäger starrten ihm ärgerlich nach, bis er hinter der nächsten Uferkrümmung verschwand. Dann erst sagte Carmack zu Skokum: »Mag dieser verdammte Chechako mit seinem Gold glücklich werden oder zur Hölle fahren! Ich will damit nichts zu schaffen haben.« Und damit wandte er sich wieder seinen Lachsen zu.

Er wäre vermutlich nicht wieder auf Hendersons Mitteilung über den Goldfund am runden Berg zurückgekommen, wären seine indianischen Schwäger nicht gewesen. Sie hatten bereits genug mit Weißen zu tun

gehabt, um zu wissen, was es mit Gold auf sich hatte. Ihnen war die Goldgier ins Blut gefahren. Sie setzten Carmack so lange zu, bis er schließlich mürrisch sagte: »Na gut, sehen wir uns die Sache an. Wir brauchen unsere Claims, wenn wir welche belegen, ja nicht gerade in seiner Nähe abzustecken. Da oben an der runden Bergkuppe ist Platz genug.«
Acht Tage nach Hendersons Besuch machten sich die drei Männer auf den Weg. Die Indianer kannten einen abkürzenden Pfad zur König-Salomons-Kuppel. Er führte durch das Tal des Kaninchenbachs. Da sich das gute Wetter hielt, erreichten sie schon nach zwei Tagen Hendersons Fundstelle, wo nun inzwischen neben dem Entdecker zehn Weiße Sieb und Schaufel schwangen. Henderson begrüßte zwar Carmack, übersah jedoch geflissentlich dessen indianische Gefährten. Er eröffnete Carmack freimütig: »Wir finden hier bisher nur gerade so viel, daß sich die Arbeit lohnt.« Und er ließ Carmack ein Probesieb auswaschen, damit er diese Auskunft bestätigt fand.
Danach muß einer der beiden Männer den Vorschlag gemacht haben, der nachher zu bitterem Streit zwischen ihnen geführt hat. Jeder der beiden blieb bis zu seinem Tod dabei, er habe dem andern geraten, es lieber am Kaninchenbach, also am Südabhang der König-Salomons-Kuppel, zu versuchen. Allerdings hat Siwash-George zugegeben, daß er in jenem Gespräch Henderson versprach, ihn sofort zu benachrichtigen, falls er am Kaninchenbach fündig würde. Er fügte jedoch stets hinzu: »Ich habe das nur gesagt, um nicht unfreundlich zu sein. Ich hatte gar nicht die Absicht, am Kaninchenbach zu schürfen. Ich wollte vielmehr so schnell wie möglich zum Lachsfang zurückkehren.«
Siwash-George und seine beiden Indianer schlugen am Kaninchenbach ihr Lager auf, weil sie für die Überquerung der König-Salomons-Kuppel zuviel Zeit gebraucht hatten und fürchten mußten, daß die Nacht sie überholte. Auf der Suche nach einem geeigneten Lagerplatz kamen sie beim letzten Büchsenlicht an einem Moorgelände vorüber, in dessen Weidengestrüpp ein Elchbulle äste. Der Indianer Skokum hatte als einziger der drei seine Büchse bei sich. Siwash-George flüsterte ihm zu: »Schieß den Bullen!« Skokums Blattschuß brachte den Elch auf der Stelle zur Strecke.
Sie beeilten sich, ihn auszuweiden, sahen dann jedoch, daß sie hier am

Moor ihr Lager aufschlagen mußten, und es fand sich auch ein kleines Stück trockenen Bodens in der Nähe – eine Felsplatte unter einer Birke, an der Stelle, wo der Kaninchenbach aus dem Hochmoor heraustrat. Hier ragte der Felsgrund des Bachbetts bis an die Oberfläche und war – was bei Nordlandwasserläufen selten ist – nicht von einer dicken Schicht Sand, Kies oder Torf überdeckt. Zugleich bildete der Felsboden an dieser Stelle eine naturgeschaffene Sperrschleuse, hinter der sich abgesetzt hatte, was das vom Moor gefilterte Wasser aus dem Gestein seit undenklich langer Zeit herausgewaschen hatte.

Im letzten schwachen Abendschein ging George Carmack zu diesem kleinen Becken klaren Wassers, um Teewasser zu holen. Als er sich zum Schöpfen darüberbeugte, sah er auf dem dunkelbraunen Felsgrund einen walnußgroßen goldhellen Fleck. Er griff danach und hielt einen Nugget, ein Stück Rohgold, in der Hand. Und da geschah auch ihm, was jeder der von ihm so verachteten Goldsucher erfuhr, sobald er fündig wurde: Seine Kehle wurde vor Erregung trocken; das Herz schlug ihm schneller, und die Stimme versagte ihm fast, als er seine Gefährten herbeirief.

Tondak und Skokum kamen, sahen und warfen sich neben Siwash-George auf die Knie. Bis es stockfinster wurde, tasteten sie gierig den Bachgrund ab. Fast bei jedem Zugriff förderten sie nußgroße Stücke Rohgold zutage, und ihnen ging auf, daß sie hier endlich die erste wirklich reiche Fundstelle Alaskas entdeckt hatten, eine richtige »Bonanza«, wie die Goldgräber Kaliforniens einen solchen Fund genannt hatten. Der Kaninchenbach hat denn auch später den Namen »Bonanza-Bach« erhalten.

Am nächsten Morgen steckten Siwash-George Carmack, Tondak und Skokum ihre Claims ab. Dann sagte George: »So, ich werde jetzt über den Berg zu Henderson gehen und ihm Bescheid geben, daß wir hier fündig geworden sind.«

Doch da widersetzten sich ihm die beiden Indianer zum erstenmal, seit er zu ihrer Familie gehörte. Bockig erklärte Tondak: »Nein, du wirst nicht gehen! Der Chechako mit dem großen Hut und dem bösen Maul soll bleiben, wo er ist. Er wollte uns Indianer nicht bei seiner Fundstelle haben. Wir Indianer wollen ihn nicht bei der unseren!«

»Und ich gehe doch«, beharrte Siwash-George. »Das gehört sich so unter Goldgräbern. Henderson hat mich ja auch benachrichtigt.«

»Ja, und dich und uns dabei beleidigt«, sagte Tondak. »Hast du das schon vergessen? Oder willst du es vergessen? Kann man bei den Weißen mit Gold auch das Böse ungeschehen machen?«

»Rede keinen Unsinn«, brummte Carmack. »Aber ich will nicht als derjenige dastehen, der als erster ein gutes altes Gesetz mißachtet. Die Goldsucher kennen mich. Sie wissen, wie ich über Gold denke. Sie sollen nicht sagen: Seht, jetzt, wo der Siwash-George selbst Gold gefunden hat, kann er vor Gier den Hals nicht voll genug bekommen und kennt Brauch und Anstand nicht mehr. Ich gehe zu Henderson!«

»Und ich sage: du gehst nicht«, mischte sich nun Skokum ein. »Gehst du, so wollen wir mit dir nichts mehr zu tun haben – wir nicht, alle Tagish nicht! Verflucht sollst du sein, weil du den verrückten Indianerfresser mit dem großen Hut höher achtest als deine Frau und deine Blutsfreunde. Und sollte er sich hier zeigen, so bekommt er meine Kugel, noch ehe er auch nur einen Nugget aus unserem Bach herausgeholt hat.«

Siwash-George überlegte. Eine Sekunde lang dachte er daran, Skokum anzuspringen und ihm die Büchse zu entreißen. Aber er ließ den Gedanken sofort wieder fallen. Er wußte, im gleichen Augenblick würde sich Tondak mit dem Messer auf ihn stürzen. Mit zwei Indianern auf einmal konnte er es nicht aufnehmen. Und natürlich bedachte er auch den reichen Goldfund, der hier auf ihn wartete. Früher, als er nichts besaß, hatte er für das Gold nur Verachtung gehabt. Wie anders sah es jetzt aus, wo ihnen ein Schatz von wer weiß welch märchenhaftem Ausmaß gehörte!

Dies und jene beleidigenden Worte Hendersons wogen in der Rechnung, die er stumm überschlug, mit jedem Augenblick schwerer als die alte, ungeschriebene Regel aus dem Ehrenkodex der Goldsucher. Trotzdem wollten ihm die Worte nur zögernd von den Lippen, als er schließlich sagte: »Fuchtele nicht länger mit deiner Donnerbüchse herum, Skokum! Ich gehe nicht. Mag Henderson da weiterwühlen, wo er fündig geworden ist. Ihm und uns wäre nicht damit gedient, daß du ihn niederschießt.«

Nachdem die Eintracht wieder hergestellt war, machten sich die drei auf den Weg zur nächsten Station, um ihre Claims registrieren zu lassen. Am Klondike stießen sie auf vier zerlumpte, fast verhungerte Goldsucher, die nach einem ergebnislosen Sommer dem Yukon zustrebten. Carmack versorgte sie mit Räucherlachs und erklärte ihnen den Weg zu seiner Fundstelle. Tondak und Skokum hatten nichts dagegen, daß diese vier Weißen dort ihre Claims absteckten. Nur Robert Henderson sollte sich nicht sehen lassen. Das war ihre Rache für seine Grobheit.

Noch ein gutes Dutzend andere Goldsucher wies Siwash-George auf dem Weg zur Station auf seine »Bonanza« hin. So wurde ausgerechnet er, damals vielleicht der einzige Weiße im Yukon-Gebiet, der von der Goldsuche nie viel gehalten hatte, zum Boten, der das Zauberwort vom »großen Schlag« ins Yukontal trug und damit dort den ersten Goldrush, den heute schon zur Sage gewordenen Goldrausch von Klondike, auslöste. Mit unglaublicher Schnelligkeit flog das Zauberwort am Strom entlang. Jeder, der noch einen Packsack auf dem Rücken zu tragen und einen Schlitten zu ziehen vermochte, brach auf zum Bonanza-Bach.

Nur einer vernahm nicht ein einziges Wort von der großen Neuigkeit: Robert Henderson. Hartnäckig wühlte er an seinem Bach am Nordhang der König-Salomons-Kuppel, nur wenige Wegstunden von der reichsten Fundstelle des Yukon-Gebietes entfernt. Er wusch dort gerade so viel Gold, daß er nicht aufs neue so tief enttäuscht wurde wie in den Jahren zuvor. Als auch ihn gegen Ende des Winters die Kunde erreichte, war es zu spät. Jeder aussichtsreiche Claim am Bonanza-Bach und an den anderen goldreichen Zuflüssen des Klondike war vergeben.

Damit ist erzählt, durch welch merkwürdige Verknüpfungen es zu Alaskas erstem wirklich reichen Goldfund kam. Doch die Geschichte von Robert Henderson und Siwash-George Carmack ist noch nicht zu Ende.

Der einstige Goldverächter Siwash-George verwandelte sich unter dem Einfluß des Millionenvermögens, das er aus seiner Bonanza herausklaubte, allmählich wieder vom Indianer zum Weißen zurück. Geräucherter Lachs und frischer Bärenschinken wollten ihm nicht mehr schmecken. Schlittenpfad und Kanureise, Lagerfeuer und Blockhütte, Jagd und Fallenstellen schenkten ihm nicht mehr das friedvolle Genügen, das er einst gesucht und am Yukon gefunden hatte. Vier Jahre nach dem Tag, an dem er das erste Stück Rohgold aus dem Kaninchenbach fischte, behagte ihm auch seine Indianerfrau Kate nicht mehr. Vergessen war von heute auf morgen, wie treu und geduldig sie ihm auf langen Wanderungen, bei Jagd und Fischfang als unermüdliche Gefährtin zur Seite gestanden hatte. Er schickte sie kurzerhand zu ihrem Stamm zurück. Dort ist sie siebzehn Jahre später, arm und als verstoßene Frau verachtet von ihrem Volk, gestorben.

Doch in allem Elend hielt sie bis zuletzt die Erinnerung an die Jahre fest, in denen sie glücklich gewesen war als Frau eines Weißen, der Indianer geworden war – mit ihrer Hilfe. Die Halskette aus nußgroßen Rohgoldkörnern, die Siwash-George ihr aus seinen ersten Funden am Bonanza-Bach selbst gefertigt hatte, wollte sie um keinen Preis verkaufen.

Carmack heiratete eine abenteuerlustige Schöne aus Kalifornien, die nach Dawson City gekommen war, um dort eine Bonanza zu entdecken. Sie fand sie in dem frisch gebackenen Millionär Siwash-George. Die beiden haben bis 1922 in Vancouver gelebt. Leute, die es wissen müßten, behaupten, George Carmack habe in seinen letzten zwanzig Lebensjahren ein hartes Gesicht bekommen und meistens einen mißmutigen Eindruck gemacht.

Und Robert Henderson? Wie verwand er es, daß ihm eine aus törichtem Vorurteil geborene Grobheit den Zugang zur Erfüllung seines Traumes von Gold und Reichtum verwehrt hatte? Ich habe euch vorhin schon angedeutet, daß es seine unerschütterliche Neigung, sich in seinen Traum einzuspinnen, gewesen sein muß, die ihn vor Verbitterung bewahrte. Er ist der Goldsuche, der ruhelosen Wanderung durch die Wildnis des Nordens, ist Hacke, Schaufel und Sieb treu geblieben. Mit der Zeit scharrte er sich ein kleines Vermögen aus der Erde – gerade so viel, daß er den Mut nie ganz verlor und seine Hoffnung nie erlosch, einmal werde, ja müsse ihm der »große Schlag« glücken.

Ein paar Monate nach meiner ersten Begegnung mit ihm ist er im Hospital von Dawson City gestorben. Noch an dem Tag, an dem ein zweiter Schlaganfall seinem Leben ein Ende setzte, hat er – wie mir glaubhaft berichtet wurde – allen Ernstes davon gesprochen, im nächsten Frühjahr wolle er sein Glück noch einmal versuchen, aber diesmal weiter im Norden, in den Mackenzie-Bergen: »Da weiß ich eine Stelle, wo das Gold als dicke Schicht gleich unter den Graswurzeln liegen muß...«

Sein unvergänglicher Traum hat ihn also bis zum letzten Atemzug begleitet und wie eine gute Rüstung geschützt gegen das Schlimmste, was einem Mann geschehen kann: daß er die Hoffnung und damit sich selbst aufgibt.

»Bringt Fleisch nach dem Yukon, Boys«

Vater Simon schlug mit der Faust auf den derben Brettertisch, daß der niedrige Raum dröhnte, und schrie seine drei Söhne an: »Der Teufel hole eure Bedenken. Um meinen Plan auszuführen, braucht man kein langes Abwägen und Tüfteln. Alles, was dazu nötig ist, habt ihr: Mumm in den Fäusten, Schwung und ein bißchen Grütze im Kopf! Ach, wäre ich doch nur zehn Jahre jünger!«

Wenn Vater Simon diesen Ton anschlug, schwieg man am besten. Das wußte man nicht nur im Kreis seiner Familie und auf seiner Ranch, die er wie ein Alleinherrscher von Gottes Gnaden regierte. Er war weithin in ganz Neumexiko bekannt. Am besten aber wußten es seine drei Söhne. Deshalb hielten sie wohlweislich den Mund, lächelten verstohlen und tauschten miteinander heimlich skeptische Blicke und Grimassen aus.

Der Plan, den der Alte ihnen an diesem Herbsttag des Jahres 1897 vorgetragen hatte, schmeckte allerdings mehr nach der Tollkühnheit eines jugendlichen Draufgängers als nach der Weisheit eines gereiften, seßhaften Mannes, bei dem sich die Nachbarn Rat holten. Er lief auf nichts Geringeres hinaus als dies: Seine drei Söhne sollten eine Viehherde, die aus zweitausend Rindern und Schafen bestand, von Neumexiko zum Oberlauf des Yukon-Stroms bringen, wo zu dieser Zeit die Goldgräberei in höchster Blüte stand.

»Ich begreife beim besten Willen nicht, warum ihr Bedenken habt, wenn ich euch vorschlage, ihr sollt Fleisch nach dem Yukon bringen, Boys«, fuhr der Alte milder fort, nachdem er sich ein wenig beruhigt hatte. »Ihr tut gerade so, als würden übermenschliche Heldentaten von euch verlangt.«

Die Söhne schwiegen beharrlich weiter. Dabei verstanden sie recht gut, was ihren Vater zu diesem aberwitzigen Plan veranlaßte. Die Viehwirtschaft im Südwesten der Vereinigten Staaten litt damals seit Jahren unter einer schweren Krise. Für ein Rind erhielt der Rancher ganze zehn Dollar, für ein Schaf einen Dollar – vorausgesetzt, daß sich überhaupt ein Käufer fand. Man lebte trotzdem nicht schlecht auf den Weidegütern, denn Fleisch und Butter gab es in Hülle und Fülle. Nur Bargeld war so rar wie ein fünfbeiniges Kalb, und wie Whisky schmeckte, wußten Rancher und Cowboys kaum noch.

Die meisten Rancher hatten sich mit diesem unerfreulichen Zustand abgefunden und warteten mehr oder weniger geduldig auf Besserung, die ja einmal kommen mußte. Auf dem alten Simon aber lastete die Krise schwer. Er konnte und wollte sich nicht damit abfinden, daß er bei der Verwirklichung seiner Pläne und Träume nicht weiterkam. Seit er sich in Neumexiko niedergelassen hatte, lief sein ganzes Denken und Tun nur darauf hinaus, seine Ranch weiter auszubauen. Er wollte die Gebäude erweitern und verbessern, neue Brunnen bohren, Staubecken anlegen lassen und den Anbau neuer Futterpflanzen erproben. Doch all das war nur mit barem Geld zu bewerkstelligen. Woher aber Bargeld nehmen, wenn das Vieh, das auf seinen Weidegründen gedieh, keine Käufer fand? Deshalb sagte Vater Simon – und er sagte es nicht zum ersten, sondern wohl zum hundertsten Mal: »Uns kann nur eines aus der Patsche helfen! Wir müssen unser Vieh dort auf den Markt bringen, wo man bereit und imstande ist, für frisches Fleisch einen guten Preis zu zahlen. Ein solcher Markt ist zur Zeit nur im Norden, am Yukon, in den Goldgräberlagern zu finden. Ich habe mir sagen lassen, daß man dort für ein einziges Pfund ranzigen Schweinespeck zehn Dollar zahlt... Deshalb sage ich noch einmal: Bringt Fleisch nach dem Yukon, Boys!«

Er blickte seine drei Söhne unter den weißen buschigen Brauen vorwurfsvoll an, denn sie schwiegen noch immer und bedeuteten ihm damit, daß sie von seinem verwegenen Plan nicht viel hielten.

Schließlich wurde seinem ältesten Sohn Gus, der wie das verjüngte Ebenbild des Alten aussah, das lange Schweigen unbehaglich. Er räusperte sich und fragte zögernd: »Aber woher willst du denn das Geld nehmen, um einen derart großen Viehtransport durchzuführen, Vater?«

»Laß das gefälligst meine Sorge sein, du Grünschnabel«, donnerte der Alte. Gus, der »Grünschnabel«, war immerhin zweiunddreißig Jahre alt. Darauf mochte der Alte sich jetzt besinnen, denn er mäßigte seinen Ton erneut und sagte etwas, das seinen Söhnen, die seine Abneigung gegen Schulden kannten, fast den Atem verschlug.
»Morgen reite ich nach Denver«, erklärte er gelassen. »Ja, und da nehme ich eine Hypothek auf.«
»Na, gut, Vater«, erwiderte Gus, »wenn das so ist, dann ist uns klar, daß du nicht nur unsere Knochen, sondern auch ein gutes Stück Geld an diese Sache wagen willst. Da wollen wir uns nicht lumpen lassen und tun, was wir können. Oder seid ihr anderer Meinung?«
Seine jüngeren Brüder Will und Tom grinsten und nickten ihm beistimmend zu. Damit war Vater Simons Plan, auf einem einigermaßen ungewöhnlichen Weg Fleisch in die Goldgräberlager von Dawson City zu bringen, im Kreis seiner Familie beschlossene Sache.
Es gibt heute vermutlich nur noch wenige Leute, die sich an den verwegenen Viehtransport der Brüder Simon erinnern. Damals jedoch hat man lange und viel von ihm gesprochen – im hohen Norden vor allem, wo eine gute Geschichte lange bewahrt und immer wieder gern erzählt wurde.
Was ließ sich daraus auch für ein Garn spinnen! Von den seekranken Cowboys etwa, die auf der uralten Bark »Annabel« Matrosen spielen und in die Masten klettern mußten, um Segel zu setzen! Oder von den zweitausend Rindern und Schafen, die bei zweiundzwanzig Grad unter Null im Schneesturm über die vereisten Pfade am Weißen Paß zogen! Oder von Tom Simon, der wie ein Zigeuner auf seiner Geige die wildesten Tanzweisen fiedelte, während die Boote voll angstvoll brüllender Kühe und jämmerlich blökender Schafe durch die Stromschnellen bei White Horse jagten!
Zunächst freilich, als auf der Simon-Ranch der Entschluß gefaßt war, ließ sich alles so nüchtern an wie die Vorbereitung für einen beliebigen Markttag in El Paso oder Santa Fé. Nur, daß diesmal die Vorbereitungen längere Zeit dauerten!
Die meisten Schweine der Ranch mußten ihr Leben lassen, und wochenlang zog über das Gelände der Duft des Holzrauchs, in dem Speck,

Schinken und Würste räucherten. Vom Erntedanktag bis zum Dreikönigsfest waren ständig Jagdstreifen in den Bergen unterwegs, um Rotwild und Wildpferde zu jagen, aus deren Fleisch Pemmikan bereitet wurde. Im Milchhaus aber war die Hausmutter mit einem Geschwader von Helferinnen eifrig beschäftigt, Backsteinkäse in Mengen herzustellen und Butterschmalz und Schweinefett in Holzkübeln zu konservieren. Auf großen Holzgestellen dörrten Apfelschnitze, Aprikosen und Pflaumen in der wohltätigen Wintersonne Neumexikos. An der Handmühle in der Scheune füllten sich Säcke mit Mehl. In der zweiten Scheune stapelten sich Ballen über Ballen von gepreßter Luzerne und Alfalfagras und über hundert Säcke voll Maisschrot, damit das Vieh auf dem langen Treck nicht zu sehr vom Fleisch fiel.
Das alles war auf Vater Simons eigenem Grund und Boden gewachsen und kostete ihn keinen Pfennig Bargeld. Nur fünf Zentner Kaffee, drei Fäßchen Whisky und den unerläßlichen Tabakvorrat mußte er vom Kaufmann beziehen. Aber der war Kummer gewohnt und lieferte auf Kredit.
Gratis und frei Haus geliefert bekamen er und seine Söhne jedoch die wohlmeinenden Ratschläge von Freunden und Nachbarn. Kaum hatte sich der Entschluß der Simon-Sippe, einen derart verwegenen Viehtransport zu wagen, in der Umgebung herumgesprochen, da stellten sich auf der Ranch Scharen ungebetener Gäste ein, um dem Alten und seinen Söhnen die Ohren mit besorgten Warnungen vollzublasen.
»Es muß ein ganz schreckliches Land sein da oben im Norden«, brummelten sie etwa. »Nichts als Kälte, Eis und Schnee! Es sollen schon Hunderte dort umgekommen sein – erfroren, von Wölfen gefressen.«
Andere ereiferten sich: »Wißt ihr nicht, welch eine Teufelsgegend das ist? Man kommt nicht einmal mit Packpferden über die Berge! Und da wollt ihr es mit einer ganzen Viehherde versuchen? Und wenn ihr schon über die Berge kommt, dann wartet auf euch der Yukon! Das soll ein wahrer Satan von einem Fluß sein – nichts als Strudel und Stromschnellen! Ihr werdet alle ersaufen! Laßt euch das gesagt sein.«
Die Brüder Simon wußten, daß solche Unkenrufe nicht ganz unbegründet waren. Aber sie dachten nicht daran, sich von ihnen an ihrem Entschluß irremachen zu lassen. Außerdem hatten sie und die sechsunddreißig Cowboys, die sie als Helfer angeworben hatten, viel zuviel mit den Vor-

bereitungen zu tun, um sich lange mit den redseligen Warnern abzugeben. Sie hörten schließlich gar nicht mehr hin, wenn man ihnen solch düsteres Gerede auftischte.

Am 1. Februar 1898 verluden sie bei der nächsten Bahnstation 1800 Schafe in einen Güterzug, der die Tiere nach Seattle bringen sollte. Gus Simon und zwanzig Cowboys fuhren als Begleitpersonal mit. Zwei Tage später brachen Will und Tom Simon mit sechzehn Cowboys, sechzig guten Pferden und zweihundert vorher sorgfältig gemästeten jungen Rindern nach Norden auf. Auf zwölf großen Planwagen, die sie auf der Ranch selbst gezimmert hatten, führten sie den Proviant und das Viehfutter mit. Der Rindertreck nach Seattle verlief reibungslos. Er legte jeden Tag etwa fünfzig Kilometer zurück, und man hatte dabei noch Zeit genug, Rotwild und Kaninchen zu erlegen, um den Reiseproviant zu strecken. Nach sieben Wochen war Seattle erreicht, ohne daß auch nur ein Rind unterwegs verlorengegangen wäre.

Dort hatte Gus Simon inzwischen ein Schiff gechartert, das die Herde nach Skagway transportieren sollte: die uralte, verrottete Bark »Annabel«, die seit Jahren untätig in einer Bucht des Puget-Sunds lag. Sie galt schon lange nicht mehr als seetüchtig und wäre längst abgewrackt worden, wenn ihr Kapitän und Eigner nicht so übertriebene Vorstellungen von ihrem Wert gehabt hätte. Nur eine ahnungslose Landratte wie Gus Simon aus Neumexiko konnte auf das Angebot hereinfallen, sich auf diesem Seelenverkäufer mit seiner Viehherde nach dem Norden einzuschiffen. Bedenken kamen Gus allerdings, als er die »Annabel« zum erstenmal aus der Nähe betrachtete. Doch er schlug sie sich aus dem Kopf, als der Schiffseigner mit seiner Forderung auf zweihundert Dollar herunterging. Gus hatte inzwischen herausgefunden, daß er für ein besseres Schiff das Zehnfache hätte bezahlen müssen. Wer so rechnen mußte wie er, söhnte sich am Ende auch mit dem morschen alten Kasten aus.

Der Kapitän brachte selbst die »Besatzung« mit: Sie bestand aus einem Bootsmann, der ebenso alt und taub war wie der Kapitän. »Mehr brauchen wir nicht«, erklärte der alte Seebär voller Gemütsruhe. »Es ist nämlich das klügste und einfachste, die ›Annabel‹ nach Skagway schleppen zu lassen. Das spart Ihnen viel Zeit.«

Er verschwieg wohlweislich, daß er für sein klappriges Schiff niemals eine einigermaßen brauchbare und ausreichende Besatzung hätte auftreiben können. Jeder Seemann an der Küste zwischen Portland und Anchorage wußte über die »Annabel« zu gut Bescheid, als daß er gewagt hätte, auf ihr Heuer zu nehmen.

Überdies machte sich der Kapitän anheischig, die für die Reise nötigen Schleppdampfer aufzutreiben. Das gelang ihm tatsächlich, und zwar für eine so niedrige Chartersumme, daß Gus hocherfreut war. Als die Reise begann, mußte er sich freilich sagen, daß eine gehörige Portion Optimismus dazu gehörte, anzunehmen, diese beiden Dampferchen, die fast ebenso alt und ausgemergelt waren wie die »Annabel«, würden die Bark mit ihrer Fracht ohne Pannen und Zwischenfälle nach Norden bugsieren.

Doch darüber machte sich Gus Simon einstweilen keine Gedanken. Er war mit seinen Cowboys hinreichend beschäftigt, die »Annabel« in einen Viehtransporter umzuwandeln. In den Laderäumen wurden aus Latten Pferche für die Schafe und Rinder gezimmert. Die Pferde sollten an Deck in Holzverschlägen untergebracht werden. Die Arbeit ging so glatt vonstatten, daß Gus die Schafe und die Futtervorräte bereits verladen hatte, als Will und Tom mit ihrem Rindertreck eintrafen.

Die Rinder ließen, ebenso wie vorher die Schafe, die Einschiffung geduldig über sich ergehen, obwohl sie von den Leichtern aus in Netzen an Bord gehievt werden mußten. Anders die Pferde! Die fremdartigen Gerüche und die verwirrenden Geräusche des Hafens erregten sie so, daß sie sich erbittert dagegen wehrten, über den Steg auf den Leichter zu gehen. Eine Schimmelstute riß sich dabei sogar los, sprang wieder über Bord und schwamm davon – in ihrer Verwirrung jedoch nicht auf das Ufer zu, sondern in die Bucht hinaus.

Das war nun ein Vorfall nach Tom Simons Geschmack. Ihm konnte es nie aufregend genug zugehen. Als er den Gaul ins Wasser springen und davonschwimmen sah, brüllte er vor Lachen und schrie vergnügt: »Kerle, wer hätte gedacht, daß ich mal ein Pferd aus dem Meer fischen müßte! Das ist doch wenigstens mal was Neues!«

Damit sprang er in ein Ruderboot und jagte der Stute nach. Ein gutes Stück vom Schiff entfernt fing er sie mit einem eleganten Lassowurf

wieder ein und bugsierte sie zum Ufer zurück. Das Beifallsgebrüll seiner Cowboys und der Hafenbummler genoß er wie ein Zirkuskünstler.
Von diesem kleinen Zwischenfall abgesehen, wickelte sich die Einschiffung von Tier und Mensch unter Gus Simons gelassenem, aber bestimmtem Kommando ohne Störung ab. Doch als die Schlepper die Trossen festmachten, gab es einen kleinen Aufstand. Die Cowboys, die den Transport begleiten sollten, hatten noch niemals das Meer gesehen, geschweige denn befahren. Sie bekamen plötzlich Angst vor der eigenen Courage und weigerten sich, an der Reise weiter teilzunehmen. Erst nachdem man ihnen einige mehrstöckige Whiskys eingeflößt hatten, faßten sich die rauhen Reiter, die sich daheim nicht scheuten, die wildesten Gäule ohne Sattel und Sporen zu reiten, wieder ein Herz und getrauten sich, nun auch mit »Poseidons weißmähnigen Rossen« anzubinden. Nur vier von ihnen blieben bei ihrer Weigerung. Vom Spott ihrer Kameraden überschüttet, begaben sie sich, beschämt und mit hängenden Köpfen, innerlich jedoch befreit aufatmend, von Bord.
Später fragten sich die Spötter freilich, ob die vier Abtrünnigen nicht doch klüger gewesen waren als sie. Es wurde nämlich von Anfang an eine schlimme Reise. Das Wetter im Königin-Charlotte-Sund verschlechterte sich von Stunde zu Stunde. Immer wieder überspülten schwere Seen das Deck der »Annabel«. Die Pferde in den Verschlägen auf dem offenen Deck keilten angstvoll gegen die Bretterwände. Bald hingen überall, wo sich etwas zum Festhalten anbot, seekranke Cowboys und spien wie die Reiher. Zwischendurch fluchten und stöhnten sie um die Wette mit dem Knarren und Ächzen der alten »Annabel«, mit dem Jammergeblöke der Schafe und dem Angstgebrüll der Rinder, die unter Deck in ihren Pferchen hin und her gerüttelt und gebeutelt wurden. Am schlimmsten hatte die Seekrankheit den übermütigen Tom Simon gepackt. Sterbenskrank lag er in seiner Koje und versicherte seinen Brüdern, nur die Hoffnung auf einen baldigen Tod halte ihn noch am Leben.
Gus und Will Simon hingegen hatten das Elend nach einem Tag überstanden, und das war ein Glück für das ganze Schiff. Am zweiten Tag der Reise packte der Sturm die »Annabel« so hart an, daß die Trosse des einen Schleppers brach. Der alte Kapitän zuckte nur gottergeben die Achseln, als er es wahrnahm, und sagte: »Nun ist es aus! Ein Schlepper

allein kann bei diesem Sturm und in diesem Seegang das Schiff nicht halten. Er wird seine Trosse kappen müssen, wenn er nicht kentern will. Dann treiben wir unweigerlich gegen die Küste.«
»Und was könnte man dagegen unternehmen?« fragte Gus Simon aufgebracht. »Man muß doch was tun können!«
Wieder zuckte der Kapitän hilflos die Achseln. Da mischte sich Will Simon ungefragt ein: »Ich weiß, was geschehen muß. Ich hole sofort zwanzig von unseren Burschen an Deck. Und du, Gus, gehst hin und holst deinen geladenen Revolver herauf!«
»Was sollen unsere Cowboys hier oben? Ersaufen?« Gus Simon war ehrlich entrüstet. »Und was soll ich mit dem Schießeisen? Den Klabautermann abknallen? Oder unseren alten Kapitän?«
Will Simon grinste vergnügt. »Ich werde mit den Burschen Segel setzen«, rief er. »Ich glaube, wenn wir unter Segel sind, kommen wir von der Küste frei. Der Kapitän soll uns dazu die nötigen Befehle geben. Und du wirst die Kerle mit dem Revolver in die Masten jagen!«
Gus zögerte. Was Will vorschlug, klang so verrückt, daß ihm schwerste Bedenken kamen.
Aber da sagte der Kapitän: »Der junge Mann hat's erfaßt! Nur wenn wir unter Segel sind, gehorcht das Schiff dem Steuer. Ich glaube, wir müssen es wagen.«
»Na, gut, auf eure Verantwortung«, sagte Gus und lief, seinen Revolver aus der Kajüte zu holen.
Grün im Gesicht und wie die Türken fluchend, torkelten die Cowboys an Deck, als Will Simon sie alarmierte. Doch als er ihnen eröffnete, was von ihnen erwartet wurde, verweigerten sie einmütig den Gehorsam. Erst als Gus ihnen die Waffe unter die Nase hielt und sagte: »Gebt auf Will acht und tut, was er euch nach dem Befehl des Alten vormacht«, gehorchten sie murrend.
Schaudernd sahen sie, wie Will in die Wanten kletterte – den Rahen entgegen, die mit den Masten unter den wild dahinjagenden grauen Wolkenfetzen hin und her schwankten. Aber sie zeigten, daß sie Mut hatten, und folgten ihm nach den Anweisungen des Kapitäns. Bei jedem Rollen und Stampfen der »Annabel« klammerten sie sich wie verängstigte Affen aneinander. Aber sie hatten begriffen: Das Schiff befand sich in

äußerster Bedrängnis, und alles Leben an Bord war in Todesgefahr, wenn nicht Segel gesetzt wurden.

Will Simon mußte natürlich die Hauptarbeit leisten. Aber ihren gemeinsamen Anstrengungen gelang es, so viel Segel wie nötig zu setzen. Das Schiff gehorchte dem Ruder und kam endlich von der schon bedrohlich nahen Küste frei und in ruhigeres Wasser. Hier nahmen die Schlepper sie wieder ins Tau.

Im Norden herrschte noch tiefer Winter, als sie dort eintrafen. Über die Hafenschuppen und die Straßen von Skagway wirbelte Schneegestöber, als die »Annabel« festmachte. Der eisige Wind, der von den Bergen herabblies, ließ die von der Sonne verwöhnten Neumexikaner zittern wie Espenlaub.

Gus Simon hielt seine Leute und das Vieh zunächst an Bord. Erst wenn alle Vorbereitungen zum Marsch über den Weißen Paß getroffen waren, sollte ausgeschifft werden. Aber die Cowboys verspürten natürlich wenig Lust, in ihren feuchtkalten Quartieren auf dem Schiff zu hocken und sich nach dem Abfüttern und Ausmisten zu langweilen. Sie wollten sich das Meersalz von der Zunge spülen und die Beine vertreten.

Skagway bot ihnen damals dazu Gelegenheit genug. Die Stadt bestand überwiegend aus Kneipen, Tanzhallen, Spielsalons und sogenannten Hotels. Diese letzten waren jedoch meistens nur sehr fragwürdige scheunenartige Massenquartiere. Sie wie auch die anderen Gebäude der Stadt waren bis unters Dach mit Menschen vollgepfropft, die darauf warteten, daß mit dem nahenden Frühjahr die Gebirgspässe wieder begehbar wurden und die Wege zu den Goldfeldern sich öffneten.

Unter diese unruhige Menschenmenge mischte sich ein erheblicher Beisatz üblen Gesindels, das herbeigeströmt war, um den Goldsüchtigen das Fell über die Ohren zu ziehen. Daß man den Wartenden für alle Waren und Dienstleistungen die unverschämtesten Preise abforderte, regte niemand mehr auf. Vor allem Lasttiere wie Pferde, Maultiere, Esel und Hunde wurden mit Gold aufgewogen.

Schlimmer war, daß die Gauner auch vor Gewalttaten nicht zurückschreckten. Hierbei spielte ein Gangster namens »Seifen-Smith« mit seiner Bande eine besonders üble Rolle. Wer sich seinen Erpressungen nicht fügte, mußte damit rechnen, auf offener Straße ausgeraubt oder gar ermordet zu werden.

Um die Brüder Simon und ihre Cowboys schlug dieses zweibeinige Raubzeug freilich bald einen großen Bogen. Gus Simon hatte ihnen eingeschärft, sich nicht in Streitereien hineinziehen zu lassen und immer nur in geschlossener Gruppe aufzutreten. Die Cowboys waren vernünftig genug, sich daran zu halten. Nachdem einige Frechlinge sich an ihren harten Fäusten blutige Nasen geholt hatten, ließ man sie in Frieden. Räusche konnten sich die Cowboys ohnehin nicht leisten. Dazu waren ihre Geldbeutel zu schmal, und Gus Simon hatte für ihre Vorschußwünsche taube Ohren.

In den Kneipen und Tanzhallen bekamen sie genug zu hören, was sie in den Bergen erwartete. Außer den beliebten Mären von fabelhaften reichen Goldfunden erzählte man sich dort mit Vorliebe Schauergeschichten von Unglücksfällen, die sich angeblich an den Pässen zugetragen hatten. Von Leichen, die man steifgefroren in Schneewehen fand, hörten sie schaudernd berichten, von Verhungerten und Irrsinnigen, die – vom Arktiskoller, dem Piblokto, befallen – sich singend und nackt in der Wildnis der verschneiten Wälder verloren hatten. Von der »Schlucht der toten Pferde« ging das Gerücht, dort bleichten die Knochen von mindestens dreitausend Tragtieren, die von den schmalen, vereisten Pfaden über die Steilwand hinab in die Tiefe gestürzt waren. Den Weißen Paß mit einem gefüllten Rucksack, also mit etwa zwei Zentner Gepäck, zu überqueren, galt als eine Art Heldenstück. Sich mit zweitausend Stück Vieh auf diesen gefährlichen Weg zu wagen, sei das verrückteste Unternehmen, von dem man bisher in der Geschichte des an Narreteien nicht eben armen Goldrausches gehört hatte. Darin waren sich alle einig, denen die Brüder Simon oder die Cowboys davon erzählten.

Die Brüder Gus, Will und Tom sprachen freilich nicht viel von ihrem Plan. Sie hockten während der Wartezeit oft stundenlang in der Kajüte der »Annabel« beieinander, rechneten und planten und redeten sich die Köpfe heiß über die beste Methode, den Weißen Paß und die Bergpfade mit einer Viehherde zu überwinden. Schließlich brüteten sie einen Plan aus, in dem nach menschlichem Ermessen alles so gut überlegt war, daß sie sich des Erfolgs ziemlich sicher fühlen durften.

Das wichtigste Problem war, genügend Futter für ihre Tiere am ganzen Weg bis zum Bennet-See zu verteilen. Sie hatten sich ausgerechnet, daß die Schafe täglich vier, die Rinder zwölf Kilometer zurückzulegen imstande waren. Deshalb richteten sie, sobald die Bergpfade leidlich passierbar wurden, einen Pendelverkehr mit Packpferdegruppen ein. Diese setzten am Paßpfad in Abständen von vier und zwölf Kilometern Heu- und Maisschrotdepots ab.

In Skagway warb Gus Simon zwei gelernte Zimmerleute und dreißig Holzfäller an. Die Männer hatten ohnehin die Absicht, zum Yukon zu gehen, und obwohl Gus ihnen keinen nennenswerten Lohn anbieten konnte, nahmen sie sein Angebot an. Es eröffnete ihnen einige Vorteile, die sie anders hätten entbehren müssen: Ihr Gepäck wurde auf den Packpferden des Viehtrecks befördert, und sie brauchten sich nicht mit einem Proviantvorrat zu belasten.

Diese Männer sollten als erste aufbrechen, um mit zehn Packpferden den Bennet-See zu erreichen. Die Holzfäller bekamen den Auftrag, dort ein Lager zu errichten und Bäume zu schlagen, aus denen die Zimmerleute bis zum Eintreffen der Herde Schiffe zusammenbauten. Dann sollte der Transport vom See aus über den Yukon nach Dawson City gebracht werden.

Es wäre eine Übertreibung, wollte man den Übergang über den Weißen Paß als eine Straße oder auch nur einen Pfad bezeichnen. Gewiß, es gab Wegmarken aus Steinhaufen oder Holzpfosten. Manchmal ragten sie sogar über den hohen Schnee hinaus. Meistens schneite es in den Bergen jedoch so heftig, daß die Viehtreiber nicht einmal die Ohren der Packpferde, geschweige denn die Wegmarken zu erkennen vermochten. Nur dem Instinkt und der Ausdauer ihrer Pferde hatten sie es zu danken, wenn sie sich unterwegs nicht hoffnungslos verirrten, in Schluchten stürzten oder in Schneewehen versanken. Immer wieder mußten sie Schafe oder Rinder mit vereinten Kräften aus meterhohen Verwehungen befreien.

Obwohl der Schneesturm während des Trecks fast ununterbrochen um den Paß heulte und scharfe Kälte herrschte, schafften die Tiere doch täglich die vorausberechnete Wegstrecke. Dafür sorgte vor allem Gus Simon, der wie ein Schneemann zu Pferde den Treck bald vorn, bald hinten, bald

in der Mitte überwachte, helfend eingriff, wo es not tat, und Mensch und Tier unermüdlich antrieb, denn jede Nachlässigkeit, jedes Versagen eines einzelnen hätte unter Umständen den ganzen Treck für Stunden oder gar Tage aufhalten und damit womöglich aufs schwerste gefährden können.
Sein Bruder Tom führte den Rindertreck. Die Nachwehen der Seekrankheit und die Kälte schienen sein ungestümes Temperament etwas gedämpft zu haben. Jedenfalls bewies er, zum Erstaunen seiner Brüder, eine unerschöpfliche Geduld und eine Umsicht, die viel dazu beitrug, daß sich der Zug über den Paß genau nach Plan abwickelte. Rinder wie Schafe erreichten die Futterstellen stets zur vorgesehenen Zeit und in gutem Zustand.
Am dritten Tag des Trecks jedoch stellte sich eine Gefahr ein, mit der die Brüder nicht gerechnet hatten. Gegen Abend erspähte Tom Simon im wirbelnden Schnee einen schmalen grauen Schatten, der an eine Klippe geduckt die mühsam dahintrottende Herde beäugte. Nur einen Augenblick war dieser Schatten sichtbar. Dann verschwand er im Schneetreiben hinter Gestrüpp.
Am nächsten Tag tauchte er jedoch wieder auf – diesmal schon näher und nicht allein. Mehrere andere schattenhafte Gestalten begleiteten ihn, glitten nach rechts und links in die Schneewirbel hinein, verteilten sich hinter Gestrüppinseln. Da wußte Tom, daß sich ein Wolfsrudel an die Herde hängte.
Zunächst folgten die Räuber der Herde in vorsichtigem Abstand von Deckung zu Deckung. Doch als das Tageslicht abnahm, schoben sie sich immer näher heran. Die Hunde, die den Treck begleiteten, witterten die Bedrohung und waren kaum noch zu halten. Schafe und Rinder drängten sich ängstlich aneinander und wollten sich nicht weitertreiben lassen.
Bei Beginn der Dunkelheit erfolgte der erste Angriff der Wölfe. Blitzschnell stießen sie vor, rissen vor den Augen eines Cowboys ein Schaf und verschwanden mit ihrer Beute im Schneegestöber, ehe der Mann eingreifen konnte.
Später erzählten die Cowboys, mindestens zweihundert Wölfe hätten den Treck täglich Schritt für Schritt umschwärmt, und sie hätten mindestens fünfzig der Räuber abgeschossen. Das war nun freilich weit übertrieben,

obwohl zahlreiche Spuren im Schnee immer wieder verrieten, daß das Rudel groß war und aus starken Tieren bestand. Es kreiste die Herde bis zum Bennet-See immer wieder ein und holte sich zwei Dutzend Schafe. Außerdem verlor der Treck zwei Kühe und fünf Pferde durch Bären und durch Abstürze an Steilhängen.

Von diesen Verlusten abgesehen, befand sich die Herde in guter Verfassung, als sie Mitte Mai den Bennet-See erreichte. Dieser Erfolg war vor allem dem klugen Einfall der Simon-Brüder zu danken, in regelmäßigen Abständen an der Treckstraße Futterdepots einzurichten. Ihre sorgfältige Planung hatte sich in jeder Hinsicht bewährt.

Nun begann endlich auch der Winter zu weichen. Frisches Gras schob sich durch den schmelzenden Schnee. Die ersten Zugvögel trafen am Bennet-See ein, und die Wasserläufe in den Bergen rührten sich. Der See selbst aber lag noch immer unter einer dicken Eisdecke begraben. Am Ufer warteten in einigen Dutzend Hütten und Zelten mehrere hundert Goldsucher ungeduldig darauf, daß sie endlich brach und den Weg zum Yukon freigab.

Die Zimmerleute und Holzfäller hatten, während sich die Herde über den Weißen Paß bewegte, unter der Aufsicht von Will Simon sieben große Prähme gezimmert und am Ufer aufgereiht: kastenartige Fahrzeuge ohne Kiel, Bug und Heck, aus dem frischen Fichtenholz aufs einfachste zusammengenagelt und mit Werg und Teer abgedichtet. Jeder Seemann hätte sich mit Grausen von diesen Schachteln abgewendet. Doch Will Simon war äußerst stolz darauf, und die Cowboys bewunderten sie sehr. Will war gekränkt, als Gus eine skeptische Bemerkung über Form und Aussehen der Boote fallenließ.

»Aber solide gebaut sind sie und sehr geräumig, das mußt du zugeben«, erwiderte Will.

»Ja, ja«, versicherte Gus eilig, um Will wieder zu versöhnen. »Man könnte sie geradezu für schwimmende Paläste halten!«

Je öfter er die ungefügen Fahrzeuge betrachtete, um so mehr graute ihm vor dem Gedanken, daß er ihnen das Leben von mehr als sechzig Menschen und zweitausend Tieren anvertrauen sollte – und das noch dazu auf Gewässern, von deren Wildheit man sich die haarsträubendsten Geschichten erzählte.

Schon einige Tage nach der Ankunft der Herde ging mit dem Dröhnen einer Kanonade das Eis des Bennet-Sees auf. Aber es dauerte noch fast zwei Wochen, bis sich auch die Eisbarriere löste, die den Abfluß zum Yukon hin sperrte. Erst als ein anhaltend warmer Wind vom Meer über die Berge blies, geschah es. Mit einem langanhaltenden Donnern, das meilenweit zu hören war, setzte sich die Eisstauung in Bewegung und trieb krachend in großen Schollentrümmern davon.

Da brachten Cowboys und Holzfäller in aller Eile die Prähme zu Wasser und verluden das Vieh. Auf dem See stand rauher Wellengang, als die muhende, blökende und wiehernde Flotte ablegte. Nach kurzer Zeit führten die ungefügen Schiffe einen Schaukeltanz auf, der Menschen und Tiere in Schrecken versetzte. Die Cowboys, die anfangs noch vergnügt gesungen hatten, verstummten und lehnten, grün im Gesicht, an den Bordwänden. Die Pferde stampften und keilten aus, daß ihre Bretterboxen dröhnten. Kühe brüllten entrüstet, Schafe blökten ängstlich.

Der Wind trieb die Flotte schnell auseinander. Als die Nacht anbrach, konnte man vom ersten Schiff aus die nachfolgenden nur noch als ferne Schatten erkennen. Gegen Mitternacht nahm der Wind noch zu und damit auch der Wellengang. Die Wellen schlugen über die nur wenig über den Wasserspiegel hinausragenden Bordwände, wenn die Prähme bei ihrem beängstigenden Tanz auf den Wellen tief eintauchten. Bald ließ sich aus dem dunklen Bauch eines Prahms die entrüstete Stimme eines Cowboys vernehmen: »Verdammt nochmal, die Schafe stehen ja schon bis zum Bauch im Wasser! Und mir läuft es auch oben in die Stiefel hinein!«

Aufgeschreckt griff man zu den Eimern, um das Wasser wieder hinauszubefördern. Die Nacht war so dunkel, daß die Boote einander nicht mehr sehen konnten. Und zu hören war erst recht nichts von ihnen. Das Pfeifen und Sausen des steifen Windes und das Rauschen der Wellen deckte alle anderen Laute zu.

In Gus Simons Boot sprach schließlich einer der Cowboys laut aus, was Simon nur zu denken wagte: »Ich schätze, außer unserm Kahn ist die ganze gesegnete Flotte abgesoffen! Wäre es anders, so müßte man doch wenigstens Frankie singen oder Pete fluchen hören!«

Sie konnten nicht wissen, daß Frankie, Pete und ihre Kameraden auf den anderen Schiffen genau wie der Sprecher selbst zu sehr damit beschäftigt waren, ihre Schiffe auszuschöpfen, und zum Fluchen oder Singen keinen Atem hatten.

Vor Morgengrauen ließ zu Gus Simons Erleichterung der Wind nach, und der Wellengang wurde sanfter. Ganz aber konnte Gus erst aufatmen, als sich der Himmel erhellte. Da sah er – zwar weit verstreut auf dem See, aber wohlbehalten – die anderen sechs Prähme. Sie trieben langsam, aber zielsicher dem Durchlaß zum Yukon zu.

Die Strömung trug sie an diesem Tag bis zum Marsh-See. Hier legten sie an, brachten das Vieh zum Weiden auf das nun ganz eis- und schneefreie, frisch begrünte Ufer, schöpften das letzte Wasser aus ihren Archen und trockneten ihre Kleider. Es war der erste richtige Frühlingstag, den sie in diesem Nordland erlebten. Das Wasser funkelte im Sonnenlicht, und über dem ernsten Grün der endlosen Fichtenwälder an den Berglehnen lag ein goldenes Leuchten. Dahinter standen wie erstarrte Silberflammen die noch schneebedeckten Berggipfel vor dem blauen Himmel.

Der schöne warme Tag rief in allen ein Hochgefühl hervor, wie sie es noch nie erlebt zu haben meinten. Alle waren überzeugt, nun liege der schwierigste Abschnitt ihres Trecks hinter ihnen. Zum erstenmal seit dem Abschied von der Ranch griff Tom Simon wieder zu seiner Fiedel und spielte auf. Und er spielte auch am nächsten Tag, als die Boote über den sogenannten »Windigen See« in gemächlicher Fahrt dahintrieben.

Am Ausfluß dieses Sees rasteten sie zwei volle Tage lang, um dem Vieh einen ausgiebigen Weidegang zu erlauben, denn vor den Stromschnellen von White Horse wollten sie nicht wieder anlegen.

Kaum waren sie bei diesen Stromschnellen angekommen und noch damit beschäftigt, ihr Vieh zur Weide an Land zu bringen, da tauchte ein kleiner stämmiger Kerl mit einem gewaltigen Schnauzbart bei den Booten auf, musterte sie lange prüfend und machte sich dann an Gus Simon heran. Ohne weitere Vorreden stellte er sich als »Stromschnellen-Bill« vor und bot seine Dienste an: »Für tausend Dollar bringe ich deine Kästen durch die Schnellen«, sagte er.

»Tausend Dollar? Du bist wohl nicht gescheit«, sagte Gus empört. »Zweihundert, mehr nicht!« Er wußte ganz genau, auch wenn er, seine Brüder und die Cowboys sämtliche Taschen umgedreht hätten, so wären keine fünfhundert Dollar herausgefallen.

»Ihr werdet keinen finden, der es für weniger als tausend tut«, erklärte der Schnauzbart. »Offenbar wißt ihr nicht, daß es die Stromschnellen in sich haben. Die verschlingen einen ganzen Wald mit Stumpf und Stiel. Ich habe mehr als ein Boot hineinfahren sehen, vom dem nicht eine einzige Planke wieder zum Vorschein kam. Laßt euch das gesagt sein.«

Gus Simon zuckte die Achseln. »Dann müssen wir unsere Prähme eben hier aufgeben und uns unterhalb der Schnellen Flöße bauen«, sagte er abweisend.

Seine Brüder hatten dem Gespräch schweigend zugehört. Nun räusperte sich Tom und sagte leichthin, von der ganzen Höhe seiner Sechs-Fuß-Größe herab: »Wenn dieser Zwerg sich zutraut, unsere Archen durch die Stromschnellen zu bringen, dann traue ich mir das auch zu!«

Der Stromschnellen-Bill lachte spöttisch: »Du Großmaul! Sperre deine Ohren auf, dann hörst du die Schnellen und begreifst, was es mit ihnen auf sich hat!«

Das Tosen der Schnellen war, obwohl sie noch gut eine Stunde entfernt lagen, deutlich zu hören. Es klang wie das Toben eines schweren Gewitters hinter Bergen.

Auch Gus Simon hatte seinem jüngeren Bruder die Großsprecherei verweisen und ihn an seine Seekrankheit auf der »Annabel« erinnern wollen. Doch als er nun in das höhnische Gesicht des Stromschnellen-Bill blickte und an dessen unverschämte Forderung dachte, besann er sich anders.

»Gut, Tom, versuche dein Heil«, sagte er ruhig. »Zeige diesem Kerl, wozu ein Cowboy selbst dann fähig ist, wenn er sich aufs Wasser wagt!«

Gus und die Cowboys machten sich am nächsten Tag auf den Weg, um die Herde um die Stromenge und die Schnellen herumzuführen. Will und Tom Simon aber gingen mit fünf Cowboys, die sich freiwillig zur Teilnahme an der Wasserreise durch die Stromenge gemeldet hatten, zu dem Canyon, um sich diesen vielbeschrienen Höllenschlund aus der Nähe anzusehen.

Was sie zu sehen bekamen, stimmte sie nicht gerade heiter. Der Yukon schoß hier mit der Geschwindigkeit und dem Getöse eines Expreßzuges durch eine enge Schlucht, die zwischen steilen kahlen Wänden zu allem

Überfluß noch einen scharfen Knick machte. Am Ende der Schlucht aber stürmte das Wasser über eine Felsbarre, brach sich an deren Felsen und schäumte stellenweise mehr als fünf Meter hoch.

»Sieht ziemlich bösartig aus«, stellte Will nach einer Weile trocken fest.

»Stimmt, stimmt ganz genau«, antwortete Tom ebenso trocken. »Da durchzufahren muß ungefähr so sein, als ob man drei ungezähmte Mustangs gleichzeitig reiten will... Aber ich glaube, die Leute lassen sich von dem Getöse des Wassers mehr Angst einjagen, als nötig ist. Ist man erst einmal mitten drin und verliert nicht den Kopf, dann ist alles halb so schlimm. Auch der bockigste Mustang wird gefügig, wenn er spürt, daß der, der ihn reitet, Kräfte hat und keine Angst.«

Als sie zu ihrer Flotte zurückkamen, hatte sich dort bereits ein Haufen Goldsucher eingefunden. Die einen fielen mit guten Ratschlägen, die anderen mit Unkenrufen über sie her. Die Unkenrufe überwogen bei weitem. Aber gerade sie wirkten auf den nun zu allem entschlossenen Tom Simon anspornend. Er bot den Goldsuchern lachend an, er wolle sie für drei Dollar pro Nase durch den Canyon bringen. Daraufhin verstreute sich die Menge ohne weitere Worte. Sie fand sich erst wieder ein, als Will die sieben hintereinander vertäuten Schiffe in die Mitte des Stroms steuerte.

Sobald sie dort angelangt waren und in einer Linie lagen, stellte sich Tom Simon an den Bug des die Spitze einnehmenden Prahms, schob seine Geige unters Kinn und fiedelte munter darauflos.

Er spielte seinen Gefährten zu einem wahren Teufelstanz auf. Kaum hatte die Strömung die plumpen Fahrzeuge erfaßt, da schossen sie schon mit atemberaubender Geschwindigkeit auf die Schlucht zu. Das Donnern der Stromschnellen übertönte bald Toms Geigenspiel. Wie aus einer Kanone abgeschossen sauste die Kette der sieben Prähme in die Schlucht hinein. Schaum spritzte über die Bordwände. Das Getöse der tobenden Wasser betäubte fast die Insassen der Fahrzeuge.

Dieser Lärm und die jagende Fahrt versetzten sie in ein seltsames Rauschgefühl, das Angst gar nicht mehr aufkommen ließ. Dazu trug ferner bei, daß sie – wie Will Simon ihnen geraten hatte – den vorübersausenden Felswänden keinen Blick gönnten, sondern ihre Augen auf Tom richteten, der breitbeinig ganz vorn im Bug stand und unentwegt die Geige strich.

Er genoß die wilde, gefahrvolle Fahrt sichtlich wie einen tollen Ritt oder einen ekstatischen Tanz. Umbrüllt vom tobenden Wasser der White-Horse-Stromschnellen fühlte er sich ganz in seinem Element.
Alle sieben Prähme kamen heil durch die Schlucht. Keiner von ihnen hatte dabei mehr als eine Mütze voll Wasser übernommen. Zwei Tage später stieß Gus Simon mit der Herde unterhalb der Stromschnellen wieder zu seinen Brüdern. Sie luden das Vieh ein und setzten die Fahrt zum Laberge-See fort.
Die Stromreise wurde von da an zu einer Kette nie abreißender Plagen. Die Boote liefen häufig auf Sandbänke, von denen sie erst nach stundenlangem Schieben und Staken wieder herunterzubringen waren. Jeden zweiten Tag mußte das Vieh ausgeladen und auf die Weide gebracht werden. Die Tiere wurden zusehends nervöser und widersetzlicher. Gus sah mit Sorge, daß sie begannen, vom Fleisch zu fallen. Ihre Widerspenstigkeit wuchs, je häufiger die Prähme in Wirbel gerieten, die mit den schwer zu steuernden Fahrzeugen oft stundenlang ein übles Spiel trieben. Die Cowboys hatten ebenso wie die Brüder Simon die beschwerliche Wasserreise gründlich satt und sehnten ihr Ende herbei.

Am Laberge-See lasen sie ganz unerwartet zwei Passagiere auf. Gerade als die Mannschaft frühmorgens im Zelt bei dem ausgiebigen Frühstück saß, mit dem nach dem Brauch einer Neumexiko-Ranch jeder Tag begann, hinkten aus dem Wald zwei Frauen hervor. Zaghaft kamen sie näher und blieben schließlich schüchtern am Zelteingang stehen.
Von dort aus starrten sie mit großen Augen fasziniert auf die riesigen Blechschüsseln voll Haferbrei, die aufgetischt wurden, und schnupperten nach den dampfenden Kaffeekannen.
»Sieh nur, sieh, Minnie«, hörten die Cowboys die kleinere der beiden Frauen sagen. »Haferbrei! Hier in der Wildnis richtiger Haferbrei!«
»Ja, und Kaffee, richtiger Kaffee«, sagte die andere andächtig. Und dann fingen beide plötzlich an, hemmungslos zu weinen.
Da sprangen die Cowboys wie ein Mann auf. Sie hatten bisher kein Wort zu sagen gewagt, weil sie vom Auftauchen der Frauen in dieser Wildnis mindestens ebenso überrascht gewesen waren wie diese beim Anblick der Haferbreischüsseln. Nun führten sie die beiden weinenden

Mädchen an den Tisch und trösteten sie schleunigst mit einem gehäuften Teller Haferflocken und einem Becher Kaffee. Andächtig schauten die rauhen Burschen zu, wie die beiden Mädchen einen Teller nach dem anderen leerten und abwechselnd schluckten, lachten und weinten.
Dann erzählten sie ihre Geschichte. Was daran Wahrheit war und was Erfindung, darüber haben sich die drei Brüder Simon später noch oft halb im Scherz, halb im Ernst gestritten. Zu hören bekamen sie folgendes: Die beiden Damen gehörten zum Vorkommando einer Tanztruppe, die auf dem Weg von Skagway nach Dawson City war. Ihr Boot war in den White-Horse-Stromschnellen gekentert, obwohl sie den schnauzbärtigen »Stromschnellen-Bill« als Fährmann angeheuert hatten – für zwölfhundert Dollar.
Bei dieser Mitteilung brachen zur Verwirrung der beiden Mädchen die Zuhörer in Hohngelächter aus, das minutenlang anhielt.
Nachdem sich die beiden Damen mit Riesenportionen Haferbrei gestärkt hatten, lebten sie sichtlich auf. Mit ihren männerkundigen Augen fanden sie schnell heraus, wer das Kommando führte. Sie hielten sich also an Gus Simon, gingen ihm um den Bart und eröffneten ihm, sie hätten vor den Stromschnellen ihr Klavier stehen lassen. Das brauchten sie jedoch unbedingt, um in Dawson City eine Tanzhalle eröffnen zu können. Gus, dem so viel weibliche Aufmerksamkeit wohltat, grinste geschmeichelt und spielte sich mit Vergnügen als Kavalier auf. Zum größten Mißvergnügen seiner Brüder und der Cowboys versprach er den beiden Mädchen, er werde einige Burschen mit Packpferden zu den Stromschnellen schikken und den Musikspender abholen lassen. Ja, er ging sogar so weit, sie zur Weiterfahrt auf seine Boote einzuladen.
»Es waren niedliche kleine Schlangen, diese beiden Tanzmäuse«, stellt Will Simon fest, der später den Bericht über dieses Abenteuer niedergeschrieben hat. »Aber eben Schlangen! Sie hatten bald heraus, daß sie Gus und Tom um den Finger wickeln konnten. Gus machten sie schöne Augen und rührten sein weiches Herz. Tom gingen sie um den Bart, indem sie sangen, wenn er seine Geige strich. Gut sangen sie vermutlich nicht, aber es gefiel uns allen ausnehmend. Wir hatten ja seit Monaten keine Frauen mehr zu Gesicht bekommen und keinen anderen Gesang gehört als Cowboy-Lieder. Zudem verlernt man im Nordland schnell, große

Ansprüche zu stellen. Alle unsere Cowboys legten es darauf an, bei den Haferbrei-Schwestern Eindruck zu machen – ganz besonders aber Gus und Tom.«

Dies war auch der Grund, weshalb Gus und Tom den einzigen schweren und folgenreichen Fehler während des Trecks begingen. Bei der Mündung des Lewes-Flusses sperrten fünf scharfe Klippen den Stromlauf und stauten ihn zu einer Stromschnelle, die freilich im Vergleich zu den White-Horse-Schnellen zahm war.

Trotzdem schlug Will vor, auch diese Schnelle mit dem Vieh zu Land zu umgehen und die Prähme leer hindurchzuführen. Doch davon wollten weder Gus noch Tom etwas wissen. Gus erklärte, er habe das ewige Ein- und Ausladen des Viehs satt, und Tom fühlte sich seit den White-Horse-Schnellen jedem Wildwasser gewachsen.

»Wozu bei diesem Schnellchen die Umstände«, erklärten beide wegwerfend. »Diesmal bringen wir die Prähme beladen hindurch!«

Will verwünschte es nachher, daß er so töricht gewesen war, das Thema vor versammelter Mannschaft aufs Tapet zu bringen. So kam es, daß alle Cowboys, die die Plackereien des Umladens und den Landmarsch scheuten, die beiden Wagehälse mit lautem Beifall bedachten. Auch die beiden Haferbrei-Schwestern warfen Gus und Tom bewundernde Blicke zu, was ihnen noch mehr gefiel als der Beifall ihrer Mannschaft.

»Wir können und dürfen es nicht wagen«, widersetzte sich Will hartnäckig. »Legen sich die Prähme in den Schnellen auf die Seite, dann wird das Vieh unruhig, drängt nach der schrägliegenden Seite, und schon schlägt das Boot um. Wollt ihr unbedingt, daß wir so kurz vor dem Ziel die wertvollen Tiere noch verlieren?«

»Ach, du hast bloß Angst«, höhnte Gus großspurig. »Geh du meinetwegen zu Fuß! Wir riskieren die Durchfahrt.«

»Ja, und wir schaffen sie«, ergänzte Tom und blickte beifallheischend zu den beiden Haferbrei-Schwestern hinüber, die ihn natürlich sofort bewundernd anstrahlten.

Sobald es am nächsten Morgen hell wurde, gingen Gus, Tom und fünf Cowboys an Bord des ersten Prahms. Sie nahmen nur eine Ladung Schafe mit. Dieses Zugeständnis hatte ihnen Will in einem erregten nächtlichen Gespräch ohne Zuhörer noch abgerungen.

Zunächst verlief die Fahrt glatt. Gus Simons starke Arme hielten den ungefügen Kasten gut im Kurs und steuerten ihn geschickt auf die größte Lücke zwischen den Klippen zu. Mitten in dem tobenden Wasserschwall der Schnelle jedoch packte plötzlich ein verdeckter Strudel den Prahm, wirbelte ihn wie ein Stückchen Holz herum und schleuderte ihn, breitseits krachend, gegen einen unter Wasser liegenden Felsen.
Für eine Minute hing das Schiff auf diesem Hindernis fest. Die sieben Insassen stemmten sich mit aller Kraft gegen das lange, schwere Ruder, um das Fahrzeug noch herumzuzwingen und wieder in Fahrtrichtung zu bringen. Doch da ergriff die Strömung den Prahm von unten her, schob ihn über den Felsen hinweg und drückte ihn mit solcher Kraft gegen die nächste Klippe, daß das Schiff in zwei Teile zerbarst.
Männer und Schafe stürzten ins Wasser. Als Tom auftauchte, konnte er ein Trümmerstück packen und sich daran festhalten. Ringsum war das Wasser von verzweifelt paddelnden und blökenden Schafen bedeckt. Zwischen ihnen trieben Gus Simon und drei Cowboys. Sie strebten mit kräftigen Schwimmbewegungen einem Felsen in der Strommitte zu. Auch Tom versuchte sich dort zu bergen. Es gelang ihm wie den vier anderen schließlich nach einem verzweifelten Kampf mit den Strudeln und der Strömung. Die zwei anderen Cowboys aber tauchten nicht wieder auf.
Während die fünf Geretteten an der Klippen hingen, schossen die sechs weiteren Prähme durch die Stromschnelle hindurch. Vom Unfall des ersten Fahrzeugs gewarnt, wählten sie als Durchfahrt nicht die größte Lücke in der Klippenreihe, sondern hielten sich, von Will Simon geführt, an eine Passage am gegenüberliegenden Flußufer. Hier kamen sie heil durch.
Es dauerte jedoch volle acht Stunden, bis man den Gestrandeten zu Hilfe kommen konnte, so weit hatte die Strömung die sechs Prähme stromab entführt. Will hatte zudem erst mühsam ein Indianerkanu auftreiben müssen, mit dem er die fünf Gefährten einzeln von ihrer Klippe bergen konnte.
Gus und Tom Simon waren nach diesem Zwischenfall recht kleinlaut geworden, und der Tod der beiden Cowboys, den sie durch ihren Übermut heraufbeschworen hatten, dämpfte ihren Stolz auf den Sieg, den sie mit ihrem bisher so wohlgelungenen Viehtreck der Nordlandwildnis abgerungen hatten.

Ende Juni erreichten sie ohne weitere Zwischenfälle Dawson City. Die gesamte Bevölkerung der Goldgräberstadt drängte sich am Ufer, um die Flotte mit dem Viehtransport aus Neumexiko landen zu sehen. Die meisten von ihnen waren den ganzen Winter hindurch schlecht ernährt worden, selbst wenn sie Beutel voll Gold besaßen. Deshalb waren sie bereit, einen hohen Preis für das frische Fleisch zu zahlen, und Vater Simons Spekulation bewährte sich vortrefflich. Als nach wenigen Stunden auch das letzte Schaf des Viehtransports versteigert war, hatte Gus Simon eine stattliche Summe in Gestalt von Goldstaub und Nuggets eingenommen.
Obwohl Dawson City auf kanadischem Boden lag, wurde der 4. Juli, der Nationalfeiertag der Vereinigten Staaten, auch hier mit einem großartigen, vor allem sehr geräuschvollen Fest begangen, denn die meisten Einwohner der Stadt waren damals Amerikaner.
Die beiden Haferbrei-Schwestern hatten gleich nach der Ankunft ein leerstehendes Gebäude gefunden, in dem sie ihre Tanzhalle eröffnen konnten. Hier feierten die Brüder Simon mit ihrer Mannschaft den Tag ihres Erfolgs. Gus Simon setzte sich an das eben noch rechtzeitig eingetroffene Klavier, sein Bruder Tom strich die Geige. Die beiden Haferbrei-Schwestern und die Cowboys tanzten und sangen abwechselnd, und da Gus sich nicht lumpen ließ, floß der Whisky in Strömen.
Eine Woche später traf der erste Yukon-Dampfer des Jahres in Dawson City ein. Da nahmen die drei Brüder Simon zärtlich Abschied von den Haferbrei-Schwestern und schifften sich zur Heimfahrt ein. Die meisten ihrer Cowboys schlossen sich ihnen an. Nur wenige von ihnen lockte das Gold so stark, daß sie blieben, um im Nordland ihr Glück zu versuchen. Die anderen scheuten sich davor, noch einen zweiten Winter in der Wildnis am Yukon zu verbringen. Sie zogen es vor, nach Neumexiko zurückzukehren, wo sie zwar nicht auf Goldfunde hoffen, wohl aber mit einer freundlichen und beständigen Sonnenwärme rechnen durften.
»Daß wir uns selbst und unsere Herde im großen und ganzen heil durchbrachten, ist so merkwürdig nicht«, schließt Will Simon seinen Bericht. »Gewiß, es sind damals am Weißen Paß und in der Wildnis am Yukon mehr als genug Menschen umgekommen. Aber ich glaube, diese Opfer waren zumeist Menschen, die sich überschätzt hatten und nicht wußten, was sie ihren Kräften zutrauen durften. Sie verloren schon den Mut,

wenn sie ein Packpferd am Weg verenden sahen oder beobachteten, wie erschöpfte Goldsucher im Schneesturm liegenblieben.
Wir hatten all diesen Leuten eines voraus: Wir waren Cowboys! Und ein Cowboy hat nie ein leichtes Leben. Er ist an harte Arbeit gewöhnt, und die Gefahren seines Berufs sind ohne Mut und Entschlossenheit, ohne Härte gegen sich selbst nicht zu bestehen. Das hatten wir in die Waagschale zu werfen. Unser Vater wußte das besser als wir. Deshalb durfte er uns dieses Wagnis zumuten, als er uns den Auftrag gab: Bringt Fleisch nach dem Yukon, Boys!«

Der reißende Strom
tief drunten in der großen Schlucht

Es war hoher Mittag, als die drei Männer unversehens auf die Schlucht stießen. Erschöpft von der Wanderung durch einen glutheißen Morgen ließen sie sich an der Abbruchkante zu Boden sinken und starrten hinab in die Tiefe. Drunten, am Fuß der Steilwand, bahnte sich ein Bach in engen Windungen seinen Weg durch Sand- und Geröllbänke. Die Steilwände, die den Wasserlauf einrahmten, waren ebenso kahl und nackt wie das Bachbett: Nirgendwo grünte auch nur ein Hälmchen Gras, geschweige denn ein Baum oder Strauch. Aber diese abstoßende Öde bemerkten die drei Männer kaum. Sie hatten Augen nur für die Sand- und Geröllbänke.
»Wetten, daß da was zu finden ist«, krächzte Jim White mit ausgedörrter Kehle nach einer Weile wortlosen, prüfenden Starrens seinen Gefährten zu. Tom Baker brummte etwas Zustimmendes. Nur George Stoll blieb skeptisch. Mürrisch erwiderte er: »Ja, ja, sieht soweit ganz ansprechend aus – besser jedenfalls als alles, was wir während der letzten drei Wochen in dieser verdammten Felsenwüstenei zu Gesicht bekommen haben. Aber wie kommen wir hinunter zum Bach?«
Die beiden anderen antworteten nicht. Jim White ließ seine Blicke noch eine gute Weile prüfend über das Bachbett in der Tiefe wandern. Je

länger er hinunterstarrte, um so gewisser wurde es ihm, daß sie dort unten endlich, endlich finden würden, was sie seit Monaten in der Bergwildnis von Utah suchten: Gold! Und je länger er die Steilwand musterte, an deren Oberkante sie lagerten, um so deutlicher nahm er wahr, daß es doch einen Weg zum Bach hinunter gab: ein schmales, mit Geröll übersätes Felsband! Es war gerade breit genug, daß sich ein Mann, eng an die Wand gedrückt, darauf bewegen und zum Bach hinunterschieben konnte. Ein mühsamer, gefährlicher Abstieg würde es freilich sein, doch zu bewältigen war er. Und das allein zählte.

Jim White bedachte aber auch, daß sie wahrscheinlich nur über dieses schmale Felsband wieder aus der Schlucht herauskommen konnten. Wie, wenn ihnen eine Bande von Ute-Indianern den Weg verlegte? White verweilte nur einen Augenblick lang bei diesem besorgniserregenden Gedanken. Dann scheuchte er ihn fort wie eine lästige Fliege.

Entschlossen erhob er sich und sagte: »Also los, machen wir uns an den Abstieg!« Er ging voran. Baker und Stoll folgten ihm widerspruchslos. Sie waren es seit langem gewohnt, sich von Jim White die Wege weisen zu lassen. Keiner der drei Männer ahnte, daß sie sich mit diesem ersten Schritt in ein Abenteuer stürzten, wo sie auf einen Gegner stoßen sollten, der gefährlicher und unerbittlicher war als eine Bande feindseliger Indianer.

Zu dieser Zeit – im Jahre 1867 – hatte sich noch niemand in die lange, tiefe Schlucht hineingewagt, die der Colorado-River in das Gebirge reißt. Selbst erfahrene und wagemutige Forscher hatten es für unmöglich erklärt, den Fluß zu befahren und so dessen Lauf aus nächster Nähe zu erkunden. Es sollte ausgerechnet dem Goldsucher Jim White vorbehalten sein, dieses Wagnis zu vollbringen.

Jim war zu dieser Zeit achtundzwanzig Jahre alt, klein von Wuchs und nicht besonders kräftig. Und Mut besaß er, wie er selbst freimütig zugab, »nicht mehr als 'n mexikanischer Maultiertreiber«.

Einige Stunden nach vollbrachtem Abstieg über die Steilwand des Canyons kehrten die drei Goldsucher tief befriedigt zu ihrem Lager zurück, das sie auf einer Sandbank aufgeschlagen hatten. Während sie Kaffee kochten und ihren Maisbrei rührten, beredeten sie hoffnungsfroh den verheißungsvollen Fund, der ihnen schon jetzt auf Anhieb geglückt

war: Ein walnußgroßer Goldklumpen lag auf einem schmutzigen Taschentuch neben dem Feuer. Und George Stoll versicherte ein übers andere Mal erregt, er habe im Sand an mehreren Stellen deutlich »Farbe« – also Goldstaub – erkennen können.
»Die verdammte Schinderei der Wanderung hat sich also doch gelohnt«, sagte Jim White triumphierend, denn er hatte die beiden Gefährten dazu beredet, hier – im Süden von Utah – nach Gold zu suchen, obwohl keiner der »alten Hasen« dem Gebiet auch nur die geringste Ergiebigkeit zutraute.
In diesem Augenblick schreckte sie gellendes Geschrei aus ihren goldenen Träumen auf. »Indianer!« Die drei sprangen auf, und gleich darauf liefen sie, was ihre Beine hergeben wollten, denn ein einziger schneller Blick die Steilwand der Schlucht hinauf hatte sie darüber belehrt, daß nur noch schleunige Flucht ihnen das Leben retten konnte: Die Kante der Wand und das schmale Felsband zum Bach hinab wimmelte bereits von bewaffneten Indianern. Schon knallte der erste Schuß. Die Kugel prallte böse pfeifend an einem Felsbrocken ab.
Die Ute-Indianer begleiteten die Flucht der drei Weißen mit höhnischem Gelächter. Sie wußten wohl, daß die Fliehenden nicht weit kommen konnten. Immer dichter folgten die Schüsse. Baker fiel ihnen als erster zum Opfer; eine Kugel traf ihn im Rücken und durchschlug das Herz. White und Stoll ließen den Toten liegen und rannten weiter, hakenschlagend und über Felsbrocken stolpernd, rannten und rannten bachabwärts, bis sie das Geschrei der Indianer nicht mehr hörten.
Als sich die Bachschlucht und die Geröllbänke vor ihnen verbreiterten, verlangsamten sie keuchend den Schritt. Schon begannen sie leise zu hoffen, daß sie den Verfolgern entkommen könnten. Doch nach wenigen Schritten wurde ihnen klar, warum es die Indianer nicht eilig hatten, ihnen nachzusetzen. Vor ihnen öffnete sich die Schlucht in einen anderen, größeren Canyon, durch den ein lehmiger Fluß strömte: Das mußte der Colorado-River sein!
Entsetzt starrten die beiden Gejagten zu den mehrere hundert Fuß hohen Steilwänden empor, und Grauen packte sie, als sie erkannten, daß der Fluß an beiden Seiten den Fuß dieser Steilwände bespülte. Hier gab es kein seichtes Wasser, kein Ufer, also keinen Weg, auf dem sie ihre Flucht

fortsetzen konnten! Und sie trugen nur das bei sich, was sie hatten an sich reißen können, als das Geschrei der Indianer sie aufscheuchte: einen einzigen Beutel Maismehl, ein Gewehr und ein aufgerolltes Bergsteigerseil.

»Mein Gott, was können wir tun? Wie kommen wir weiter, daß sie uns nicht packen«, stöhnte Stoll verzweifelt.

White deutete wortlos auf die Seilrolle, die Stoll über die Schulter geworfen hatte, und auf ein paar Baumstämme, die träge in einem Rückstauwirbel nahe der Bachmündung kreisten. Beide Männer liefen in das eisige Wasser, schleppten die Stämme hastig auf den schmalen Geröllstreifen, den der Bach in das Flußbett hinausschob, und begannen mit fliegenden Händen, die Stämme mit dem Seil fest aneinanderzuknüpfen. Ihr improvisiertes Floß war gerade fertig, als hinter ihnen ein Schuß knallte und eine Kugel dicht über ihre Köpfe hinwegzischte.

White warf den Mehlbeutel auf das Floß und sprang ins Wasser. Während er an dem Floß zog, schob Stoll vom Ufer her nach. Als der Schwarm der Verfolger in den Colorado-Canyon einbog, hatten die beiden es endlich geschafft, ihr Fahrzeug zum Schwimmen zu bringen. Flach auf dem Floß liegend, mühten sie sich, es mit den Händen in die Strömung hinauszupaddeln. Eine endlose Zeit lang schien es zu dauern, bis der Rückstauwirbel überwunden war. Während sie sich keuchend abmühten, klatschten immer wieder Kugeln dicht neben ihnen ins Wasser. Doch dann packte die reißende Strömung des Colorado endlich das Floß und führte es davon. Schon nach wenigen Minuten war es hinter der nächsten Biegung verschwunden.

»Gerettet«, jubelte George Stoll auf. Tränen strömten ihm dabei über das Gesicht. »Gerettet, Jim! Wir sind ihnen entwischt!«

Jim White erwiderte nichts. Er war nicht so sicher, daß sie schon aller Gefahr entronnen waren. Aber davon mochte er seinem Gefährten noch nichts sagen. Außerdem hatte er genug damit zu tun, das kleine, ungefüge Floß mit dem dicken Ast zu steuern, den er instinktiv an sich gerissen hatte, als sie vom Ufer abstießen.

Drei Tage später trieben sie noch immer flußabwärts. Unterwegs hatten sie nicht ein einziges Mal eine Stelle erspähen können, wo eine Landung oder ein Weg durch die Steilwände des Canyons nach oben möglich gewesen wäre. Wild ließ sich nirgendwo in der Schlucht sehen – nicht einmal ein Wasservogel. Nur Treibholz begegnete ihnen hin und wieder. Sie fischten es im Vorbeitreiben auf, um ihr Floß zu verstärken und sich rohe Paddel anzufertigen, mit denen sich das plumpe Fahrzeug besser regieren ließ. Dann ergingen sie sich in Erörterungen, ob es ihnen jetzt nicht gelingen könnte, gegen die Strömung paddelnd zu ihrem Lager zurückzukehren. Aber schon ein erster Versuch zeigte ihnen, daß es aussichtslos war, den Kampf mit dem reißenden Wasser des Colorado aufzunehmen.

Gegen Abend des dritten Fahrttages wurde die bisher glatte Strömung des Flusses plötzlich ungebärdig. Ein dumpfer Donner füllte die Schlucht, und nach wenigen Minuten packte eine unwiderstehliche Macht das Floß und wirbelte es mit der Breitseite voran in die Schaumkronen einer Stromschnelle. Das Floß tanzte und schwankte von einer Seite zur anderen, hob sich bald vorn, bald hinten hoch aus dem Wasser und verschwand mitunter ganz unter dem Schwall hochaufspritzender Brandung. Jim White krallte sich mit allen Fingern in das Holz, um sich nicht abschütteln zu lassen. Erst nach einiger Zeit konnte er es wagen, den Kopf zu wenden, um seinem Gefährten Stoll zuzurufen: »Kralle dich fest, George, und spare deinen Atem!«

Doch in diesem Augenblick ertränkte ihn fast eine Welle, die das ganze Floß der Länge nach hoch überflutete. Als sie abgelaufen war, sah White, daß Stoll verschwunden war. Er brüllte immer wieder mit aller Kraft: »George! George!« Aber das Donnern der Stromschnelle übertönte sein Geschrei, und von Stoll kam keine Antwort.

Aufs neue packte ein Wirbel das Floß und schleuderte es krachend gegen eine Klippe. Es hing einen Augenblick so schräg, daß White an nichts anderes denken konnte, als sich festzuhalten. Dann riß die Strömung das Fahrzeug wieder los und wirbelte es weiter flußabwärts. Mehr unter als über Wasser in jagender Eile dahintreibend, bekam White bei jedem Atemzug mehr Wasser als Luft zu schlucken. Dann hörte das wilde Wirbeln, Schaukeln und Stampfen des Floßes plötzlich auf. Zitternd wagte White, den Kopf wieder zu heben, und sah: Er hatte die Stromschnelle hinter sich; sein Floß trieb in glattem, ruhigem Wasser dahin.

Sofort hockte er sich auf die Knie und begann, nach Stoll Ausschau zu halten und von neuem nach ihm zu rufen. Doch von dem Gefährten war nichts zu sehen, und auf die Rufe antwortete nur ein verzerrtes Echo von den kahlen, turmhohen Steilwänden der Schlucht. Obwohl er sich sagen mußte, daß keine Hoffnung mehr für George Stoll bestand, fand White sich mit dem Verlust des Freundes erst ab, als das Floß sich schon mehrere Meilen von der Stromschnelle entfernt hatte und die jäh einfallende Nacht den Fluß vor den suchend ausspähenden Augen verdunkelte. Jetzt erst nahm Jim White wahr, daß er in der Stromschnelle auch noch den letzten Rest Maismehl eingebüßt hatte. Aber sein Gewehr, das er am Floß festgebunden hatte, war noch da und die Munition trotz allem in seiner Patronentasche trocken geblieben. Also kein Grund zur Verzweiflung, auch wenn er jetzt ganz allein war! Einmal mußte doch eine Stelle kommen, wo er am Fuß der Canyon-Wand anlegen konnte und einen Weg nach oben in das Bergland fand. Da würde es Wild geben, Beeren und Wurzeln, mit denen er seinen Hunger stillen konnte, und Menschen, die ihm weiterhalfen.

Schon am nächsten Morgen schien sich diese Hoffnung zu erfüllen. White erspähte voraus einen Einschnitt in der Steilwand des Canyons. Dort mußte ein Nebenfluß in den Colorado münden. Wenn er dort einbiegen könnte! Die Bäche und Nebenflüsse hatten meistens Sand- und Geröllbänke abgelagert. Darauf wuchs oftmals Gestrüpp, aus dem sich Feuerholz brechen ließ und in dem Niederwild zu finden war. Und die Seitenwände der Schlucht waren fast nie so steil und hoch, als daß er sie nicht hätte erklimmen können.

Aber zunächst hieß es, an die Mündung des Nebenflusses heran- und in sie hineinzukommen. Mit größter Kraftanstrengung gelang es ihm, das Floß quer zur Strömung auf die Mündung zu zu drücken. Doch er verfehlte sie um ein Weniges, und das Floß wurde sofort von dem langsam, aber unwiderstehlich drehenden, gegenlaufenden Wirbel gepackt, der sich dort bildet, wo zwei Wasserläufe sich vereinigen.

White paddelte verzweifelt, um sich diesem Wirbel zu entziehen. Vergeblich! Sein Floß drehte sich unerbittlich weiter im Kreis. Da überfiel den einsamen Mann zum erstenmal während dieser erzwungenen Floßfahrt durch den Grand Canyon lähmende Furcht. Die Kräfte verließen ihn.

Er hatte gerade noch Geistesgegenwart genug, das Paddel auf das Floß zu ziehen. Dann wurde ihm schwarz vor den Augen, und er verlor das Bewußtsein.

Als er wieder zu sich kam, lag Sonnenschein warm auf seinem Gesicht. Das bedeutete: Es war Mittag. Denn dies hatte Jim White während seiner unfreiwilligen Floßreise durch den Grand Canyon bereits herausgefunden: Die Sonne erreichte nur während ihres mittäglichen Hochstandes den Grund der tiefen Schlucht.
Mittag also, und noch immer trieb sein Floß mit dem Rückstauwirbel langsam kreisend bei der Einmündung jenes Nebenflusses, von dem er sich Rettung versprach. Wut über seine Hilflosigkeit packte White. Verdammt noch einmal, er konnte, er wollte doch nicht ewig ein Gefangener des Colorado bleiben und hier'elend verhungern!
Verdrossen starrte er auf die Strömung des Flusses, die so dicht neben diesem vermaledeiten Wirbel vorüberstrich, eine leere, glatte Fläche lehmgelben Wassers. Das einzige, was sie hin und wieder belebte, waren die Blätter und Äste von Bäumen, die irgendwo weit oben am Fluß entwurzelt wurden und in die Flut gestürzt waren. Und da kam auch schon einer dieser Bäume selbst herangetrieben! Nein, nicht nur einer – zwei, drei, vier fast in Kiellinie wie ein Schiffsgeschwader!
Ganz nahe an die Grenze des Rückstauwirbels kamen sie heran. Einen Augenblick lang empfand White so etwas wie brennenden Neid, daß die Baumstämme so frei und ungehindert dahinzogen, während er hier gefangen saß. Wenn er doch einen von ihnen erreichen, sich von ihm freischleppen lassen könnte!
Als der letzte der treibenden Bäume herankam, hatte Whites Floß gerade wieder einmal den äußersten, dem Strom zugewandten Rand des kreisenden Wirbels erreicht. In diesem Augenblick setzte Jim White den Gedanken, der ihm eben gekommen war, entschlossen in die Tat um. Er stemmte seine Zehen in eine der Ritzen seines Floßes und warf sich zugleich mit ausgestreckten Armen hinüber in das Geäst des vorübertreibenden Baumstamms.
Seine Hände packten einen Ast und klammerten sich fest. Der Baum rollte und schwankte unter dem Anprall. White wurde mit Kopf und Schultern

unter Wasser gedrückt. Ihm war, als sollte er gleichzeitig ertränkt und in den Hüften und Knien auseinandergerissen werden. Doch das dauerte nur Sekunden. Dann spürte er, daß sein Floß sich der saugenden Macht des Rückstauwirbels entwunden hatte, und ließ das Gezweig des treibenden Baumstamms los. Seine Arme schmerzten bis in die Schultergelenke und Nackenmuskeln hinein von der Anstrengung. Beim Versuch, sich wieder auf sein Floß hinaufzuziehen, wäre er beinahe ertrunken, und er mußte mehrmals ansetzen, bis es ihm gelang, sich über den Rand zu stemmen. Schließlich war es geschafft. Er lag eine gute halbe Stunde lang keuchend und zitternd vor Nässe und Kälte da, bis ihn die Sonne erwärmt hatte. Dann jedoch überkam ihn ein wildes Triumphgefühl. »Du hast dir wohl eingebildet, du hättest mich geschnappt, du alter Halunke«, schrie er dem Fluß zu. »Aber ich habe dir einen Streich gespielt und dich zum Narren gehalten. Du sollst mich nicht unterkriegen, du nicht...«
Der gewaltsame Befreiungsversuch hatte ihn freilich seine letzten Kraftreserven gekostet. In tiefer Benommenheit verbrachte er die folgenden Stunden und merkte kaum, wie der Tag verstrich und die nächste Nacht, wie der fünfte und sechste Tag auf dem Fluß am Grund der tiefen Schlucht des Grand Canyon vorüberging. Nur wenn die Sonne zur Mittagszeit tief in die Schlucht hineinschien, belebte ihn die Wärme ein wenig. Nachts wurde es gegen Morgen so kalt, daß er fast erstarrte.
In einem solchen Zustand der Erstarrung mußte er ein zweites Mal eine Stromschnelle durchqueren. Er brachte dabei gerade noch so viel Besinnung und Kraft auf, daß er sich an einer Seilschlinge festklammerte, während das Floß bockend und stampfend wie ein ungebärdiger Gaul durch die Wildnis der Schnelle jagte. Einmal legte es sich so schräg auf die Seite, daß White mit den Beinen im Wasser hing und minutenlang schmerzhaft über scharfkantige Klippen geschleift wurde. Aber seine Hände ließen ihren Halt nicht los, und so kam er auch diesmal mit dem Leben davon.
Am nächsten Morgen stellte er fest, daß er während der Fahrt durch die Stromschnelle sein Gewehr eingebüßt hatte. »Macht nichts«, murmelte er gleichmütig vor sich hin. »Hier gibt's ja doch nichts zu schießen. Und wenn mich Indianer erspähen, werden sie mich sowieso kaltmachen, ehe ich mit meinen klammen Pfoten geladen und abgedrückt habe...«

Eines Morgens — es mußte nach seiner Rechnung der elfte oder zwölfte Tag seiner Flußfahrt sein — wurde White durch einen heftigen, krachenden Stoß aus seiner Benommenheit aufgeschreckt. Als er mit Anstrengung ganz zu sich kam, sah er, daß sein Floß sich zwischen zwei Felsen festgeklemmt hatte, die hoch aus dem Wasser ragten. Er kroch auf einen der Felsen hinüber und bot all seine Kräfte auf, das Floß von dem Hindernis loszureißen. Aber seine Hände glitten immer wieder von dem glitschigen Holz ab. Schließlich mußte er einsehen, daß es ihm nicht gelingen würde, sein Floß wieder flottzumachen.

Verzweifelt blieb er lang ausgestreckt auf dem Felsen liegen und starrte in den Himmel, bis ihn der Schlaf gnädig entrückte. Auch diesmal weckte ihn die Wärme der Mittagssonne, und auch diesmal wieder schenkte sie ihm neue Kraft und Klarheit des Denkens. Er setzte sich auf und sah sich um, und plötzlich schlug er sich an die Stirn und sagte: »Ich Esel! Wenn das alte Floß verloren ist, muß eben ein neues her! Hier vor den Felsen, die wie Zahnstummel aus dem Fluß ragen, ist ja genug Treibholz hängengeblieben! Also, Jim White, du alter Faulpelz, mach dich an die Arbeit! Sonst kriegt dich der Colorado, dieser Halunke, doch noch unter!« Anfangs hatte er Sorge, das Seil, das dem gescheiterten Floß Halt gegeben hatte, könne verschlissen sein. Doch als er es untersuchte, zeigte es sich unbeschädigt. Es hatte sich freilich so voll Wasser gesogen, daß es eisenhart geworden war. Er brauchte Stunden, nur um die Verknotungen zu lösen. Seine Hände bluteten, als er die Arbeit gegen Abend beendete.

In dieser Nacht schlief er zum erstenmal wieder an Land, auf einer Kiesbank, die von der Klippenreihe im Strom bis zur Uferwand reichte. Auf ihr fand er auch einige Pflanzen, deren saftige, wenn auch bittere Stengel er hinunterkaute. Von dieser Mahlzeit und einem traumlos tiefen Nachtschlaf gekräftigt, war er am nächsten Tag imstande, genug Holz für ein neues Floß zusammenzutragen und es zusammenzubinden. Das neue Fahrzeug war allerdings schmaler als das erste, und es war White auch nicht gelungen, die Treibholzstämme mit dem sperrigen Teil so fest und dicht aneinanderzufügen, wie es eigentlich erforderlich gewesen wäre. Aber das neue Floß schwamm, und es trug ihn. Damit konnte er wohl zufrieden sein. Nach einigen weiteren Grünzeugmahlzeiten und einer ruhig verbrachten Nacht stieß er getrost von der Kiesbank ab.

Am nächsten Tag erspähte er gegen Mittag einen kaminartigen Einschnitt in der rechten Steilwand der Schlucht. Da könnte sich ein Mann wohl hinaufstemmen, dachte er, berichtigte sich aber sofort bitter: Ein Mann, ja! Aber nicht solch ein jämmerliches Wrack, wie ich es jetzt bin.
Trotzdem paddelte er auf den Einschnitt zu und machte sein Floß dicht oberhalb dieser Stelle an einem flachen Felsen fest. Die Anstrengung, das Floß quer zur Strömung zu paddeln, hatte ihn so mitgenommen, daß er ohnmächtig auf dem Felsen zusammensank, sobald er sein Floß gesichert hatte.

White schlief so tief und fest, daß er nicht hörte, wie ein Indianertrupp durch den Felskamin zum Fluß herabkletterte, um sich das menschliche Treibholz näher anzusehen, das sie von oben erspäht hatten. Erst als die Indianer sich daran machten, dem weißen Mann, den sie für tot hielten, die zerfetzte Kleidung vom Leib zu zerren, wachte White auf. Die Indianer sprangen entsetzt zurück, als er sich aufrichtete. Daß ein Toter wieder auflebte, war ihnen unheimlich.
Da sie bis auf einen hinter seinem Rücken standen, bemerkte White gar nicht, welche Gefahr ihm drohte, als er ganz zu sich kam. Er sah nur den Indianer, der sich gerade anschicken wollte, ihm die zerlumpte Hose auszuziehen, und bemerkte zugleich – noch ehe er eines folgerechten Gedankens fähig war –, daß dieser Räuber etwas Eßbares an seiner Hüfte hängen hatte: eine gedörrte Reh- oder Hammelkeule!
Bei diesem Anblick erfolgte im Hirn des Ausgehungerten ein Kurzschluß. Er nahm weder das Gewehr wahr, das neben dem Indianer im Kies lag, noch erkannte er an Gesicht und Kleidung, daß ein Feind vor ihm stand, von dem ein Weißer keine Gnade zu erwarten hatte. Und er dachte auch nicht daran, daß ein bewaffneter Ute-Indianer kaum jemals allein anzutreffen war. Er sah nur das Fleisch, und er mußte es an sich bringen! Dann würde er endlich wieder eine richtige Mahlzeit haben!
Dieser Gedanke riß ihn hoch, schnellte ihn aus den Knien wie von einem Katapult gegen den erschreckt zurückweichenden Indianer. Whites Schädel prallte so heftig gegen dessen Magengrube, daß dem Indianer die Luft ausging. Zugleich packte Whites Hand das Fleisch und riß es los. Und nun erst, da er sich umdrehen mußte, bemerkte er die anderen.

Er reagierte auf deren Anblick wie ein Wolf, der sich beim Beutereißen plötzlich überrascht sieht und keinen Augenblick zögert, mit seiner Beute die Flucht zu ergreifen. White sprang mit zwei, drei langen Sätzen zu seinem Floß, warf das Fleisch darauf und schob das Fahrzeug von dem Felsen herunter, an dem er es festgemacht hatte. Woher er die Kraft dazu nahm, wer will es sagen? War es Angst, war es die Gier des Überhungerten, der sich nichts mehr nehmen lassen will?

Das Floß glitt ins Wasser. White warf sich der Länge nach darauf und paddelte wie rasend mit Händen und Armen, bis das Fahrzeug von der Strömung erfaßt wurde und schnell davontrieb. Die Indianer starrten ihm nach, bis es um die nächste Flußbiegung verschwand. Warum schossen sie nicht auf den weißen Mann, solange er sich in Schußweite befand? Lähmte sie noch immer das Grauen vor dem vermeintlich Toten, der vor ihren Augen wieder lebendig geworden war? Oder dachten sie, es lohne sich nicht, Munition an einen Gegner zu verschwenden, der ohnehin keine Aussicht hatte, mit dem Leben davonzukommen? Bei den Ute-Indianern galt es seit alters her als ausgemacht, daß der unrettbar dem Tod verfallen war, der in die Fänge des »reißenden Stroms tief drunten in der großen Schlucht« geriet, wie sie den Colorado nannten.

Sobald sein Floß wieder richtig in der Strömung lag, konnte sich White nicht länger beherrschen. Er dachte nicht daran, daß er sich in Schußweite der Indianer befand und daß jede seiner Bewegungen sie veranlassen könnte, auf ihn zu feuern. Nur essen, essen, endlich essen!

Das Fleisch, nur kurz und oberflächlich an der Sonne getrocknet, stank abscheulich. Aber das machte White nichts aus. Er riß große Bissen mit den Zähnen ab und schlang sie kaum gekaut hinunter. Sein Magen nahm diese gewaltsame, plötzliche Nahrungszufuhr übel. Er beförderte die Fleischbrocken unter heftigen Krämpfen wieder hinaus. Vor Schmerzen stöhnend lag White eine Weile still und wartete, bis sich sein Magen beruhigt hatte. Dann zwang er sich, kleine Bissen langsam und gründlich zu kauen, und nun endlich behielt der Magen die Speise bei sich. White aß stundenlang, bis er auch die letzte Fleischfaser von den Knochen abgenagt hatte. Auch das, was er anfangs ausgebrochen hatte, verschmähte er nicht.

Danach wollte er schlafen. Aber unaufhörliches Magendrücken ließ ihn

nicht dazu kommen. Er fühlte sich so schwach und elend wie noch an keinem Tag seiner unfreiwilligen Flußreise. Regungslos auf dem Rücken liegend starrte er zu den schmalen Streifen eines hartblauen Himmels empor, den die hohen düsteren Steilwände der Schlucht freigaben.
Droben sah er unaufhörlich Raubvögel kreisen. Ihr Anblick erfüllte White mit Furcht und Grimm. »Die warten auf dich«, murmelte er vor sich hin. »Warten darauf, daß sie dir die Augen aushacken und das Fleisch von den Knochen reißen können! Aber auch ihr sollt mich nicht kriegen – ihr nicht und dieser verdammte Fluß nicht und die Indianer nicht«, schrie er in sinnloser Wut zu den kreisenden Vögeln hinauf.
Jetzt, wo er sich gesättigt hatte, mußte bald die Kraft in seine Gliedmaßen zurückkehren – bald, bald . . . So dachte er. Aber nur sein Geist war kampfbereit und entschlossen wie eh und je, Hoffnung und Widerstand nicht aufzugeben. Sein Körper versagte. Die Hände um den abgenagten Knochen gekrampft, verlor Jim White abermals das Bewußtsein.

Am Morgen des 7. September 1867, siebzehn Tage nachdem die drei Goldsucher Jim White, George Stoll und Tom Baker in die Schlucht des Colorado hinuntergestiegen waren, ging der Geologe und Erzscheider MacAllister, der sich zu dieser Zeit in dem kleinen Ort Callville unterhalb des Grand Canyon aufhielt, zum Fluß hinunter, um Wasser für seine Pferde zu holen. Nachdem er seine Eimer gefüllt hatte, blieb er noch eine Weile am Ufer stehen, um einen Blick auf Fluß und Landschaft zu werfen. Plötzlich sah er, daß ein paar Dutzend Schritte stromaufwärts etwas an einer Kiesbank gestrandet war, das sich anders ausnahm als normales Treibholz. Es sah aus wie ein langes Stück rohes Fleisch, das auf entästeten Baumstämmen befestigt war.
Ein totes Tier – ein Schwein vielleicht, das die Raubvögel schon angefressen haben, dachte MacAllister und wollte seinen Blick wieder abwenden. Doch da sah er, daß dieses seltsame Etwas an der Kiesbank sich regte. Und jetzt – MacAllister fuhr zusammen und lief schleunigst zu der Bank –, jetzt hatte er deutlich erkennen können: Dort drüben hob sich, mit den Fingern wie suchend in die Luft tastend, ein Menschenarm, ein entsetzlich abgezehrter Arm.
Zwei andere Männer, die sich zu gleicher Zeit, nicht weit von MacAllister

entfernt, ebenfalls am Ufer zu schaffen machten, sahen den Geologen losrennen. Das machte sie neugierig, und sie folgten ihm auf den Fersen. Gemeinsam hoben die drei den Gestrandeten mitsamt dem Floß, auf dem er ausgestreckt lag, aus dem flachen Wasser und trugen den Fund, wie sie ihn geborgen hatten, in das Dorf.

»Ich habe« – so heißt es in MacAllisters Bericht, dem wir die Kenntnis von Jim Whites unfreiwilliger Reise durch den Grand Canyon verdanken – »niemals einen ähnlich schlimm zugerichteten Menschen gesehen wie diesen armen Kerl. An seinen Füßen und Beinen und auch an seinem Rumpf war die Haut buchstäblich von der Sonne und vom Wasser abgeschält. Das rohe Fleisch lag offen da; und als ich ihn fand, krabbelten überall Fliegen auf ihm. Er spürte es nicht und merkte auch nicht, daß wir ihn aufhoben und wegtrugen, wobei wir sein Floß als Tragbahre benutzten. Er war wieder bewußtlos geworden...«

Erst nach Stunden kam White wieder zu sich, und der Geologe, der mit einem Kollegen am Bett des Kranken saß, erschrak bis ins Mark vor dem gellenden Angstschrei, den der Erwachende ausstieß. Nachher stellte sich heraus, daß White, als er die Augen aufschlug, die beiden Männer wegen ihrer tiefen Sonnenbräune zuerst für Indianer hielt. Er zitterte an allen Gliedern und beruhigte sich erst, als er MacAllister sagen hörte: »Nun bleib du mal fein still liegen, mein Junge, und hab keine Angst! Du bist ja geborgen, und wir werden dich schon wieder gesund pflegen.«

Das gelang ihnen viel schneller, als sie dachten. Schon nach vier Tagen hatte sich Jim White von seiner Höllenfahrt so weit erholt, daß er, dick mit Salbenverbänden bepflastert, auf der Veranda vor dem Haus des Geologen sitzen konnte und es genoß, den Einwohnern von Callville immer wieder seine Geschichte zu erzählen und sich von ihnen anstaunen zu lassen. MacAllisters Eröffnung, er sei der erste, der den Grand Canyon in seiner ganzen Länge zu Wasser durchquert hatte, bedeutete ihm wie auch den Leuten von Callville augenscheinlich nicht sonderlich viel. Aber daß er den Indianern zweimal entronnen war und »dem alten Teufel, dem Colorado-Fluß, einen Streich gespielt hatte«, das hatte Gewicht in ihren Augen; das war eine bewundernswerte Leistung.

»Im Grunde« – so stellte der Geologe MacAllister in seinem Bericht kopfschüttelnd, aber offensichtlich nicht ohne leise Sympathie und Bewunderung fest – »im Grunde war dieser Jim White trotz seiner achtundzwanzig Jahre innerlich wirklich noch ein Kind – wie so viele seinesgleichen, die ich in den Bergen des Westens als Goldsucher angetroffen habe. Wie Kinder von bunten Schmetterlingen ließen sie sich, ohne zu zögern, von jedem Gerücht, das ihnen irgendwie eine ergiebige Fundstelle verhieß, über Stock und Stein immer tiefer ins Ungewisse locken. Leicht entflammt und vertrauensselig wie Kinder stürzten sie sich in jedes noch so gefährliche Abenteuer. Keine Warnung von Erfahrenen und Einsichtigen vermochte sie zurückzuhalten, keine Enttäuschung war ihnen eine Lehre. Jeden Fehlschlag vergaßen sie ebensoschnell, wie Kinder einen schmerzhaften Sturz oder eine Strafe verwinden und vergessen... Ich bin mir nie ganz schlüssig geworden, ob sie Verachtung, Neid oder gar Bewunderung derer verdienen, die solch kindliches Zutrauen zu sich selbst und zur Welt nie besessen oder früh gegen Wissen und Skepsis eingetauscht haben.«

Crandalls langer Lauf

Wäre es nach Louis Crandall allein gegangen, so hätte die Welt von dem Abenteuer, das er in den Bergen des nördlichen Idaho bestehen mußte, wohl kaum mehr als eine Andeutung erfahren. Er war – ein weißer Rabe unter den Westmännern – bekannt dafür, daß er alles verabscheute, was auch nur von fern nach Aufschneiderei schmeckte. Aber es gab zwanzig Augenzeugen, und die hielten nicht hinter dem Berg mit dem, was sie an Crandalls Seite erlebt hatten. So sprach es sich an den Lagerfeuern und in den Kneipen des amerikanischen Westens herum, und von dort gelangte es schließlich auch in die Zeitungen.
Begonnen hatte es damit, daß Crandalls alter Freund und Jagdgefährte George Williams ihm eines Tages eröffnete, er habe in den Büffelhöckerbergen Gold gefunden: »Eine ergiebige Ader, wo das Rohgold dick und locker im Quarz sitzt, Lou. Aber ich traue mich nicht, die Stelle allein auszubeuten. Du weißt ja, wenn die Schwarzfuß-Indianer dort einen Weißen bei der Goldsuche erwischen, hat er keine Gnade von ihnen zu erwarten.«

Crandall nickte: »Kann man's ihnen verdenken«, gab er zurück. »Sie haben ja hier im Westen in den letzten zwanzig Jahren oft genug erlebt, daß die Goldsucher alles zertrampeln, voran Leben und Glück eines Stammes hängt. Aber wenn du wirklich überzeugt bist, George, daß es sich lohnt, dann laß uns zusammen hingehen und das Gold holen. Wir beide haben die Berge dort als Pelzjäger so gut kennengelernt, daß wir uns zutrauen dürfen, uns vor der Neugier der Indianer zu verbergen.«

Drei Monate lang ging alles gut. Die beiden Männer hatten ihre Goldmine schon ein gutes Stück in den Berg hineingetrieben, da geschah es: Als Crandall an einem hellen Novembermorgen aus dem Schacht heraufkam und tief einatmend die frische Luft genoß, nahm er plötzlich wahr, daß sich im herbstbunten Buschwerk jenseits der Lichtung vor der Mine etwas bewegte.

Ein Bär auf Beerensuche, dachte er zunächst. Doch im gleichen Augenblick erspähte er, wen er vor sich hatte, und er erschrak. »Indianer, George«, rief er Williams zu, der drunten im Schacht arbeitete. »Komm sofort herauf!«

Als Williams neben ihm stand, sagte Crandall: »Jetzt hilft nur noch eines, George: auf der Stelle fort von hier! Und laufen, laufen, was unsere Beine hergeben!«

»Aber unser Gold, mein Gott, unser Gold«, jammerte Williams. Und ehe Crandall ihn zurückhalten konnte, rannte er zu ihrer Hütte hinüber. Im gleichen Augenblick stürmten die Indianer in breiter Front aus dem Gebüsch hervor und setzten Williams nach, und noch bevor dieser die Hütte erreichte, wo nicht nur die Goldvorräte, sondern auch die Gewehre der beiden Goldsucher lagen, hatten die Indianer die Lichtung bereits zur Hälfte überquert. Crandall krampfte sich das Herz zusammen. Er wußte, was nun unweigerlich kommen mußte, ohne daß er es verhindern konnte. Am Waldrand versteckt, beobachtete er die Szene.

Williams hatte die Hütte fast schon erreicht, da traf ihn ein Indianerpfeil in den Oberschenkel. Er brach in die Knie, und ehe es ihm gelang, sich wieder aufzuraffen, zerschmetterte ihm ein Tomahawk den Schädel. Dann stürmte der Indianerschwarm zur Hütte weiter.

Crandall nutzte diesen Augenblick, um lautlos in den Wald einzutauchen. Einige hundert Meter weit, solange ihn das Unterholz deckte, glitt er kriechend voran. Dann begann der Fichtenhochwald, und nun sprang er auf und lief, lief um sein Leben. Fichtenzweige peitschten sein Gesicht. Er beachtete es kaum, lief nur, lief tiefer in den Wald hinein, was seine Beine und Lungen hergeben wollten. Erst als die gellenden Rufe seiner Verfolger leiser wurden, mäßigte er seine Gangart zu einem ruhigen, Kraft und Atem sparenden Trab. Sollte es ihm gelingen, sich in Sicherheit zu bringen, dann mußte er mit seinen Kräften haushalten. In Sicherheit würde er erst sein, wenn er Fort Lapwai an der Vereinigung von Snake- und Clearwater-River erreicht hatte. Und bis dahin lagen hundert Meilen vor ihm – hundert Meilen durch Wälder, durch Gestrüpp, über zerklüftete Berge und offene Bergwiesen.

Plötzlich hörte er die Rufe der Indianer wieder. Crandall setzte sich aufs neue in Galopp und rannte eine Meile weit mit aller Kraft. Dann mußte er erschöpft rasten. Er ließ sich keuchend hinter einen Felsen auf den Boden sinken. Ein kalter Wind hatte sich aufgemacht und pfiff scharf durch die Fichtenzweige. Schauer liefen Crandall über den schweißnassen Rücken, und er drückte sich tiefer in den Windschutz des Felsens. Von fernher war immer noch das Geschrei der Indianer zu hören.

Hätte ich doch wenigstens mein Gewehr bei mir, überlegte Crandall. Dann könnte ich mir notfalls die Verfolger vom Leib halten... So bleibt mir, wenn es zum Äußersten kommt, nur mein Messer. Er tastete unwillkürlich mit der Hand nach der Hüfte, wo die Scheide an seinem Leibriemen hing, und stöhnte entsetzt auf: Die Messerscheide war leer! Und nun fiel ihm ein, daß er beim schnellen Lauf einmal mit der Hüfte kurz an einem dürren Astzacken hängengeblieben war. Dabei mußte der Ast ihm das Messer aus der Scheide gerissen haben.

»Oh, mein Gott«, stöhnte er, »mein Gott, auch das noch.« Dann raffte er sich auf, kam taumelnd auf die Beine und trabte weiter – schwankend und schaudernd vor Furcht. Obwohl er nun fast jede Hoffnung verloren hatte und ihm die Beine immer schwerer, der Atem immer kürzer wurde, trieb er sich hartnäckig weiter vorwärts. Eine Meile, noch eine Meile, fünf Meilen – immer nordwärts, am westlichen Kamm der Büffelhöcker-Berge entlang, dem rettenden Fort Lapwai entgegen.

Im Laufen spürte er, ohne dem sonderlich Beachtung zu schenken, daß ein seltsames Brausen und Dröhnen in seinem Kopf zunahm und daß sich hinter den Augäpfeln ein langsam zunehmendes Schmerzgefühl ausbreitete. Erst als dieser Schmerz fast unerträglich wurde, gönnte er sich wieder eine Rast hinter einem gestürzten Baum. Das Brausen in seinem Schädel ließ allmählich nach, und sein Atem beruhigte sich.

Er spähte durch den lichten Fichtenwald zurück in die Richtung, aus der er die Indianer zu erwarten hatte. In dem nun schräger einfallenden Licht konnte er deutlich die Spur erkennen, die seine Füße im dichten Nadelbelag des Waldbodens hinterlassen hatten. Die Verfolger konnten ihn also gar nicht verfehlen, selbst wenn er sich noch so sehr anstrengte, den Abstand zu ihnen zu vergrößern. Sie hatten Zeit, konnten ihre Kräfte einteilen, hatten gewiß auch genug Pemmikan bei sich, um vom Hunger nicht aufgehalten zu werden, den er zu allem Übel auch noch fürchten mußte.

Crandall verwünschte sich in diesen Augenblicken heftig dafür, daß er sich von der Goldgier hatte anstecken lassen. Deswegen, nur deswegen machten die Indianer so unbarmherzig Jagd auf ihn. Die Berge hier waren seit undenklicher Zeit ihr Land gewesen, in dem sie jagen und wandern konnten, wie es ihnen gefiel. Wurde das Land erst von Goldsuchern überschwemmt, dann war es mit der ungestörten Freiheit ihres Lebens vorbei. Wie gut er sie verstand – ihren Haß, ihre Rachsucht... Solange er nur als Pelzjäger in ihre Berge gekommen war, hatten sie ihn in Frieden gelassen, ja, sogar Freundschaft mit ihm gehalten – fünf Jahre lang. Durch das Gold waren sie von einem Tag zum anderen seine unversöhnlichen Feinde geworden. In diesen Minuten, in denen er hinter dem gestürzten Baumstamm Rast hielt und voll Furcht und Sorge nach den Verfolgern ausspähte, gelobte er sich selbst, den Bergen Idahos und den Indianern, daß er nie zu dem Gold dieser Berge zurückkehren würde, wenn – ja, wenn er mit dem Leben davonkam. Vielleicht würde ein anderer es finden, aber das sollte nicht durch seine – Crandalls – Schuld geschehen.

Mit dem Leben davonkommen: Bestand für Crandall auch nur die geringste Chance darauf? Obwohl er sich nichts vormachte, rechnete er sich immer noch eine Chance aus. Aus vielen Gesprächen mit den Schwarzfuß-Indianern wußte er, daß er die Berge besser kannte als sie. Jedes Tal, jede Quelle, jeder Wasserlauf war ihm aus seinen fünf Pelzjägerjahren in den Büffelhöckerbergen bekannt. Wenn nur seine Kräfte lange genug aushielten, würde es ihm gelingen, die Indianer durch Kreisbewegungen, Widergänge in Bachläufen und Verstecken in unzugänglichen Schluchten irrezuführen und aufzuhalten. Ein Mann, der fest entschlossen war, sich nicht aufzugeben und bis zum letzten Fünkchen Kraft ums Überleben zu kämpfen, war stärker als jeder Verfolger: Das hatte Crandall während seiner Waldläuferjahre bei anderen oft genug erlebt. Warum sollte er sich geringer einschätzen als jene? Bevor nicht die Probe aufs Exempel gemacht war, bestand dafür kein Anlaß.

Nachdem er hierüber mit sich ins reine gekommen war, stand Crandall auf und nahm den Weg nach Norden. Dieser senkte sich nun allmählich einem Tal entgegen. Als es zu dunkeln begann, hatte Crandall die Talsohle erreicht, die von einem Flüßchen durchströmt wurde. Er ließ sich auf die Knie sinken und trank in großen Schlucken das kühle Wasser aus den hohlen Händen, bis der Magen revoltierte.

Dichtes Gestrüpp am Flußufer bot sich verlockend als Versteck für die Nacht an. Schlaf, ein paar Stunden tiefer Schlaf wären jetzt gut gewesen für einen Mann, der seit dem frühen Morgen keinen Bissen mehr gegessen und seine Kräfte aufs äußerste angespannt hatte. Aber Crandall schüttelte den Kopf: Solange der Himmel klar blieb und der Mond schien, der sich eben über die Berge hob, durfte er sich keinen Schlaf gestatten.

In zügigem Schritt wanderte er weiter den Flußlauf hinab. Seinen Trapperaugen entging nicht, daß hier Biber am Werk gewesen waren: angenagte Erlenstämme in Ufernähe, im Wasser die niedrigen Kuppelbauten aus Gezweig und Schlamm. Hätte ich mich doch weiter an die Pelzjagd gehalten, statt nach Gold zu graben, dachte Crandall schuldbewußt: Dann säße ich jetzt nicht in der Tinte...

Das Brausen in seinem Kopf nahm wieder zu und mit ihm der Schmerz hinter den Augäpfeln. Benommen, aber unbeirrbar setzte Crandall seinen Weg fort, dem Clearwater-River entgegen, dem das Flüßchen an seiner Seite zuströmte. Er wußte nicht, wie lange er in dumpfer Müdigkeit dahingewandert war, als ihm plötzlich auffiel, daß das Mondlicht erloschen war und dichte Dunkelheit ihn umfing. Er blieb stehen und schaute zum Himmel hinauf.

»Wolken!« Er schrie das Wort fast hinaus, so sehr überwältigte ihn die

Überraschung. »Wolken!« Zugleich spürte er, wie ein seltsam weicher, warmer Wind an ihm vorüberstrich und ihm erste Regentropfen ins Gesicht warf. Sekunden später goß es in Strömen, und heftige Windböen rauschten durch das Tal. Obwohl Crandall alsbald bis auf die Haut durchnäßt war, sang er laut in das Dunkel hinaus und schritt gekräftigt schneller aus. Denn dies war die Rettung! Der Regen würde alle seine Spuren löschen! Und wenn er sich nun noch dazu zwingen konnte, in dieser Nacht weiter einige Stunden auf den Beinen zu bleiben, würde er einen Vorsprung gewinnen, den die Verfolger nicht mehr aufholen.

Vier Stunden später, als er auf ein Fichtendickicht stieß, suchte und fand Crandall tastend einen leidlich trockenen Platz und legte sich getrost zum Schlafen nieder. Er schlief tief und ungestört, bis ihn die Morgenhelligkeit weckte. Der Himmel war wieder klar; der milde Westwind der Nacht hatte einem eisigen Nord Platz machen müssen.
Es wird bald schneien, dachte Crandall, als er seine Wanderung nach Norden wieder aufnahm. Ausgeruht schlug er einen schnellen Schritt an und trabte auch ein gutes Stück, bis ihm der Atem ausging. Dann zwang er sich, langsamer auszuschreiten, bis sich Herz und Lunge wieder beruhigt hatten. Wind und Sonne trockneten seine Kleidung allmählich. Der Hunger setzte ihm kaum zu. Er war an Fastenzeiten gewöhnt, und wenn er nicht zuviel ans Essen dachte, wurde ihm ein leerer Magen auch nicht lästig. Wäre nur das Brausen im Kopf und der hämmernde Schmerz hinter den Augäpfeln nicht gewesen! Gleich nach seinem ersten längeren Trab hatten sie sich wieder eingestellt. War die Anstrengung daran schuld? Er schüttelte diesen Verdacht ab: Lächerlich! Wie konnte Laufen seinen Augen schaden?
Kurz nach Mittag verließ er das Tal und wanderte wieder bergaufwärts, um den Weg zum Clearwater-Fluß abzukürzen. Dabei mußte er den schützenden Baumbestand verlassen und eine Lichtung überqueren. Bevor er wieder in den Wald eintauchte, blickte er über das Tal zurück und ließ sich blitzschnell zu Boden sinken: Jenseits des Tals zeichneten sich auf dem kahlen Kamm des Bergzugs, den er am vergangenen Abend verlassen hatte, die Gestalten von Indianern ab!
Er zählte dreiundzwanzig. Nur einer war mit einem Gewehr bewaffnet –

wahrscheinlich mit dem, das Crandall in der Hütte bei der Goldmine zurückgelassen hatte. Die anderen waren mit Bogen, Pfeil und Tomahawk ausgerüstet. Crandall hielt es für sicher, daß sie ihn erspäht hatten, als er die Lichtung überquerte, und sich in Kürze auf seine Spur setzen würden.

Nach kurzem Überlegen entschloß er sich, eine List anzuwenden. Sie war zwar altbekannt und oft gebraucht, und er mußte darauf gefaßt sein, daß seine Verfolger sie rasch durchschauten. Aber vielleicht tat sie doch ihren Dienst und verschaffte ihm aufs neue einen Vorsprung.

Er setzte seinen Weg zunächst für etwa eine Meile bergauf fort und hinterließ dabei mit Absicht eine leicht erkennbare Spur. Dann bog er am Hang entlang nach links ab; dabei benutzte er einen trockenen Bachlauf, dessen Geröll ihm erlaubte, seine Spur zu tarnen. Dicht unter dem Bergkamm schwenkte er wieder nach rechts ab und bewegte sich in einem großen Bogen bergabwärts, seinem Ausgangspunkt am Waldsaum zu, so daß seine Spur schließlich fast einen Kreis beschrieb. Hier versteckte er sich in einer Höhle, die von drei dicht beieinanderstehenden Felsen gebildet und unter dem tief herunterhängenden, dichten Gezweig einer Fichtengruppe verborgen war.

Eine Stunde vor Sonnenuntergang zogen die Indianer an seinem Versteck vorüber. Crandall konnte sie sehen und hörte sie sprechen. Sie folgten seiner Spur bergauf. Er wußte, das verschaffte ihm noch etwa eine Stunde Ruhe. Diese Rast konnte ihm nur willkommen sein, denn wenn seine List, wie erhofft, wirkte, würde er in der folgenden Nacht alles daran setzen müssen, pausenlos und schnell ausschreitend, einen möglichst großen Vorsprung vor seinen Verfolgern zu gewinnen.

Als die Sonne gerade hinter den Bergen verschwunden war und blaue Dämmerung das Tal zu füllen begann, hörte Crandall die Indianer bergab zurückkommen. Er zählte sie: Alle dreiundzwanzig waren da; also hatten sie den Haken, den er nach links durch das trockene Bachbett geschlagen hatte, nicht gefunden. Sie machten dort halt, wo seine bergab führende Spur wieder auf die erste bergaufführende stieß, und berieten sich ziemlich laut. Crandall kannte genug vom Schwarzfuß-Dialekt, um zu verstehen, was sie sagten.

Was er hörte, entlockte ihm ein schwaches Grinsen. Die Indianer stellten genau die Überlegungen an, die er ihnen mit seiner List hatte suggerieren wollen: »Der weiße Mann ist entweder auf unserer Spur wieder ins Tal zurückgegangen«, sagte der Anführer, »oder in seiner und unserer Spur wieder bergauf gelaufen. Drunten oder droben hat er sich dann seitwärts in den Wald geschlagen. Wenn wir uns teilen und die eine Gruppe einen Kreis nach Süden, die andere einen nach Norden beschreibt, müssen wir seine Spur wiederfinden.«

Doch bevor sich der Verfolgerschwarm teilte, suchte er das Gelände nahe der Stelle genau ab, wo Crandalls Spur ihren Kreis geschlossen hatte. Einer der Indianer kam dabei bis auf drei Schritte an Crandalls Versteck heran, entdeckte jedoch nichts. Zehn Minuten später waren die Indianer verschwunden. Crandall kroch aus seiner Höhle, ging vorsichtig hangaufwärts bis zu dem trockenen Bachbett und folgte diesem dann weiter nach Westen. Erst als er den Bergkamm erreicht hatte und von den Verfolgern nichts mehr hörte und sah, beschleunigte er seinen Schritt.

Es wurde nun schnell dunkel. Auch das kam dem Flüchtling zugute. Bis die Indianer ihren Suchgang im Kreis vollendet hatten und der Mond aufgegangen war, konnte er hoffen, sich einen ausreichenden Vorsprung gesichert zu haben.

»Wenn ich mich solange auf den Beinen halten kann«, schränkte er diese Hoffnung selbst ein. Denn nachdem er eine gute Stunde unterwegs war, kehrten das seltsame Brausen in seinem Kopf und der Schmerz in den Augen verstärkt wieder zurück, und zugleich legte sich eine lähmende Müdigkeit über Hirn und Sinne. Während der Selbsterhaltungstrieb ihn zwang, Fuß vor Fuß zu setzen und den Weg nach Westen im Geschwindschritt beizubehalten, flüsterte ihm fortdauernd eine verführerische Stimme zu: »Leg dich hin und ruh dich aus! Die Indianer haben die Spur ja verloren! Du bist in Sicherheit.«

Doch so hartnäckig verlockend diese Stimme seine Schritte auch begleitete, der Selbsterhaltungswille des einsamen gejagten Mannes war stärker – stärker auch als der Schmerz hinter den Augen, der sich immer mehr steigerte. Crandall wußte schließlich nicht mehr, ob er sich schnell oder langsam bewegte. Er taumelte in eiskalte Bäche und fiel über Felsbrocken, aber er stand immer wieder auf und ging weiter. Das Mondlicht zeigte ihm die Richtung durch Wald und Schotterhalden. Trotz Erschöpfung, bissig nagenden Hungers und Schmerzen blieb er die ganze Nacht auf den Beinen.

Nach einer eisigen Morgendämmerung kam endlich die Sonne und spendete nach einiger Zeit ein wenig Wärme. Crandall begrüßte diesen Trost dankbar. Doch dies war das letzte, was er bewußt wahrnahm. Gleich danach geschah es: Ein schädelsprengender jäher Schmerz warf ihn zu Boden, und er verlor das Bewußtsein. Wie lange er ohnmächtig auf der Erde gelegen hatte, wußte er nicht. Er dachte zunächst, es sei bereits wieder Nacht, denn als er sich benommen aufrichtete, umgab ihn Dunkel. Doch der Stein, den seine tastende Hand faßte, fühlte sich mittäglich warm an, und der Geruch von welkendem Gras und Gekräut, den er einatmend wahrnahm, verriet ihm, daß noch voller Tag sein mußte.

»Aber warum sehe ich dann nichts? Warum ist alles schwarz, pechschwarz um mich? Bin ich denn blind?« stammelte er angstvoll. Er tastete mit den Händen über sein Gesicht, spürte die laue Wärme seiner Finger auf Wangen und Stirn, rieb seine Augen... Und nun endlich begriff er die schreckliche Gewißheit und schrie auf: »Blind, blind...«

Angst, Todesangst packte wie eine würgende Faust seine Kehle. Kalter Schweiß trat ihm auf die Stirn. Doch das dauerte nur kurze Zeit. Dann kam eine seltsame Ruhe und Gefaßtheit über ihn. In den Minuten der Panik hatte er ganz vergessen, daß er ein gejagtes Wild war und daß die Verfolger ihn über kurz oder lang einholen mußten. Waren nicht schon Schritte zu hören? Er strengte sein Gehör an. Ja, er hatte sich nicht getäuscht: Schritte näherten sich – laute Schritte... Die Indianer glaubten wohl, sie seien ihm und sich keine Vorsicht mehr schuldig, weil er wehrlos wie ein weidwundes Stück Wild am Boden lag. Der Blinde lächelte grimmig in sich hinein: Da sollten sie sich aber täuschen; ohne Gegenwehr bekamen sie ihn nicht! Er würde kämpfen bis zum letzten Atemzug. Seine Hand tastete nach dem Felsbrocken an seiner Seite, fand ihn, schloß sich fest um ihn. Die Schritte näherten sich. Nun mußten gleich die gellenden, wilden Triumphschreie der Indianer zu hören sein. Crandall biß die Zähne aufeinander: Auch dieses grausame Geschrei sollte ihn nicht schwach machen!

Doch die Menschenstimme, die sich nun hören ließ, warf den blinden Mann beinahe wieder in eine Ohnmacht, so sehr überraschte sie ihn. Es war eine raspelige Stimme, die in irischem Tonfall fragte: »Na, Mann, wat is'n mit dir los?«

Crandalls Überraschung löste sich in einem sinnlosen, unaufhaltsamen Gelächter. »Wer bist du«, keuchte er schließlich atemlos. »Woher kommst du?«

»Von Fort Lapwai. Nu mal los, Mann, faß dich und sag endlich, was mit dir los ist!«

»Ich – ich bin blind!«

»Verflucht und zugenäht, auch das noch! Zwei Mann mal her«, befahl die irische Stimme. »Stellt ihn auf die Beine!«

Crandall hörte Schritte, fühlte, wie man ihn rechts und links unter die Arme faßte und hochhob. Da erst wurde ihm klar, daß er gefunden und gerettet war durch eine Abteilung Soldaten.

Sie führten ihn zu ihrem Lager auf einer kleinen Lichtung mitten im Buschwerk, betteten ihn auf Wolldecken und fütterten ihn. Während er mit vorsichtiger Bedächtigkeit kaute und aß, erzählte er, was er erlebt hatte.

»Wie weit sind wir von Lapwai entfernt«, fragte er, als er mit seinem Bericht zu Ende gekommen war.

»Ich weiß es nicht«, antwortete die irische Stimme gelassen. »Wir haben uns nämlich verirrt.«

Crandall erfuhr nun, daß ein Halbzug Infanterie unter Führung des Feldwebels O'Meara das Fort vor zwei Wochen verlassen hatte, um einer Gruppe straffällig gewordener, aber aus der Haft geflüchteter Bannock-Indianer nachzusetzen. Die Verfolgung hatte nichts eingebracht, sie aber so hoffnungslos in die Irre geführt, daß sie seit Tagen nicht mehr wußten, wo sie sich befanden, und nur noch von halber Ration lebten.

»Wie weit, schätzt du, sind wir hier noch von Lapwai entfernt«, fragte der Feldwebel O'Meara. »Du kennst doch diese Berge, nicht wahr?«

Crandall dachte nach. Er war drei Tage und zwei Nächte auf der Flucht gewesen und mochte dabei etwa zwei Drittel seines Weges bewältigt haben. »Ich schätze, etwa fünfzig Meilen«, sagte er schließlich. »Aber du mußt neu im Fort sein«, fügte er hinzu. »Sonst müßte ich deine Stimme kennen.«

»Ja«, sagte O'Meara. »Wir sind erst vor zwei Monaten aus Colorado hierher versetzt worden. Dort gibt's ja auch Berge. Aber so scheußlich wie diese sind sie nicht. Wir versuchen seit Tagen, uns nach Norden durchzuschlagen, aber wir haben uns jedesmal in einer Schlucht festgerannt, aus der kein Weg nach Norden führt. Fort Lapwai liegt doch nördlich von hier, nicht wahr?«

»Nordwestlich, ja«, sagte Crandall. »War an der Ostflanke der dritten Schlucht im Wald eine große Waldbrandnarbe?«

»Ja, ja! Dann weißt du also, wo wir jetzt sind und wie's weitergehen kann?«

Crandall nickte: »In der Schlucht mit der Brandnarbe habe ich voriges Jahr als Trapper gearbeitet.«

Er hörte, wie sich die anderen Männer der Truppe näher herandrängten, um sich kein Wort entgehen zu lassen. Es war förmlich zu spüren, wie neue Hoffnung die verirrten Soldaten belebte. Crandall fand nicht gleich die Worte, um ihnen die Landschaft zu erklären, denn die Ironie der Situation wurde ihm auf einmal voll bewußt. Da war er nun drei Tage und zwei Nächte lang vor der Rache der Indianer geflohen, bis ihn Blindheit schlug. Und dann hatten ihn diese Soldaten gerettet. Gerettet — welch ein Hohn! — gerettet, damit er, der Blinde, sie aus dem Irrgarten dieser Berge herausführte und in Sicherheit brachte! Als ob ein Blinder das vermöchte! Zum erstenmal fühlte sich Crandall ohne Hoffnung.

Leise sagte er: »Das Fort liegt nordwestlich von hier. Wir müssen uns zunächst nach Osten wenden, um das Gewirr von Schluchten und Steilwänden zu umgehen, das uns den geraden Weg versperrt. Seht ihr den Höhenzug im Osten?« Diese Bergkette stand ganz deutlich vor seinem inneren Auge — eine Wellenlinie aus grünem Fichtenwald und grauen Felswänden.

»Ja, ich sehe ihn«, sagte O'Meara.

»Gut, hinter dieser Bergkette liegt das Clearwater-Tal. Wenn wir die Berge erreicht haben, wirst du erkennen, daß es dort drei Täler gibt. Das linke nimmt sich so aus, als ob es leicht passierbar wäre. Aber das stimmt nicht. Es endet vor einer Steilwand. Nur im mittleren der drei Täler gibt es einen begehbaren Paß, der von unten freilich nicht sichtbar ist.«

Am nächsten Tag brachen sie zu dem Höhenzug im Osten auf. Crandall wurde dabei auf einer aus Decken und Ästen improvisierten Tragbahre befördert, die zwischen den beiden Maultieren der Truppe hing. Nach einer Weile glaubte er zu spüren, daß die Luft an diesem Tag schwerer und feuchter war.

»Wie sieht der Himmel aus«, fragte er O'Meara besorgt.

»Grau, aber im Norden, über den Bergspitzen, ist er seltsam grünlich.«

»Dann wird es noch heute Schnee geben, viel Schnee! Wir dürfen keine Zeit verlieren. Beeilt euch! Wir müssen über den Paß kommen, ehe er einschneit. Sonst sind wir verloren.«

»Wir werden es schon schaffen«, sagte der Feldwebel zuversichtlich.

Crandall antwortete nicht. Er dachte an das Gelände, das zwischen dem Paß und Fort Lapwai lag. Dort warteten noch genug Schwierigkeiten auf sie. Wenn es einen anhaltenden Schneesturm gab, würde hoher Schnee die meisten Landmarken unkenntlich machen, die sich ihm eingeprägt hatten. Wie sollte er diesen Landfremden dann den Weg beschreiben? Ja, wenn er sehen könnte, wäre alles leicht...

Es war später Nachmittag, als sie die Paßhöhe erreichten. Schnee begann zu fallen — von Minute zu Minute dichter und dichter. Als Crandall den Boden mit der Hand betastete, fühlte er, daß der Schnee hier oben den Weg bereits zentimeterhoch bedeckte. Noch war die Luft still. Aber in Kürze mußte es Nacht werden.

Der Feldwebel, der ihm die Landmarken angab, hatte mehr und mehr Mühe, sie auszumachen. Der Weg zum Fort stand Crandall vor Augen. War der Paß überschritten, lagen nur noch zehn Meilen vor ihnen. Nur noch zehn Meilen! Das mußte doch zu schaffen sein.

»Wir müssen halten und den Morgen und besseres Wetter abwarten«, hörte er plötzlich O'Meara sagen. »Ich sehe nichts mehr. Es ist zu dunkel, und es schneit zu stark.«

Als ob er diese niederschmetternden Worte noch bekräftigen müßte, begann in diesem Augenblick der Wind zu heulen und den Schnee in Böen gegen die Paßhöhe zu schleudern.

Hier auf dem Bergkamm übernachten und auf besseres Wetter warten? Crandall hätte O'Meara am liebsten höhnisch gefragt, ob er noch bei Verstand sei. Aber er unterdrückte diesen Ausfall. Der Feldwebel führte hier zwar das Kommando, aber Crandall war sich klar darüber, daß die

Verantwortung in Wirklichkeit bei ihm lag. Nein, es kam gar nicht in Frage, daß sie hier die Nacht verbrachten! Dieser Schneesturm würde nicht nur Stunden, sondern Tage dauern. So begann in der Regel der Winter in den Bergen von Idaho; so richtete er sich für Monate dauerhaft ein. Mit Abwarten war also nichts gewonnen, denn die Truppe war dabei unweigerlich verloren und er – Crandall – mit ihr. Der Proviantvorrat war jetzt schon so gut wie verbraucht. Zu Schnee und Kälte würde der Hunger kommen. Und das mußte das Ende sein.

Aber wie konnten sie ihren Weg fortsetzen trotz Nachtdunkels und Schneesturms? Verdammt, dachte Crandall, wenn ich doch sehen könnte! Dann würde ich schon Weg und Steg finden. Aber so... Jetzt war er nicht mehr der einzige, der nicht sehen konnte. Die anderen waren genauso blind und hilflos wie er.

Blind und hilflos... Aber Blinde waren gar nicht so hilflos, wie der Sehende meistens dachte. Sie ließen sich von ihrem Tastsinn helfen. Das fiel Crandall plötzlich ein.

»Feldwebel O'Meara«, rief er aufgeregt, »kannst du erkennen, ob sich der Berghang nach links, nach Osten hin neigt?« Er wartete die Antwort gar nicht erst ab, sondern sprudelte den Plan hervor, der ihm eben durch den Kopf geschossen war. Der Bergkamm, auf dem sie sich befanden, verlief parallel zum Clearwater-Fluß, der nach Westen zum Snake-River floß. Alle Wasserläufe am Nordhang der Bergkette, auf deren Kamm sie standen, fielen zum Clearwater hin ab. Sie brauchten sich also nur nach Westen hin am Bergkamm entlangzutasten – gehend oder kriechend, mit Füßen oder Händen auf dem Boden entlangfühlend, bis sie auf einen Wasserlauf stießen. Dem mußten sie dann unbeirrt talwärts folgen, bis sie den Clearwater erreichten. Waren sie erst am Clearwater angekommen, dann war Fort Lapwai nicht mehr zu verfehlen.

Der Feldwebel und die Soldaten hatten schweigend zugehört. Crandall hatte mit Bedenken, mit hartnäckigem Widerstand gerechnet; es war immerhin eine Strapaze und ein Wagnis sondergleichen, das er ihnen zumutete. Aber einstimmiger, lautstarker Beifall antwortete ihm. Ohne jede Widerrede überließen sie dem Blinden von nun an ganz das Kommando.

Auf seine Anordnung blieben Waffen und Gepäck, ja sogar die Maultiere

am Paß zurück. Damit unterwegs keiner verlorenging, ließ er aus Stricken und Zügelriemen ein langes Sicherungsseil knüpfen, das jeder der Zweiundzwanzig an seinem Koppel befestigen mußte. So in langer Reihe miteinander verbunden, begannen sie, von Crandall geführt, sich durch Sturm, Nacht und Schnee nach Westen hin am Bergkamm entlangzutasten. Immer wieder stürzte der eine oder andere in schneegefüllte Felslöcher, fluchte und stand unverdrossen wieder auf. Stolpernd, taumelnd, schlitternd bewegten sie sich dicht unterhalb des Kamms am Hang entlang, tasteten sie sich durch Felsgewirr und Waldstreifen. Crandall zählte schon längst nicht mehr, wie oft er gestürzt war, wie oft ein jäher Ruck an der Sicherungsleine ihm verriet, daß ein anderer gefallen war.
Plötzlich machte er einen Schritt ins Leere und glitt jäh durch lockeren Schnee abwärts, die Füße voran, bis er in eiskalter Nässe zum Halten kam.
»Wasser«, schrie er beglückt auf, »ich bin auf Wasser gestoßen, fließendes Wasser! Wir haben den Bach gefunden, dem wir zum Fluß folgen können!«
Was machte es aus, daß die Ufer des Bachs von Felsen und Geröll strotzten, daß sie wohl hundertmal bis zu den Knien, ja bis zu den Hüften ins eisige Wasser gerieten! Sie hatten endlich den Weg gefunden, der sie in Sicherheit bringen mußte. Rettung, Leben war in Sicht.

Am folgenden Abend stolperten beim letzten Licht des Tages zweiundzwanzig vor Erschöpfung halbtote Männer durch dichte Wolken wirbelnden Schnees an das Tor des Forts Lapwai. Als Louis Crandall, der Blinde, dem Truppenarzt des Forts in die Arme sank, lag ein schwaches Lächeln auf seinem schneeverkrusteten Gesicht, ehe ihn die Besinnung verließ.
Der Doktor saß an seinem Bett, als der Blinde nach fast dreißigstündigem Schlaf wieder erwachte. Er hatte inzwischen von O'Meara gehört, daß Crandall erst die Indianer, die ihn verfolgten, überlistet und trotz Hunger, Erschöpfung und Schmerzen hinter sich gelassen hatte und dann noch als Blinder Kälte, Sturm, Schnee und seine eigene Blindheit überwand, um den verirrten Soldaten das Leben zu retten.
»Sie werden nicht nur leben, Crandall«, sagte der Arzt, als Crandall ihn besorgt danach fragte. »Ich glaube, ich kann Ihnen auch versprechen,

Sie werden wieder sehen. Vielleicht nicht mehr so gut wie früher, aber Sie werden wieder sehen können. Ich nehme an, Sie haben unterwegs auf der Flucht infolge Überanstrengung und Erregung bei einem etwas zu hohen Blutdruck einen leichten Schlaganfall erlitten. Die Hirnblutung hat das Sehzentrum geschädigt. Aber das läßt sich bei Ihrem Alter und Ihrem Kräftezustand wahrscheinlich ausheilen.«
Diese zuversichtliche Prognose hat sich bestätigt. Nach einigen Wochen Ruhe und Pflege war Louis Crandall wieder ganz gesund. Er verließ Idaho und kam nach jahrelangen Wanderungen durch die Rocky Mountains schließlich in Colorado zur Ruhe. Aber sein Gelöbnis, sich nie wieder auf die Goldsuche einzulassen, hat er, soviel man weiß, gehalten. Und auch über den Goldfund, den George Williams und er in den Büffelhöckerbergen Idahos getan hatten, hat er geschwiegen. Damit konnte er freilich nicht verhindern, daß dreißig Jahre später diese Berge der Schauplatz einer heftigen, wenn auch nur kurzen Goldsuche wurden. Irgend jemand war wohl auf die Mine gestoßen, die im Herbst 1868 George Williams in den Tod und Louis Crandall fast ins Verderben gestürzt hätte.
Je mehr sich der Westen mit Siedlungen und Betriebsamkeit füllte, um so tiefer zog sich Crandall in die Berge zurück. Dort gab es immer noch einen Höhenzug, ein Tal, wo er ungestört sein Leben nach dem Gesetz führen durfte, das er sich selbst gegeben hatte: das rauhe, schlichte Leben eines einsamen Jägers und Fallenstellers, der von dem Land, in dem er lebte und das er auf seine Art wortlos und unpathetisch liebte, nur das forderte und nahm, was er zum Leben brauchte. Daß er einmal, von der Gier nach Gold verführt, blind geworden war, hatte ihn für den Rest seines Daseins sehend gemacht. Deshalb blieb er bis zu seinem Tod im Jahre 1903 arm, aber frei, und darin fand er Genüge.

Eine wunderliche Wildwestgeschichte

Wildwestgeschichten gibt es so zahlreich wie Sand am Meer — wahre und erfundene, gute und schlechte. Die schlechten sind wahrscheinlich in der Überzahl. Es ist möglich, daß ich mit der Geschichte, die ich hier erzählen will, noch einen Tropfen zur Füllung dieses beinahe überschäumenden Riesenfasses beisteuere. Aber erzählen will ich sie trotzdem, denn sie ist die weitaus wunderlichste von all den vielen Wildwestgeschichten, die mir im Laufe der Jahre zu Ohren gekommen sind. Und zu den erfundenen gehört sie nicht; dafür kann ich meine Hand ins Feuer legen.
Als sich eines Tages in der Stadt Independence am Missouri die Nachricht verbreitete, Charley Parkhurst habe sich zum Sterben niedergelegt, da fanden sich innerhalb weniger Stunden alle seine alten Freunde bei ihm ein, um ihm noch einmal die Hand zu drücken. Charley lebte sichtlich auf, und es sah für eine Weile so aus, als ob er die Schwäche überwinden würde, die ihn von den Beinen gebracht hatte. Denn krank war er nach dem Urteil des Farmers, bei dem er wohnte, eigentlich nicht. »Nur schwach«, eröffnete er selbst seinen Freunden. »Die Beine wollen mich nicht mehr tragen, und das Herz will nicht mehr mitspielen. Na, kein Wunder, wenn man fünfundneunzig ist...«
Die anderen wollten widersprechen: Wer sich so gut gehalten habe wie Charley, der könnte es gut und gern noch auf hundert und mehr bringen. »Schwatzt keinen Unsinn«, sagte er ernst. »Was versteht ihr jungen Leute davon!« Von den »jungen Leuten« war keiner unter achtzig. Sie lachten pflichtschuldig, denn sie hielten seine Worte für einen Scherz. Charley ließ ihnen eine Weile das Vergnügen, in alten Erinnerungen zu kramen, von denen sie meinten, sie könnten ihn damit aufmuntern. Doch dann sagte er plötzlich: »Nehmt mir's nicht übel, Freunde, aber es wäre mir lieb, wenn ihr mich jetzt wieder allein ließet. Und einer von euch tut mir wohl den Gefallen und holt Frau Hanning, die Frau unseres Pfarrers. Ihr wißt, ich habe mir nie viel aus Frauen gemacht. Aber ich möchte, ehe es mit mir aus ist, noch etwas klarmachen. Und es gibt nun mal Dinge, die kann man nur einer Frau anvertrauen — der eigenen Mutter oder einer Frau, die selbst Mutter ist. Deshalb möchte ich Frau Hanning sprechen.«

Die rauhen Männer blickten ihn überrascht an. Doch da sie bemerkten, wie spitz und schmal sein Gesicht plötzlich geworden war, fügten sie sich. Einer stiefelte davon, die Frau des Pfarrers zu holen. Die anderen hockten sich draußen auf die Treppenstufen des Hauses und unterhielten sich leise miteinander.

Nach zwanzig Minuten kam die Pfarrersfrau. Auch ihrem Gesicht war anzumerken, wie sehr es sie verwunderte und beunruhigte, daß man sie anstelle ihres Mannes an das Bett eines Sterbenden rief. Charley Parkhursts alte Freunde erhoben sich und lüfteten ihre speckigen und verbeulten Hüte, bis sich die Tür hinter Frau Hanning schloß. Dann setzten sie sich nieder und nahmen ihre Unterhaltung wieder auf.

Wie es nicht anders sein konnte, sprachen sie über Charley Parkhurst, der sich – sie konnten es noch immer nicht ganz begreifen – dort drinnen zu seiner letzten Reise bereitmachte. In ihren Gesprächen lebte noch einmal auf, was sie über Charley wußten. Viel war das nicht, denn was seinen Lebensweg anging, war er nie sonderlich mitteilsam gewesen.

So hatte er zum Beispiel niemals darüber gesprochen, was ihn veranlaßt hatte, nach dem Westen zu kommen. Nur daß er aus dem Staat Maine stammte, hatte er gelegentlich erwähnt. Hatte er dort, in Neuengland, etwa in seinen grünen Jahren eine Untat begangen, die ihn fliehen ließ und seine Seele noch immer belastete, daß er jetzt vor seinem Ende unbedingt beichten wollte, um erleichtert und getröstet die Augen schließen zu können? Dergleichen war so selten nicht, und mancher Mann hatte den Wilden Westen als Zuflucht gewählt, um seine Spuren zu verwischen.

Aber daß auch Charley Parkhurst zu diesen Landflüchtigen gehören sollte, wollte seinen alten Freunden nicht in den Kopf. »Mir hat er einmal erzählt, daß er als Zwölfjähriger aus dem Waisenhaus fortgelaufen ist«, sagte einer von ihnen. »Dann hat er sich als Pferdebursche bei einem Posthalter irgendwo im Staat New York verdingt. Worcester hieß das Nest, glaube ich. Er tat seine Arbeit mit so viel Sorgfalt und Liebe, daß er seinem Brotgeber auffiel. Als dieser zwei Jahre später seine eigene Postkutschenlinie in Providence eröffnete, nahm er den Jungen mit. Charley sagte, dort hätte er alles gelernt, was ein tüchtiger Postwagenfahrer können und wissen müßte, und es hat gar nicht lange gedauert, da galt er in ganz Neuengland als ein Meister unter den Postkutschern, obwohl er der jüngste von ihnen war. Er sagte: »Ich habe meine Fahrgäste und die Postsäcke selbst bei schlimmstem Unwetter sicher ans Ziel gebracht, und nur ein einziges Mal habe ich mich auf dem Bock ablösen lassen: an einem bitterkalten Wintertag, als mir die Zügel so an den Händen festgefroren waren, daß mit den Handschuhen auch die Haut abging.«

Charley Parkhursts große Zeit kam aber erst, als die mächtigen roten Concord-Postkutschen mit ihren halbmannshohen Rädern westwärts über den Mississippi hinaus zu rollen begannen – hinein in die Weite der Prärien und hinauf in die Bergtäler der Rocky Mountains. Sie halfen als Vorläufer der Eisenbahnen, den damals noch wirklich Wilden Westen dem Zustrom der weißen Ansiedler zu erschließen.

Charley Parkhurst gehörte zu den ersten Postwagenfahrern auf dem berühmt-berüchtigten Santa-Fé-Trail, der – von Independence in Missouri ausgehend – das ganze Prärieland bis zu den Bergen von Neumexiko durchquerte. Große Viehtrecks hatten in den vierziger Jahren des 19. Jahrhunderts diesen Weg gebahnt. Charley Parkhurst und seine Kollegen auf dem Fahrerbock der großen Postwagen trugen dann in den fünfziger Jahren das ihre dazu bei, daß aus den Spuren des Viehtrecks feste Überlandstraßen entstanden.

Es war ein rauhes Land und eine wilde Zeit, die selbst von furchtlosen Männern fortwährend Ungewöhnliches an Kraft, Mut, Zähigkeit und Umsicht forderte. Das galt nicht zuletzt für die Fahrer im Dienst der Wells-Fargo-Transportgesellschaft, die damals im amerikanischen Westen Passagiere, Post und Fracht im Liniendienst beförderte. Ihre Fahrer mußten unterwegs auf jeden nur denkbaren Zwischenfall gefaßt sein und mit ihm aus eigener Kraft fertig werden können – mit Hochwasser und Schneestürmen, mit Indianerangriffen und Straßenräubern. Daß er notfalls eigenhändig ein gebrochenes Rad richten, Zügel und Pferdegeschirr flicken und einem Gaul neue Hufeisen aufschlagen konnte, verstand sich von selbst. Aber es wurde von ihm auch erwartet, daß er unterwegs gebrochene Gliedmaßen zu schienen, Wunden zu verbinden und sogar als Geburtshelfer auszuhelfen vermochte, denn oft gab es weit und breit weder Arzt noch Hebamme.

Charley Parkhurst führte in seinen ersten Jahren im Westen im Gegensatz zu den anderen Wells-Fargo-Fahrern keine Waffe bei sich. Er hatte sich oft genug gegen die – wie er meinte – »törichte Knallerei« ausgesprochen, die hauptsächlich darauf zurückzuführen sei, daß »jeder eselhafte Waschlappen sich so ein Schießeisen umgürten darf und sich dann einbildet, er sei ein Kerl«.

Aber eines Tages ritt ein Straßenräuber – der berüchtigte »Schwarze Jackson« – in der einsamen Gegend bei Devils Gulch aus einem Hinterhalt an Charleys Postkutsche heran und forderte ihn mit vorgehaltener Pistole auf: »Rücke die Goldkiste heraus, die du unter deinem Fahrersitz hast, Charley, oder du bekommst Bleivergiftung!«

Was blieb dem unbewaffneten Charley Parkhurst anderes übrig, als zu gehorchen? Doch Charley war über den heimtückischen Überfall so erbost, daß er den Räuber wütend anschrie: »Versuche das nicht noch einmal bei mir, du Schurke! Ich warne dich!«

Der »Schwarze Jackson« lachte nur höhnisch und ritt mit seiner Beute davon. Er nahm solche Drohungen nicht ernst und schon gar nicht von Charley Parkhurst, dessen Widerwillen gegen Feuerwaffen überall bekannt war. Deshalb wagte der »Schwarze Jackson« sechs Wochen später abermals einen Überfall auf Charleys Postkutsche. Diesmal jedoch kam er damit an den Unrechten. Er mußte zu seinem Leidwesen die Erfahrung machen, daß Charley nicht nur eine Waffe besaß, sondern mit ihr auch umzugehen verstand.

Als der »Schwarze Jackson« aus seinem Versteck hervortrat, verschwendete Charley kein einziges Wort an ihn, sondern griff unter den Fahrersitz, riß eine doppelläufige Schrotflinte hervor und hatte sie auf den Räuber abgefeuert, noch ehe dieser begriff, was ihm drohte. Die doppelte Schrotladung traf den »Schwarzen Jackson« zwar nicht tödlich, aber so gut, daß er überwältigt werden konnte und die Lust am Wegelagererhandwerk verlor, nachdem er seine Strafe abgesessen hatte. Von da an hüteten sich die Straßenräuber, mit Charley Parkhurst anzubinden.

Wenn er auf dem Bock saß und Peitsche und Zügel in seinen Fäusten hielt, unterschied sich Charley in nichts von seinen Kollegen. Nur renommierte er nie mit seinen Fahrkünsten herum, und er spielte sich auch nie als unübertreffliche Saufgurgel oder großer Weiberheld auf. Er trank keinen Schnaps und rauchte nicht; nur auf einen Priem in der Backentasche mochte er nicht verzichten. Doch in der Kunst des Fluchens war er sämtlichen Wells-Fargo-Fuhrleuten überlegen, und das wollte etwas heißen, denn gerade diese Kerle besaßen einen ungewöhnlich farbigen und reichen Vorrat an Schimpfwörtern und -redensarten. Schmunzelnd erinnerten sich seine alten Freunde daran, daß er zehn Minuten lang pausenlos fluchen konnte, ohne sich auch nur ein einziges Mal zu wiederholen.

Am meisten aber unterschied er sich von seinen Kollegen dadurch, daß er nicht nur allen Frauen aus dem Weg ging, sondern sich auch nie erlaubte, herabsetzend oder gemein von ihnen zu sprechen. Und noch etwas fiel an ihm auf: daß er sich immer wieder durch eine unermüdliche, zartfühlende Hilfsbereitschaft auszeichnete. Es gab im »Wilden Westen« zahlreiche Farmer und Goldsucher, die ihn gerade deswegen schätzten. Es machte Charley Parkhurst nichts aus, außerdienstlich eine ganze Nacht lang zu reiten, um einem einsamen Farmer, von dem er wußte, daß er unter Heimweh litt, einen langersehnten Brief zuzustellen. Und wie oft er einem glücklosen Goldsucher mit Proviant ausgeholfen hatte, ließ sich gar nicht zählen. Er verlor anderen gegenüber nie ein Wort darüber, aber sie vergaßen es ihm nicht, und wenn jemand anfangen wollte, über Charleys Sonderlichkeiten – seine Frauenscheu zum Beispiel – hämische Vermutungen anzustellen, waren sie die ersten, die solchen Klatschereien entgegentraten. Auch daß Charley Parkhurst unter seinem Kutschersitz stets einen Beutel voll Süßigkeiten für die Kinder auf abgelegenen Farmen mitführte und für Indianerfrauen, die am Weg bettelten, außer einem freundlichen Gruß auch ein bißchen Tee, Zucker und Salz hatte, fiel seinen alten Freunden jetzt wieder ein. Und sie fragten sich, woher dieser maulfertige Flucher mit der harten Zügelhand, der vor keiner Schwierigkeit der Überlandfahrt im Wilden Westen jemals versagt hatte, ein so weiches, kinderfreundliches Herz haben mochte.

Zwanzig Jahre lang führte Charley Parkhurst die großen roten Concord-Postkutschen über die Landwege des »Wilden Westens«. Er trug das Seine dazu bei, daß aus Goldgräberlagern Städte wurden und die weite Grassteppe der Prärien Heimat für Zehntausende von Siedlern aus den Ländern Europas. Stark, hilfsbereit und immer gut gelaunt versah er seinen Dienst, bis der Tag kam, wo er die Zügel an jüngere Hände weitergeben mußte. Das geschah jedoch erst, als er fünfundsiebzig Jahre alt war.

Der Besitzer der Moss-Farm am Stadtrand von Independence, dem Charley vor Jahren einmal bei einem Missouri-Hochwasser tatkräftig geholfen hatte, nahm den alten Kutscher in sein Haus auf. Von der Veranda aus konnte Charley täglich beobachten, wie die Postfahrer die Stadt verließen und die Landstraßen unter die Hufe ihrer Gespanne nahmen. Kaum einer der jungen Kutscher unterließ es, den alten Kollegen mit einem fröhlichen Peitschenknall zu grüßen. Er winkte dann jedesmal mit seinem knorrigen Handstock zurück, den er vor vielen Jahren in den Bergen von einem Navajo-Schafhirten geschenkt bekommen hatte – zum Dank dafür, daß er einen meilenweiten Umweg nicht scheute, um eine Augensalbe für das Kind des Indianers vom Arzt zu holen.

Ja, und nun sollte unwiderruflich der Zeitpunkt gekommen sein, wo auch dieser zäh ausdauernde Fuhrmann sich bereiten mußte zur letzten Fahrt, auf der er nicht hoch auf dem Kutschbock thronen, sondern als stiller Passagier der allerletzten Station seiner langen Lebensreise entgegenrollen würde.

Das Gespräch seiner alten Freunde und Kollegen aus vergangenen harten und unruhevollen Jahren war allmählich verstummt, nachdem sie sich noch einmal die gemeinsamen Erinnerungen an Charley zurückgerufen hatten. Jeder hing still seinen Gedanken nach. Sie sprachen es nicht aus, denn alle wußten, wie unangenehm Charley das Thema Frauen stets gewesen war. Aber jeder dachte wohl dasselbe: Wie wunderlich war es doch, daß ausgerechnet Charley Parkhurst, der Pferd und Wagen und die Gesellschaft von Männern allzeit mehr geschätzt hatte als die von Frauen, nun in seinen letzten Stunden nicht bei seinen Freunden, nicht beim Doktor oder beim Pfarrer Trost und Beistand suchte, sondern bei einer Frau.

Endlich öffnete sich die Haustür. Die Pfarrersfrau trat heraus, von dem Farmer Moss geleitet. An den ernsten, schmerzbewegten Mienen der beiden konnten die alten Postkutscher und Viehtreiber des Santa-Fé-Trails ablesen, daß ihr Freund seine Erdenfahrt vollendet hatte. Sie standen auf und nahmen ihre Hüte ab, und dann vernahmen sie aus dem Munde der Pfarrersfrau, welches Geheimnis Charley Parkhurst sein Leben lang selbst vor seinen besten Freunden sorgsam gehütet hatte: Er, einer der ausdauerndsten und furchtlosesten Fuhrleute des Wilden Westens, der zielsichere Schütze, der maulfertige, unübertreffliche Flucher, die unermüdliche Zügelhand auf der langen, rauhen Straße vom Missouri-Strom zu den Bergen von Neumexiko – Charley Parkhurst war eine Frau gewesen!

Zwölf Tage weit jenseits des Stroms

Zeig, daß du ein Mann bist

»Durch mein Fernglas sah ich den jungen Burschen im hohen, dürren Gras verborgen kauern. Nur mit seinem kurzen Jagdspeer bewaffnet, belauerte er ein Elefantenrudel, das einige dreißig Schritte von ihm entfernt an einem Akazienwäldchen rastete. In ein paar Minuten oder Stunden – das hing ganz von den Bewegungen des Rudels ab – würde er aufspringen und sich mit dem Jagdruf seines Stammes: ›Ich greife an‹ auf den größten Bullen stürzen. Er wußte genau, daß er seinen Speer in eine nur eben faustgroße Stelle in der Stirn des Elefanten hineinstoßen mußte, wenn er diese Jagd überleben wollte. Nur an dieser einen Stelle ist der Elefant mit dem Speer sofort tödlich zu treffen.
Dieser junge Bursche im Gras – Juba hieß er – wußte aber auch, daß es ihm nicht erlaubt war, nach einem Fehlstoß die Flucht zu ergreifen. Normalerweise gilt es für einen Jäger aus dem Stamm der Nuer nicht als Schande, vor einem verwundeten, wütend angreifenden Elefanten zu fliehen. Aber für Juba galt das nicht. Trotz seiner siebzehn Jahre war er schon ein Ausgestoßener, der nur dadurch etwas zu gewinnen hatte, daß er standhielt. Der Angriff auf den Elefanten war die Bewährungsprobe, die er bestehen oder mit dem Leben bezahlen mußte, wenn er bei seinem Stamm als ein Mann gelten wollte.«
Es war Zufall, daß der englische Afrikaforscher Samuel White Baker – der »Baker of the Nile« – gerade in das Siedlungsgebiet der Nuer kam, als Jubas junges Leben in die entscheidende Phase trat. Weil seine Frau erkrankt war, die das Abenteuer einer Forschungsreise in dieses im Jahre 1862 noch kaum bekannte Land am Weißen Nil mit ihm teilte, sah Baker sich gezwungen, hier eine längere Rast einzulegen. Er benutzte die Zeit, um nähere Bekanntschaft mit dem Stamm der Nuer zu schließen, der –

wie zum Beispiel auch die Massai – zur sogenannten nilotischen Völkergruppe gehört.

»Die Nuer« – so faßt Baker seine Eindrücke zusammen – »sind ein sehr hochgewachsener, hagerer Menschenschlag, der von der Viehzucht lebt. Sie sind ein an Zahl nur kleines, aber ungewöhnlich tapferes, kampflustiges Volk, dessen männliche Tugenden ich bewundere. Sie verdanken es ihrer Tapferkeit und Kampfbereitschaft, daß sie von ihren Nachbarn, den an Zahl weit überlegenen Dinka, nicht schon längst vernichtet oder aufgesogen wurden.«

In seinen Gesprächen mit den Stammesführern der Nuer erfuhr Baker auch einiges über den jungen Juba, denn dessen Schicksal erregte den ganzen Stamm: »Was ihm widerfahren war, hatte sich angeblich seit Menschengedenken nicht mehr ereignet; außerdem war er der Anführer seiner Altersgruppe und noch dazu der Enkel eines berühmten Zauberpriesters; deshalb versprach sich das Volk für die Zukunft viel von ihm. Um so größer war die Enttäuschung, als Juba schon bei der ersten Bewährungsprobe, der er sich unterziehen mußte, schmählich versagte.«

Dies war einige Monate zuvor beim Fest der Jugendweihe geschehen, das die Nuer alljährlich begingen, wenn ein neuer Jahrgang junger Burschen zu Männern erklärt wurde. Dabei mußten sich die Siebzehnjährigen einem einfachen, aber schmerzhaften Ritual unterziehen: Jedem wurden mit einem Steinmesser drei lange Schnitte von Ohr zu Ohr über die ganze Stirn gezogen. Die Narben wiesen dann lebenslang aus, daß ihr Träger die Mannbarkeitsprobe bestanden hatte und beanspruchen durfte, als vollgültiger Krieger und Jäger geachtet zu werden.

Diese Jugendweihe war ein großes Fest für den ganzen Stamm. Schon tagelang vorher strömten die Menschen aus allen Dörfern zum Festplatz und ergötzten sich dort an einem gewaltigen Trommeln und Biertrinken, bis der Gaar, der Zauberdoktor, eintraf, der die Stirnschnitte vorzunehmen hatte. Sobald der Gaar eingetroffen war, wurden die jungen Burschen in eine große, eigens für diesen Zweck errichtete Hütte geführt. Dort sollte sie der Gaar innerlich auf die Probe vorbereiten.

Juba war dazu ausersehen, als erster die Messerschnitte zu empfangen. Das war eine Auszeichnung, denn man erwartete von ihm, daß er den anderen jungen Leuten ein Beispiel der Standhaftigkeit gab. Schmerzen lautlos ertragen zu können war der größte Stolz eines Nuer-Mannes, und wenn bei der Jugendweihe keiner einen Klagelaut hören ließ, galt dies als ein gutes Vorzeichen für den ganzen Stamm – »als ein Zeichen der Götter, daß das Volk der Nuer nicht vergehen, sondern aus dem Mut seiner Männer immer wieder neu geboren wird«.

Der Gaar und die Stammesführer hatten Juba als ersten Initianten ausgewählt, weil er der körperlich stärkste seines Jahrgangs war und weil man von ihm erwartete, er werde alles daransetzen, sich seines Vaters und Großvaters würdig zu erweisen. Von ihnen wußte man, daß sie die Probe in Ehren bestanden hatten.

Juba zeigte denn auch keine Spur von Furcht, als er hochaufgerichtet als erster aus der Hütte kam und unter dem Gedröhn der Trommeln an der Spitze seiner Altersgenossen den Festplatz betrat. Hier hatten sich links und rechts in dichten Reihen die Krieger des Stammes aufgestellt, Speer und Schild in der Hand und das Leopardenfell über der Schulter. An der Stirnseite des Platzes standen die Verwandten der jungen Burschen und die älteren Männer. Sie umgaben als lockerer Zaun die Gruppe der gerade heiratsfähig gewordenen Mädchen. Diese waren als einzige weibliche Wesen beim Fest der Jugendweihe zugelassen, denn sie sollten hier die jungen Männer kennenlernen, mit denen sie demnächst die Ehe schließen würden.

Trommelgedröhn, Zurufe und Gesang schwollen zu einem gewaltigen Getöse an, als Juba vor seinem Vater niederkniete, damit dieser ihm, wie es der Brauch vorschrieb, den Kopf rasierte und mit Öl einrieb. Währenddessen schärfte der Gaar vor den Augen der Jungen das Steinmesser am Rand des Opfersteins, in dessen Höhlung das Blut nach dem Stirnschnitt fließen sollte.

Das Dröhnen und Rasseln der Trommeln steigerte sich zu immer größerer Heftigkeit. Schon vermochten viele Zuschauer der überspringenden Erregung nicht länger zu widerstehen und begannen, in hüpfenden Sprüngen zu tanzen. Die Mädchen stießen spitze Schreie aus, die mitunter selbst die Trommeln und die Gesänge übertönten, mit denen die Krieger des Stammes die Einleitung des Festes begleiteten.

Plötzlich warf der Priester seine Arme mit einer dramatischen Geste empor, und sofort verstummten Trommeln und Menschenstimmen. Er nickte Juba zu. Der Junge legte sich auf den Rücken und bettete seinen Kopf auf den aus Gras geflochtenen Ring, der den Opferstein umspannte. Der Priester kniete an seiner rechten Seite nieder, führte das Messer langsam an Jubas Stirn und hielt inne. In atemloser Spannung verfolgten die Zuschauer jede seiner Bewegungen. Erst als der Priester spürte, daß die Menge ganz gebannt auf ihn starrte, führte er den ersten Schnitt aus.

Die vom Ritual vorgeschriebenen Schnitte setzten über der Nasenwurzel an und wurden von dort bis zum Ohr geführt. Da es auf bleibende Narben an jeder Stirnhälfte ankam, mußten in jeweils fingerbreitem Abstand insgesamt sechs Schnitte das Fleisch bis auf den Knochen durchtrennen. Um allzu starke Blutungen zu stoppen, lag nahebei in einem Holzkohlenbecken ein erhitztes Glüheisen bereit.

Juba hielt sich bei den ersten beiden Schnitten gut. Man konnte zwar sehen, daß er vor Schmerzen kurz und heftig atmete. Aber er ließ keinen Laut hören. Auf dem Gesicht seines Vaters zeigte sich bereits ein stolzes Lächeln. Aber die eigentliche Probe stand erst beim dritten Einschnitt bevor, der unmittelbar über der Augenbraue verlief und dabei den Nerv über dem Knochenbogen der Augenhöhle traf. Hierbei war ein blitzartig einsetzender wilder Schmerz unvermeidlich.

Als das Messer des Gaar an diese Stelle kam, zerriß ein Schrei die gespannte Stille — ein langer, schriller Schrei größter Qual, und zugleich wand sich Juba zuckend auf der Erde. Der Schrei ging in ein hohes Wimmern über, das im Aufruhr der Zuschauermenge ertrank, die jäh zu toben begann.

Man trug Juba fort. Er war vor Schmerz ohnmächtig geworden. Als er wieder zu sich kam, war die Jugendweihe dieses Jahrgangs beendet. Alle Altersgenossen Jubas hatten sich genauso verhalten wie er. Beim dritten Einschnitt heulten und kreischten sie wie die Hyänen. Es war die kläglichste Jugendweihe seit Menschengedenken. Das Fest, auf das sich der ganze Stamm der Nuer seit Monaten freute, fand nicht statt. Die Häuptlinge verließen stumm vor Empörung den Festplatz; mit hängenden Köpfen schlichen sich die Väter der Jungen davon.

Juba und seine Jahrgangsgenossen wurden von diesem Tag an wie Aussätzige behandelt. Niemand besuchte sie während der sechswöchigen Genesungszeit, die sie in ihrer Gemeinschaftshütte verbrachten. Niemand sprach mit ihnen ein Wort, nachdem sie in ihre Dörfer zurückgekehrt waren. Jeder der Jungen wußte, was ihm bevorstand: Sie würden fortan vom Gemeinschaftsleben des Stammes ausgeschlossen sein, an keiner Beratung der Männer, an keiner Jagd, keinem Kriegszug teilnehmen dürfen. Kein Nuer-Mädchen würde einen von ihnen zum Mann nehmen. Wollten sie Frauen haben, mußten sie diese bei den Dinka rauben. Aber damit schlossen sie sich endgültig aus ihrem Stamm aus und setzten sich zudem Vergeltungsangriffen der Dinka aus. Wollten sie überleben, so blieben ihnen nur zwei Wege: Sie mußten sich damit abfinden, als rechtlose, mißachtete Knechte weiterzuleben, oder sie mußten ihr Stammesgebiet verlassen und irgendwo am Nil Dienst nehmen – im Heer des ägyptischen Sudan-Gouverneurs etwa oder in der Karawane eines arabischen oder türkischen Sklavenhändlers.

Es hatte bei den Nuern immer einzelne junge Burschen gegeben, die ihre Mannbarkeitsprobe nicht bestanden. Die meisten wählten den Weg in die Fremde, obwohl sie wußten, daß es von dort keine Rückkehr zu ihrem Stamm gab. Doch Juba wollte sich nicht damit abfinden, daß ein einziger, ihm vom jähen Schmerz abgepreßter Schrei seine ganze Zukunft zerstören sollte. Er überlegte tagelang, was er tun konnte, um seine und seines Vaters Ehre wiederherzustellen, und plötzlich glaubte er einen Weg dazu gefunden zu haben. Am selben Tag noch verschwand er aus dem Dorf, ohne irgend jemand ein Wort über sein Ziel und seine Absichten zu verraten.

Juba hatte nichts Geringeres im Sinn als dies: Er wollte seinem Stamm durch eine zweite selbstgewählte Bewährungsprobe beweisen, daß er trotz jenes ersten Versagens zum Jäger und Krieger taugte wie alle seine Vorfahren und alle anderen Männer der Nuer. Diese Probe sollte daraus bestehen, daß er – er ganz allein! – einen Elefantenbullen jagte und erlegte. Gelang ihm dies, dann war bewiesen, daß er kein Feigling war, sondern ein Jäger, der ein ganzes Dorf für viele Tage mit Fleisch versorgte. Mehr noch: Das Elfenbein der Stoßzähne würde ihn zu einem wohlhabenden Mann machen, der sich mit Leichtigkeit eine Frau kaufen konnte, wenn nicht sogar zwei.

In der Nacht, nachdem Juba die Hütte verlassen hatte, die er mit seinen Jahrgangsgenossen teilte, schlich er sich in das Haus seines Vaters, nahm dort einen Jagdspeer und einen Beutel Hirse an sich und brach ins Land der Dinka auf.

Das war an sich schon ein wagemutiger Entschluß, denn ein Nuer traute sich nur während eines Kriegszugs über die Grenzen seines Stammes hinaus. Er wußte zu gut, wenn er auf Dinka-Gebiet ertappt wurde, kam er nicht mit dem Leben davon. Aber Juba blieb keine andere Wahl: Wollte er an Elefanten herankommen, mußte er sich ins Dinka-Land wagen, denn seit drei Jahren hatten sich keine Elefanten mehr im Nuer-Gebiet gezeigt.

Sechs Wochen lang wanderte Juba nachts durch das Dinka-Land und jagte nur am hohen Mittag, wenn sich kein Dinka in die Sonnenglut hinaustraute. Als ihm die Hirse ausging, ernährte er sich, wenn ihn das Jagdglück verließ, von Früchten und Wurzeln. Manchmal führte ihn der Honigvogel zu einem hohlen Baum, in dem sich ein Bienenvolk angesiedelt hatte. Einige Male wurde er von Dinkas erspäht und verfolgt, doch es gelang ihm jedesmal, ihnen zu entwischen.

Schließlich fand er nach langem Suchen eine Elefantenherde. Sie bestand aus neunzehn Kühen und Kälbern und einem großen alten Bullen mit mächtigen Stoßzähnen. Juba folgte dem Rudel tagelang, um die Gelegenheit zu einem Angriff auf den Bullen zu erkunden. Dabei wurde ihm allmählich klar, daß sich sein Plan so nicht ausführen ließ. Wenn er allein blieb, würde er nie an das immer argwöhnisch wachsame Rudel herankommen und schon gar nicht die Möglichkeit haben, den riesigen Bullen zu bezwingen. Er verstand jetzt, warum bei seinem Stamm immer nur eine Gruppe von Jägern gemeinsam auf Elefantenjagd ging. Eine solche Jagd mußte organisiert sein, und jeder Jäger hatte dabei eine vorher genau festgelegte Rolle zu spielen. Auch dann war sie noch mühsam und gefährlich genug. Doch woher sollte er eine Helfergruppe auftreiben? Als Ausgestoßener, Geächteter durfte er nicht hoffen, Jäger seines Stammes zu bereden, daß sie ihm zu einer Elefantenjagd tief ins Dinka-Land folgten. Das wäre einem Kriegszug gleichgekommen, und den mochte allenfalls ein hochgeachteter Häuptling zustande bringen.

Aber wenn er die Jäger nicht zu den Elefanten führen konnte, sollte es dann nicht möglich sein, die Elefanten den Jägern zuzuführen?

Er wußte, verwundete oder durch Steppenfeuer geängstigte Elefanten suchten instinktiv Wasser- oder Sumpfgebiete auf, wo sie ihre Wunden kühlen und sich vor Verfolgern besser schützen konnten. Das Rudel, an das er sich gehängt hatte, würde mit Sicherheit dem Nil zustreben, sobald es sich aufgescheucht und verfolgt fühlte. Auf dem Weg zum Wasser mußte es das Nuer-Land durchqueren, wenn der Verfolger es verstand, ihm hartnäckig die gewünschte Richtung aufzuzwingen.

Juba wußte ferner, daß es ihm allein nicht gelingen würde, die Elefanten genügend zu ängstigen. Er durfte nicht wagen, Grasbrände zu legen, denn damit machte er unweigerlich die Dinka auf sich aufmerksam. Nein, die Dinka selbst mußten für ihn die Rolle der Elefantenverfolger übernehmen!

Zunächst trieb er das Rudel langsam vor sich her, indem er es nachts durch Geräusche beunruhigte und sich tagsüber in seiner Nähe zeigte. So drängte er die Elefanten allmählich tiefer und tiefer in das Dinka-Land hinein, bis eines Tages geschah, worauf er hoffte: Die Jäger eines Dorfes sichteten das Rudel, und sofort schwärmte eine große Jagdmannschaft aus, um die Tiere anzugreifen. Dabei zeigte es sich, daß die Nuer mit einem gewissen Recht die Jagdkünste der Dinka spöttisch belächelten.

Juba, in sicherer Entfernung gut versteckt, konnte beobachten, daß Frauen Fackeln herbeischafften, nachdem die Dinka-Jäger das Elefantenrudel eingekreist hatten, und daß dieser Kreis unter ständigem Trommelgedröhn allmählich immer enger wurde. Schließlich entfachten die Jäger einen Steppenbrand, dessen rasch vorrückende, prasselnde Flammen das Rudel in Panik versetzten und auf einen Engpaß im Feuerkreis zutrieben, wo ein geschlossener Jägertrupp lauerte.

Zu Jubas Erstaunen waren die Jäger jedoch nicht mit Speeren, sondern nur mit besonders langstieligen Fackeln bewaffnet. Damit sprangen sie auf die Elefanten los, die trompetend den Flammenring durchbrachen und davonstürmten. Selbst die verängstigten Kälber entkamen, von Rüsselschlägen ihrer Mütter angetrieben. Die Jäger erreichten nur den alten Bullen, der die Flucht des Rudels tapfer zu decken suchte. Er ging auf jeden Dinka los, der sich ihm näherte, und schlug ihm mit dem Rüssel die brennende Fackel aus der Hand. Nur drei oder vier Jägern gelang es, dem Bullen die Fackel in die Flanken zu drücken. Nachdem es ihm gelungen war, einen seiner Peiniger zu überrennen und zu zertrampeln, ließen die anderen von ihm ab. Nur Juba folgte der flüchtenden Herde. Diese zog nun schnell über die Savanne nach Westen davon, dem Nil entgegen. Juba sah es befriedigt, wenn es ihn auch zu pausenloser Anstrengung zwang. Drei Tage lang setzte er dem Rudel nach. Dann drang es in das Nuer-Land ein. Juba war sicher, daß es ihm nun nicht mehr entgehen würde; denn wenn auch keines der Tiere schwere Brandwunden davongetragen hatte, so bereiteten doch kleinere Wunden der empfindlichen Haut Schmerzen genug und hielten bei ihnen das Verlangen wach, möglichst schnell die kühlenden schlammigen Suhlen am Nilstrom zu erreichen.

Neun Wochen nach seinem heimlichen Verschwinden kehrte Juba in sein Dorf zurück. Aber er kam nicht scheu und verlegen, wie man es bei einem Ausgestoßenen vermuten sollte, sondern gelassen und straff aufgerichtet wie jemand, der einen harten Kampf in Ehren bestanden hat. Ohne sich bei einem der vielen Neugierigen aufzuhalten, ging er zum Haus seines Vaters. Schon eine Stunde später traten Vater und Sohn wieder ins Freie und begaben sich zum Häuptling. Der Vater trug den Speer in der Hand und das Leopardenfell um die Schulter gelegt, wie es sich für einen Nuer gehörte, der einen gewichtigen Grund hatte, den Rat der Krieger zusammenrufen zu lassen.

Als der Rat zusammentrat, war es nicht Juba, sondern sein Vater, der verkündete, ein Elefantenrudel befinde sich in nächster Nähe auf dem Gebiet des Stammes. Junge Krieger hatten nach Brauch und Sitte zu schweigen, bis sie angeredet wurden, und einer, der bei der Mannbarkeitsprobe versagt hatte, durfte sich schon gar nicht herausnehmen, einen Krieger anzusprechen.

Als Jubas Vater gesprochen hatte, wurden sofort die üblichen Maßnahmen eingeleitet: Häuptling und Stammesälteste begannen die sieben besten Jäger auszuwählen. Juba war bis dahin überhaupt nicht beachtet worden. Doch nun trat er – eine unerhörte Dreistigkeit für einen Ausgestoßenen! – vor den Stammesrat hin und forderte laut für sich das Recht, der Jäger zu sein, »der den ersten Speer führt«.

Einige der älteren Männer wollten Juba auf der Stelle hinauswerfen lassen. Doch der Häuptling besänftigte sie. Ihm hatte Jubas Vater bereits berichtet, daß sein Sohn sich nicht nur allein ins Dinka-Land gewagt, sondern auch ohne jede Hilfe das Elefantenrudel hierher gebracht hatte. Außerdem wollte der Häuptling dem Enkel des großen Zauberers Gweka wohl. Dessen Familie besaß im Stamm viele Anhänger, mit denen es der Häuptling nicht verderben wollte. Er wußte die heftig ausbrechende Diskussion geschickt dahin zu lenken, daß schließlich nur noch die Frage zur Debatte stand, ob ein junger Mann, der bei der Mannbarkeitsprobe versagt hatte, notwendigerweise auch bei der Jagd versagen müsse und etwa vor dem angreifenden Elefantenbullen davonlaufen würde.

»Ich hatte den Eindruck«, berichtete Samuel Baker, »daß es bei den Nuern zwei Parteien gab. Die eine, von dem Häuptling geführt oder doch unterstützt, wollte offenbar die alte, blutige und schmerzhafte Mannbarkeitsprobe durch eine Symbolhandlung ersetzen und das Hauptgewicht auf eine Bewährungsprobe bei der Jagd und im Krieg legen, was der Realität gewiß mehr entsprach. Die andere, deren Wortführer der Priester und die Mehrheit der älteren Krieger waren, wollte am geheiligten Brauch nichts geändert wissen. Jubas Fall bedeutete also für das Leben und die Verfassung des Stammes mehr als nur ein zufälliges Ereignis ohne weitere Folgen als die einer fleischbringenden Elefantenjagd. Ich glaube, wir wurden hier unversehens Zeugen eines Vorgangs, der einiges darüber aussagt, wie es im Leben der überall sehr konservativen Jägervölker zu Veränderungen, ja zu Fortschritten kommen kann.«

Die Debatte des Stammesrates endete damit, daß man Juba erlaubte, diese Jagd anzuführen, und daß sein Vater derjenige sein sollte, »der den zweiten Speer führt«. Dies bedeutete: Vom Ausgang dieser Jagd hing es ab, ob der Name der Sippe, der Juba und sein Vater angehörten, beim Stamm der Nuer auch in Zukunft mit Achtung genannt wurde.

»Florence und ich hatten uns einen hohen und breiten Termitenhügel gesucht, von dessen Spitze aus wir das Gelände dieser schicksalhaften Jagd mit dem Fernglas bequem überblicken konnten«, heißt es in Bakers Schilderung. »Das Rudel rastete im Schatten eines Akaziengehölzes, etwa vierhundert Schritte von unserem Standort entfernt. Es dauerte jedoch eine gute Weile, bis wir die Jägergruppe ausgemacht hatten, so gut hatten sich die sieben Männer getarnt. Es galt ja für sie, unbemerkt so nahe wie möglich an ihre Beute heranzukommen.

›Warum sind es nur sieben‹, fragte Florence. ›Warum sind nicht alle Jäger des Stammes dabei? Nur damit dem armen jungen Burschen dort seine Bewährungsprobe so schwer wie möglich gemacht wird?‹
›Nein, wenn ich den Häuptling richtig verstanden habe, greift bei den Nuern immer nur eine Siebenergruppe einen Elefantenbullen an‹, sagte ich. ›Sie sind echte Jäger und deshalb bereit, ihrer Beute eine faire Chance zu geben. Deshalb gehört es für sie auch zum strengen Jagdbrauch, daß der Anführer der Jagd, wenn er zum Angriff ansetzt, laut ruft: ›Ich greife an.‹ Dies ist nicht nur als Signal für die Jagdgenossen zu verstehen. Es richtet sich auch und vor allem an den Elefanten. Er soll sich nicht ungewarnt einem gefährlichen Feind gegenübersehen.‹
Zu einer Elefantenjagd solcher Art gehört großer Mut und eine Todesverachtung, die ich in Afrika anderswo kaum gefunden habe«, fährt Bakers Bericht über Jubas Bewährungsprobe fort. »Der Jagdspeer der Nuer ist nur etwa viereinhalb Fuß lang und die Haut eines Elefanten zu dick, als daß man das Tier mit einem Wurfspeer ernstlich verletzten könnte. Deshalb muß sich der Jäger mit seiner Waffe so nahe wie möglich an seine Beute heranwagen – also auf etwa drei bis vier Fuß Entfernung, damit der Speer im Stoß tief eindringt und lebenswichtige Organe trifft, und selbst dies reicht oftmals nicht aus, sondern reizt das eingekreiste Tier nur zu noch heftigerer Gegenwehr.
›Der Bulle scheint ziemlich schlechter Laune zu sein‹, sagte Florence Baker, nachdem sie das rastende Rudel durch das Fernglas beobachtet hatte. ›Offenbar peinigen ihn seine Brandwunden sehr, denn er behandelt sogar die Kälber ziemlich unwirsch, wenn sie ihm beim Spiel zu nahe kommen. Das haben wir sonst bei Elefanten noch nie beobachtet. Juba wird das wohl auch nicht entgangen sein. Man kann's ihm kaum verübeln, daß er mit seinem Angriff so lange zögert. Wir hocken nun immerhin schon mehr als eine Stunde auf diesem Termitenhügel, und der ist nicht gerade ein bequemes Plätzchen in dieser Glutsonne.‹«
Baker nahm ihr das Fernglas aus der Hand. Er konnte nun sehen, daß sich die anderen sechs Jäger in einem Halbkreis unter dem Wind ganz nahe an das Rudel herangepirscht hatten. Die Spannung des Jagdfiebers packte auch ihn, denn er war selbst ein passionierter Großwildjäger. Plötzlich reichte er seiner Frau das Glas zurück. »Jetzt gib acht!«

Der Bulle hatte sich aus dem Akazienschatten gelöst und sich in lässigem Schritt ein Stück von der Herde entfernt – auf die Stelle zu, wo Juba im Gras hockte. Dabei hob das Tier witternd den Rüssel in die Luft und ließ seine Ohren spielen. Juba wartete, bis der Elefant nur noch etwa zehn Schritte von seinem Versteck entfernt war. Dann sprang er hoch empor, schwenkte seinen Speer, und sein Jagd- und Kriegsruf gellte über die Steppe: »Ich greife an!«

Das Rudel setzte sich aufgeschreckt in Galopp und flüchtete dem Strom entgegen. Der Bulle aber blieb stehen. Er ließ ein kriegerisches Trompeten hören und tanzte, irritiert auf der Stelle tretend, vor der Gestalt hin und her, die bald vor-, bald zurückgleitend auf ihn eindrang und mit dem Speer auf seine Augen zielte.

Nun preschte das gewaltige Tier zum Angriff vor. Juba wich schleunigst zurück. Zugleich aber sprangen seine sechs Jagdgenossen, die sich während des einleitenden Geplänkels unbemerkt ganz nahe herangepirscht hatten, aus dem Gras auf und suchten mit den Speerklingen die Vorderbeine des Elefanten zu treffen. Der Bulle fuhr erbost nach rechts herum, um sich gegen den Flankenangriff zu wehren. Sofort flüchteten drei Jäger aus der Reichweite seines Rüssels. Die drei anderen jedoch drangen von links weiter auf ihn ein, und Juba stieß von der Seite her mit dem Speer nach seinen Augen.

Der Elefant wirbelte herum. Juba wich blitzschnell zehn Schritte zurück und wartete, den Speer in Schulterhöhe stoßbereit haltend. Der Bulle setzte sich nach kurzem Zögern gegen Juba in Bewegung. Doch schon nach dem ersten Schritt brüllte er auf, und sein linkes Vorderbein knickte ein, denn dort hatten ihn die Speerstöße der drei anderen Jäger getroffen. Der Elefant kam sofort wieder hoch und jagte den fliehenden Angreifern nach. Dabei hinkte er schon merklich.

In seinem zornigen Vorstürmen bemerkte der Bulle jedoch nicht, daß nun die vorhin geflüchteten drei Jäger von rechts her wieder vorpreschten. Einer von ihnen – Baker erkannte durch das Fernglas Jubas Vater – sprang neben dem Tier in die Höhe und stieß nach dessen Ohr. Er traf nur die Lappen, nicht die Ohrhöhle selbst, erreichte damit aber, daß der Bulle sich aufs neue umwandte und auf Juba losging, der ihm, den Speer lauernd erhoben, gefolgt war.

»Warum versuchen die Jäger nicht, dem Elefanten den Speer ins Herz zu stoßen, wenn sie sich schon so nahe an ihn heranwagen«, fragte Florence Baker. »Das würde die Jagd und die Angst und Qual des Tiers doch erheblich abkürzen.«

»Das ist ein naheliegender Irrtum«, belehrte sie Baker, ohne die Augen von den Jägern und ihrer Beute zu lassen. »Das Herz liegt sehr tief im Leib des Elefanten, und selbst wenn der Speer es voll träfe, würde das Tier den Kampf noch lange mit unverminderter Wut fortsetzen. Nein, die Jäger müssen versuchen, das Tier in die Knie zu zwingen, damit an seinen Kopf heranzukommen ist. Nur dort ist es so zu treffen, daß der Tod schnell eintritt: entweder mit einem Stoß durch den Gehörgang ins Hirn oder durch eine nur faustgroße Stelle mitten in der Stirn, etwa vier Finger breit über Augenhöhe. Dort ist ein Loch im dicken Knochen der Stirn, so daß ein Speer tief ins Gehirn eindringen kann. Aber dieser empfindliche Punkt wird durch den beweglichen Rüssel gut geschützt. Erst wenn die Jäger das Tier auf die Knie gebracht haben, können sie versuchen, auch seinen Rüssel zu lähmen. Dies wird jetzt wohl ihr Ziel sein.«

Der alte Bulle focht über eine Stunde lang tapfer gegen seine Bedränger. Er schlug einem der Jäger mit seinem Rüssel den Speer aus der Hand und verwundete zwei der Angreifer durch Rüsselschläge so sehr, daß sie ausscheiden mußten. Doch die vier restlichen setzten unbeirrt ihre Angriffe gegen die Vorderbeine des Elefanten fort. Schließlich hatten sie erreicht, was sie wollten: Der Bulle schwankte und brach in die Knie. Sein Gesicht berührte dabei fast den Boden, so daß der Rüssel für einige Sekunden außer Gefecht war.

Diesen günstigen Augenblick nutzte Jubas Vater. Er sprang hinzu und stieß seinen Speer durch den Rüssel, so daß dieser an die Erde geheftet war. Auch Juba ließ sich die Gunst des Augenblicks nicht entgehen. Er wußte, der Bulle würde seinen Rüssel sofort wieder durch einen mächtigen Ruck befreien und dann wieder auf die Beine kommen. Er glitt zwischen die Stoßzähne, die den Boden berührten, hob seinen Speer mit beiden Händen hoch über den Kopf und drückte ihn mit seinem ganzen Körpergewicht in die Stirn des Elefanten. Die Waffe glitt weit über ihre Spitze hinaus in den Schädel. Juba ließ den Schaft los und sprang zurück.

In diesem Augenblick warf der Elefant seinen Schädel mit einem gellenden Schrei zur Seite. Der linke Stoßzahn stieß mit der Innenseite gegen Jubas Brust und warf den Jungen zu Boden. Aber die Gefahr war vorüber, denn im nächsten Augenblick starb der Elefant mit einem weiteren wilden Schrei.

Florence Baker ließ mit einem erleichterten Aufseufzen das Fernglas sinken. »Ich hätte nicht gedacht, daß er das wagen würde«, sagte sie. »Aber er hätte es wohl kaum dürfen, wenn ihm die anderen nicht die Gelegenheit zu diesem letzten, entscheidenden Angriff geschaffen hätten. Gilt er nun als gerechtfertigt?«

»Ich denke, ja«, antwortete Baker. »Er hat standgehalten. Aber jetzt komm! Laß uns gehen und nachsehen, ob wir den verwundeten Jägern helfen können.«

Sie erreichten den toten Elefanten, kurz bevor die Fleischholer sich mit Messern und Körben dort einfanden, um die Beute zu zerlegen und ins Dorf zu schaffen. Und hoch oben am Himmel kreisten bereits die Geier, um Nachlese zu halten, wenn die Menschen sich wieder entfernt hatten. Es würde eine große Fleisch- und Freßorgie geben – drüben in Jubas Dorf für die Nuer und hier in der Steppe für Geier und Hyänen. Abseits des fröhlich schwatzenden Schwarms der Fleischholer stand Juba allein da. Er wartete – wartete auf den Häuptling und den Rat der Ältesten, der gemessen vom Dorf über die Steppe herankam. Der Häuptling selbst zog Jubas Speer aus dem Schädel des Elefanten und gab ihn dem Ältesten der Alten. Mit dem blutigen Speer über der linken Schulter schritt der alte Mann auf Juba zu, legte ihm feierlich die rechte Hand auf die Schulter, bekleidete ihn mit seinem eigenen Leopardenfell und reichte ihm den Speer, der den Tod des großen Elefantenbullen besiegelt hatte. So konnten alle Anwesenden – die Alten, die Krieger und Jäger, die Frauen und Kinder – sehen und unmißverständlich erkennen, daß Juba die Bewährungsprobe bestanden hatte und trotz seines Versagens bei dem schmerzhaften Ritual der Jugendweihe als vollgültiger Mann und Krieger anerkannt war.

Erinnerung an Rio Gonzalo

Im Zimmer des alten Herrn, der viele Jahre hindurch im Hause meiner Eltern wohnte und von mir Onkel Alfred genannt wurde, hing inmitten ausländischer Kuriositäten wie Kaffernspeeren, Muschelhörnern und anderen Andenken an die Weltfahrten eines weitgereisten Mannes auch eine altersgebräunte Fotografie. Sie zeigte eine junge Frau im Kostüm der Jahrhundertwende, die mit einer liebreizenden Mischung von Ernst und Schelmerei über den Kopf eines kleinen Kindes hinweg den Betrachter anblickte.

Ich habe diesem Bild erst Aufmerksamkeit geschenkt, als ich den Kinderschuhen bereits entwachsen war. Vorher lockten mich verständlicherweise die fremdländischen Seltsamkeiten mehr an. Quer über das untere Drittel des Bildes waren mit einer kindlich anmutenden Handschrift in englischer Sprache die Worte geschrieben: »Gott segne und behüte meinen Tom! In Liebe: Gwen.« Diese Inschrift fiel mir eines Tages auf. Denn auf Onkel Alfred konnte sich die Widmung nicht beziehen. Warum also gönnte er diesem Bild einen Platz unter seinen Andenken aus Übersee, von denen jedes, wie ich wußte, irgendeinen besonderen Bezug auf sein Leben hatte?

Ich fragte ihn danach. Und nach einigem Sträuben – denn er hatte stets Bedenken, mir von seinen Erlebnissen in fremden Erdteilen zu erzählen, weil er mir, wie er sich ausdrückte, »keine Raupen in den Kopf setzen wollte« –, nach einigem Sträuben also antwortete er: Ja, auch dieses Bild hat eine Geschichte, die mich angeht. Es ist mein einziges Andenken an die vier Jahre, die ich in Brasilien verbracht habe.

Ich glaube, ich habe dir schon einmal erzählt, daß ich mich in Brasilien einmal als Diamantenhändler versucht habe. Von der ganzen Plackerei mit diesem Geschäft und mit meinem Teilhaber Dom Gracioso ist mir schließlich nichts geblieben als dieses Bild.

Jene junge Frau dort habe ich nie gesehen; das hast du richtig vermutet. Doch dem Mann, dem das Bild gewidmet ist, bin ich begegnet. Tief drinnen im Innern Brasiliens lernte ich ihn kennen, am Oberlauf des Rio Francisco, in einem Nest, das den verdrehten Namen Rio Gonzalo de

Sa Pucahi führt. Er war einer der zahllosen Diamantensucher, die damals in den brasilianischen Bundesstaaten Minas Geraes, Goyaz und Matto Grosso nach Edelsteinen suchten. Eine verwegene Bande war das – seltsame Burschen darunter, deren Gesichter man nie vergißt.
Wir – mein Teilhaber im Diamantenhandel, Dom Gracioso hieß der Lump, und ich – wir kamen in Rio Gonzalo gerade an, als sich dort ein Trupp fündig gewordener Diamanteros aufhielt. Nun mußt du wissen, daß die gesegnete Stadt Rio Gonzalo damals aus ein paar Bretterbuden bestand, die zwischen Urwald und Strom auf einer Lehmbank wie Vogelnester klebten. Fünf von diesen sechs Buden nannten sich Hotel. Ihre Besitzer lauerten wie Spinnen im Netz auf Beute – auf die Diamantensucher, die hierher kamen, um ihre Funde zu verkaufen, Vorräte für einen neuen Streifzug durch den Urwald einzuhandeln und sich ein paar gute Tage zu machen. Diese Tage bestanden zumeist darin, daß sie den Erlös aus ihren Edelsteinfunden mit Glücksspiel, Schnaps und den Frauenzimmern vergeudeten, die die letzte Bude von Rio Gonzalo bevölkerten. Waren ihre Taschen leer, dann zogen sie fast immer tief bei den Gastwirten verschuldet wieder in den Dschungel hinaus.
Damals, als ich Tom kennenlernte, war Dom Gracioso zum erstenmal mit mir ins Innere gereist. Ihm lagen die Geschäfte in den Kontoren und Cafés von Rio mehr. Den beschwerlichen Teil des Diamantenhandels überließ er liebendgern mir. Deswegen wußte er vom Leben eines Diamanteros nichts, und die Haare stiegen ihm zu Berge, als er am ersten Abend nach unserer Ankunft zusah, wie Tom und seine Genossen mit ihrem Geld umgingen – mit dem »lieben Geld«, das für Dom Gracioso der Inbegriff der Seligkeit war.
Ja, da saßen die Diamanteros an den Tischen und spielten um Einsätze, deren Höhe selbst einen so hartgesottenen Haifisch wie Gracioso erblassen ließ. Und dabei machten die Kerle so gleichmütige Gesichter, als ob sie Schwarzer Peter um türkische Bohnen spielten. Doch wenn man genau hinschaute, sah man die Spuren der Urwaldmonate auf ihren Gesichtern, in den harten Linien um den Mund und im fiebrigen Glanz ihrer trüben Augen. Denn das Diamantensuchen im brasilianischen Dschungel war dazumal keine Lustpartie und wird es wohl auch heutzutage nicht sein, obwohl sich die Methoden geändert haben.

Wer sich darauf einließ, lernte die Urwaldhölle von ihrer schlimmsten Seite kennen: Malaria, Hunger, Durst, Schlangen, Hitze, Darmkrankheiten, feindselige Eingeborene und heimtückische Konkurrenten. Denn bei dem Kampf um die Diamanten, die man aus den Flüssen und Bächen im Urwald holte, war einer des anderen Teufel. Gesetz und Richter waren weit entfernt; das einzige Gesetz, dem sich alle beugten, hieß: Halte, was du hast, und sieh zu, daß du noch mehr bekommst – auf welche Weise, ist gleichgültig.

Noch schlimmer als all dies war vielleicht die Einsamkeit, die schreckliche Verlassenheit des Menschen in der pfadlosen Weite des Dschungels. Wer sie und die andern Qualen noch dazu erfahren hatte, der hatte das Lachen verlernt und keinen Sinn mehr für das, was den Menschen eigentlich zum Menschen macht. Und da sie genau wußten, daß sie in die Hölle immer wieder zurückkehren mußten – denn verschuldet waren sie, wie gesagt, alle, und außerdem hielt jeder von ihnen zäh an dem Traum fest, ihm werde eines Tages der ganz große Fund glücken –: weil sie das wußten, versuchten sie aus den kurzen Rasttagen in Rio Gonzalo jeden nur möglichen Tropfen Vergnügen herauszupressen oder das, was sie darunter verstanden.

Am Morgen nach diesem wilden Abend in Rio Gonzalo kam Dom Gracioso aufgeregt in mein Zimmer und sagte: »Komm doch mal heraus auf die Veranda! Da sitzt dieser Kerl, Tom heißt er, glaube ich – er muß gestern abend beim Poker ein Vermögen gewonnen haben –, ja, da sitzt er auf dem Geländer und wirft sein Geld ins Wasser!«

Ich ging mit ihm hinaus, und richtig: Da saß Tom auf der Brüstung und ließ aus einer Handvoll Silberstücke eines nach dem anderen – plopp, plopp, plopp – ins Wasser fallen. Er lächelte dabei versonnen wie ein Kind, das sich ein besonders reizvolles neues Spiel ausgedacht hat.

»Hast du so etwas schon mal gesehen«, flüsterte Dom Gracioso.

»He du«, rief er Tom zu, »diese silbernen Vögelchen wachsen aber nicht auf Bäumen!«

Tom drehte sich gemächlich zu uns um. Auf seinen Zügen lag ein sonderbares Lächeln. Ich sah erst jetzt, daß es wie gefroren, wie eine lichte Maske über einem unergründlichen dunklen Abgrund voll Trauer und Grauen lag.

»Nein, auf Bäumen wachsen sie nicht«, sagte er langsam. »Aber da, wo wir sie herholen, liegen sie im Wasser, unterm Sand und im Dreck. Deshalb werf' ich sie dahin, wohin sie gehören.«
Dom Gracioso ging hastig auf ihn zu. Wollte er Tom etwa bitten, ihm das Geld zu geben, statt es ins Wasser zu werfen? Das hätte Dom Gracioso ähnlich gesehen! Ich schämte mich für ihn, denn der junge Diamantero gefiel mir. Sein traurig lächelndes Gesicht war offen und gut und noch nicht vom Suff und vom Tropen- und Diamantenfieber verdorben.
»Paßt mal auf«, sagte Tom und lächelte weiter sein starres Lächeln. »Dies Spiel ist hübsch, sehr hübsch!« Und – plopp! – fiel das nächste Silberstück ins Wasser.
Wir traten nahe an das Geländer und blickten auf den Fluß hinab. Das Hotel stand auf eingerammten Pfählen in der Lehmbank über der Bucht, die der Strom hier bildete. Das Wasser lag ruhig da und glänzte durchsichtig blau wie ein reiner Türkis zu uns herauf. Auf dem weißen Sand des Grundes lagen bereits einige Dutzend Silberstücke und blinkten in der Sonne. Ein paar gelbe Fischchen schwammen spielend über sie hin – Piranhas, die Hyänen der Urwaldströme! Bei denen war das Geld sicherer aufgehoben als in der Staatsbank von Rio!
Plopp! Ein weiteres Silberstück fiel hinab und glitt schaukelnd auf den Grund. Ich hörte Dom Gracioso stöhnen. »Mit einem Schmetterlingsnetz könnte man sie herausfischen«, zischte er mir zu.
Ich lächelte verächtlich und schaute zu Tom hinüber, ob auch er Graciosos schamlose Geldgier bemerkte. Er zwinkerte mir zu, und ich gab dieses Zeichen lächelnd zurück, um ihm zu sagen: Ich verstehe dich, Kamerad! Spiele du nur das Spiel weiter, das dich erfreut!
Er schien mich verstanden zu haben, denn plötzlich kam er zu uns und sagte: »Sechs auf einmal – das macht sich noch hübscher! Paßt mal auf!«
Und er ließ die Silberstücke in einer breiten Garbe flach aufs Wasser schnellen, so daß die Piranhas aufgeregt hin- und herfuhren.
Dom Gracioso wand sich bei dem Anblick, als ob er Bauchweh hätte. Ich mußte an mich halten, um nicht laut herauszulachen bei diesem Anblick.
»Hier«, sagte Tom zu Gracioso und drückte ihm gewaltsam ein Silberstück in die Hand. »Hier, nimm und spiel mit!«
Es war spaßig anzusehen, wie sich Gracioso wand. Das Geldstück schien

an seinen Fingern zu kleben. Schweiß trat ihm auf die Stirn. In seinem Blick war echte Verzweiflung zu lesen.

»Wirf«, sagte Tom hart. Da ließ Gracioso die Münze fallen, doch als sie ihm schon entglitten war, griff er unwillkürlich nach, wie ein Kind, dem aus Versehen sein Taschenmesser aus der Hand fällt.

Sechzig Silbermünzen warfen wir gemeinsam ins Wasser und sahen zu, wie sie blinkend, von Piranhas umspielt, auf den Grund fielen. Dom Gracioso wurde immer blasser. Schließlich lehnte er sich auf: »Ich kann dieses sündhafte Treiben nicht länger ansehen«, sagte er salbungsvoll. Tom lachte auf und ließ ein ganzes Schauer von Silberstücken ins Wasser hageln.

»Sie müssen mit Ihren Diamanten ja ein Vermögen aus dem Busch geholt haben«, sagte Gracioso neidisch.

Der Diamantero blickte ihn sonderbar an. Sein Gesicht, das sich während des Spiels mit den Münzen entspannt hatte, nahm aufs neue seine maskenhafte Starrheit an. Diesen Blick, in dem sich wilder Schmerz und ingrimmige Heiterkeit sonderbar mischten, werde ich nie vergessen.

»Ja, viel Geld habe ich«, sagte Tom langsam. »Aber das, was hier drin ist, ist mehr wert als Silber, Gold und Diamanten, so denke ich jedenfalls!« Und damit zog er aus seiner Brusttasche ein längliches, etwa zollstarkes Päckchen, das in gelben wasserdichten Stoff eingeschlagen und versiegelt war. Es nahm sich aus wie ein besonders sorgfältig verpacktes Bündel Banknoten.

Dom Gracioso stieß einen Pfiff aus, und auch ich konnte mich eines leisen Anflugs von Neid nicht erwehren.

»Ja, das ist mein kostbarster Besitz«, fuhr Tom fort. »Und nun möchte ich euch um einen Gefallen bitten. Nehmt dies Päckchen mit nach Rio, und hebt es für mich auf. Fordere ich es nach drei Jahren nicht zurück, gehört es euch. Dann haben mich der Urwald und die Diamantensuche gefressen!«

»Und wenn wir dich nun betrügen«, fragte ich.

Er sah mich lange und fest an und sagte gelassen: »Du bestimmt nicht.« Nie hat mir ein Wort des Lobes so wohl getan wie dieses aus dem Mund eines vagabundierenden Diamanteros. Ich nahm das Päckchen an mich, noch ehe Gracioso seine Hand danach ausstrecken konnte.

»Und wie heißt du mit vollem Namen«, fragte ich Tom.
Er lächelte melancholisch. »Meinen Namen brauchst du nicht zu wissen. Wenn ihr das Päckchen öffnet, werdet ihr schon sehen, was es mit mir auf sich hat. Good bye, boys!«
Damit ließ er uns allein. Am Nachmittag brach er mit den anderen Edelsteinsuchern erneut zum Oberlauf des Rio Francisco auf.

Pünktlich nach drei Jahren erinnerte mich Dom Gracioso an das Päckchen, das ich sofort nach unserer Rückkehr im Safe einer Bank deponiert hatte, um Dom Gracioso nicht unnötig in Versuchung zu führen.
»Was meinst du, wieviel drin ist?« fragte er mich gierig, als ich die Hüllen und Siegel bedächtig entfernte. »So beeile dich doch.«
»Da!« Ich streckte ihm mit einer gewissen Schadenfreude ein flaches Silberetui entgegen, in dem nichts als dieses Bild und ein Brief aufbewahrt waren. Der Brief, vom Anfang jenes nun drei Jahre zurückliegenden Jahres datiert, war ein amtliches Schreiben aus der nordamerikanischen Stadt Galveston, in dem dem Matrosen Thomas Manning mitgeteilt wurde, seine Frau Gwendolyn und sein Töchterchen Christabel seien bei einem Tornado, der die Stadt heimgesucht hatte, umgekommen.
»So ein Schwindler«, hörte ich Dom Gracioso sagen, während ich den kurzen Brief noch einmal überlas. »So ein lausiger Schwindler!«
Ich nahm das böse Wort kaum wahr. Ich hatte plötzlich wieder die Worte im Ohr, die Tom in Rio Gonzalo gesprochen hatte, bevor er mir das Päckchen aushändigte: »Dies ist mein kostbarster Besitz...« Und: »Was hier drin ist, ist mehr wert als Silber, Gold und Diamanten, denke ich jedenfalls.«
Ich hörte Dom Gracioso fluchend die Hüllen des Päckchens zerfetzen und nahm vorsichtshalber das Bild an mich. »Nun ist es genug, Gracioso«, wies ich ihn zurecht. »Davon versteht ein Kerl wie du nichts.«
Er sah mich verständnislos an und ging hinaus. Ich aber saß noch lange vor dem Bild und betrachtete das Antlitz dieser jungen Frau und sah daneben das klare, anständige Gesicht Toms mit seinem starren Lächeln, das wie eine lichte Maske über einem dunklen Abgrund voll Trauer und Grauen lag. Es schien mir, als wolle das Gesicht mir etwas sagen – etwas, das für mich sehr wichtig war.

Damals konnte ich jedoch noch nicht erfassen, was in diesem von Schmerz verdunkelten, starren Gesicht zu lesen stand. Die Diamanten hielten auch mich noch allzu fest. Erst später habe ich Toms Botschaft verstanden: Er war als Diamantero in den Dschungel gegangen, um schnell reich zu werden für die Frau, die er liebte. Im Reichtum, glaubte er wohl wie so viele und wie auch ich lange Jahre meines Lebens, im Reichtum liege das Glück beschlossen. Und er wollte seine Frau und sein Kind glücklich machen. Welcher Liebende will das nicht! Doch auf der Jagd nach diesem Glück hatte er Monate, vielleicht sogar Jahre des einzigen reinen und wirklichen Glücks vergeudet, das den Liebenden auf dieser Erde gegönnt ist: das Glück beieinander zu sein!

»Und warum hast du das Bild mit den anderen Dingen, die dir wertvoll sind, hier aufgehängt, Onkel Alfred«, fragte ich ihn.

»Ich weiß nicht, ob du das schon verstehst«, sagte er schwerfällig. »Ich habe es aufbewahrt und schließlich dort aufgehängt – einmal als eine Erinnerung an Rio Gonzalo und meine brasilianischen Jahre; vor allem aber, damit es mich immer daran denken läßt, daß es lebenswertere Dinge auf dieser Erde gibt als Geld.«

Das Paradies der Piraten

Die Bahama-Inseln gelten heute als eines der schönsten Ferienparadiese dieser Welt. Sanft bewegte Palmen über weißem Sand und stillem, blauem Meer, sorglose, gastfreundliche Bewohner erwecken die Illusion, als sei hier eine Insel des Friedens inmitten einer friedlosen Welt zu finden. Daß diese Inselgruppe und namentlich ihre Hauptinsel Providence einmal der Sammelplatz mordlustiger Seeräuber, ein wahres Paradies der Piraten war, ist längst vergessen. Böse Zungen behaupten, an diese Piratenvergangenheit erinnerten nur noch die räuberisch überhöhten Preise in Hotels, Gaststätten und Geschäften. Doch das stimmt nicht ganz: Am Haus des Gouverneurs spielt eine Inschrift darauf an – in gedrängter Kürze freilich und nur dem Kundigen verständlich.

Die Inschrift lautet: »Expulsis piratis restituta commercia.« Den Namen des Mannes jedoch, dem die Vertreibung der Piraten zu danken ist, erwähnt sie nicht, obwohl er ein solch bescheidenes Denkmal wohl verdient hätte. Dieser Mann hieß Woodes Rogers. Als er im Jahr 1718 die Aufgabe übernahm, die Bahamas von den Piraten zu befreien, wußte er, daß er dabei sein Ansehen als Seemann wie als Offizier aufs Spiel setzte – ein Ansehen, das er nicht zuletzt seinem Sieg über den berüchtigten Piratenkapitän Avery verdankte, den er vor Madagaskar zur Strecke gebracht hatte.

Aber Averys Geschwader hatte nur aus drei Schiffen mit wenig mehr als hundert Mann Besatzung und vierzig Kanonen bestanden. Was Rogers vor sich sah, als er am 24. Juli 1718 mit seinen drei kleinen Kanonenbooten an der Barre vor der Hafenbucht von Nassau auf Providence erschien, nahm sich viel bedrohlicher aus. Im klaren blauen Wasser der Bucht wiegten sich annähernd hundert Schiffe unterschiedlicher Größe, von der Schaluppe bis zum Dreimaster. Jedes Schiff war – das konnte Rogers durch sein Fernrohr deutlich erkennen – stark bewaffnet. Rechnete er für jedes dieser Schiffe nur eine Besatzung von zwanzig Mann, dann ergab sich, daß er sich der größten Ansammlung von Piraten gegenübersah, die sich jemals an einer Stelle zusammengefunden hatte. Und er konnte diesen gut zweitausend Seeräubern, die sämtlich erprobte Säbel- und Messerhelden und verwegene Seeleute waren, nur einhundertzwanzig Mann entgegenstellen, deren Kampfgeist selbst ein Optimist nicht allzu hoch einschätzen durfte.

Auf jeden Fall konnte Rogers mit dieser Truppe und seinen drei kleinen, schwach bestückten Schiffen einen blitzartigen Überfall auf die Piraten von Nassau nicht wagen. Nur ein solcher Überraschungsangriff aber hätte die Seeräuber überrumpeln können. Dieser verbot sich für Rogers jedoch nicht nur wegen der Schwäche seiner Truppe. Die Piraten wußten, warum sie die Bahamas seit vielen Jahren besetzt hielten.

Der Hafen von Nassau war nicht nur schön und bequem. Er lag auch nahe beim meistbefahrenen Seeweg der damaligen Zeit, der günstigsten Route des Verkehrs zwischen Mittelamerika und Spanien. Und vor allem: Nassau war leicht zu verteidigen. Unterwasserriffe vor seiner Küste und die Barre vor seinem Hafen Providence schreckten jeden ab, der diese Gewässer nicht genau kannte. Diese Vorzüge hatten die Piraten bestimmt, hier ihren Stützpunkt zu suchen, nachdem ihnen alle anderen im Karibischen Meer verlorengegangen waren.

Auf diese Seefestung gestützt, führten sie ihre Raubzüge mit immer größerer Dreistigkeit aus. Mit ihren zumeist kleinen, wendigen Schiffen machten sie Jagd auf die Handelsschiffe aller Nationen. Wo sie auf Widerstand stießen, metzelten sie ganze Besatzungen nieder. Aber sie scheuten sich auch nicht, in geschlossenem Flottenverband offene Hafenstädte zu überfallen. Sie hatten die Azoren so gut wie die Landenge von Panama, die Küsten von Carolina wie die von Surinam heimgesucht. Waren ihre Laderäume mit Raubgut gefüllt, kehrten sie gemächlich zur Insel Providence zurück. Hier ließen sie sich's wohl sein, bis die Beute auf den Markt gebracht war und ihre Anführer aufs neue über Land- und Seekarten brüteten, um Pläne für weitere Plünderungen auszuhecken.

Mit dieser gut bewaffneten »Flotte der Gesetzlosen« wollte Kapitän Woodes Rogers nun anbinden, um ihr das blutige Räuberhandwerk ein für allemal zu legen. Nur um dies zu erreichen, hatte er das Angebot der britischen Krone angenommen, als Gouverneur auf die Bahamas zu gehen.

Volles Zutrauen durfte er dabei nur zu seinem anschlägigen Kopf und seinen eisernen Nerven haben, denn von seinen drei Kanonenbooten standen ihm zwei lediglich für eine Woche zur Verfügung. Und ob es bei den Piraten irgendwelche Wirkung zeitigen würde, daß er Vollmacht hatte, den Amnestie-Erlaß der Krone zu erneuern, mußte sich erst noch herausstellen. Nach den Erfahrungen von 1716 war damit nicht zu rechnen.

Rogers hatte die Aufgabe, vor der er jetzt stand, nicht aus persönlichem Ehrgeiz gewählt. Ansehen und Gehalt eines Gouverneurs lockten ihn nicht sonderlich, denn er besaß ein Vermögen, das ihm und seiner Familie einen behaglichen Wohlstand gestattete. Aber er war mit Leib und Seele Seemann. Deshalb verabscheute er die Piraterie, weil sie Seefahrt und Seewege unsicher machte, und haßte sie, wie ein Seemann etwa Riffe und Sandbänke haßt: leidenschaftslos, aber dauerhaft. Sich moralisch über sie zu ereifern wäre ihm nie eingefallen. Das wäre in seinen Augen Heuchelei gewesen, denn er war selbst unter der Kaperflagge gefahren. Innerlich gespannt, aber ruhig, ließ er, sobald die Anker in den Meeres-

grund gegriffen hatten, auf seinem Schiff die Flagge des Gouverneurs hissen. Wenn seine Gegner von morgen dieses Zeichen als Warnung begriffen, um so besser für sie!
Die Seeräuber von Nassau hatten das Signal verstanden. Das zeigte sich, als sich gegen Sonnenuntergang ein winziges Segelboot vom Strand der Hafenbucht löste und vor der Abendbrise elegant durch eine der Passagen in der Barre auf das Schiff zuglitt, das die Flagge des neuen Gouverneurs zeigte.
Rogers beobachtete die Manöver des Bootes mit Kenneraugen und hatte seine Freude an ihnen. Doch das hinderte ihn nicht, dem Führer des Seglers kühl entgegenzutreten, als dieser über die Jakobsleiter an Bord kam. Der Bootsführer, ein Mann mit Namen Richard Turnley, bezeichnete sich selbst als Hafenlotse. Höflich erbot er sich, das Schiff des Gouverneurs am nächsten Morgen durch die Barre zu bringen.
Rogers musterte ihn prüfend und erwiderte gelassen: »Gut! Aber das hätten Sie mir auch morgen früh noch mitteilen können. Sie haben also noch etwas auf dem Herzen. Nun?«
Es stellte sich heraus, daß Turnley einen Brief zu überbringen hatte. Rogers riß ihn auf und überflog den Inhalt sofort. Turnley zog sich währenddessen vorsichtig an die Reling zurück. Er wußte, was in dem Brief stand, und sah einen Wutanfall des neuen Herrn der Insel voraus. Verfasser und Absender des Briefes war Charles Vane, ein wegen seiner Verwegenheit und seines Räuberglücks bei den Piraten besonders beliebter und angesehener Kapitän. Vane war erst wenige Stunden vor Rogers' Ankunft von einem Raubzug nach Nassau zurückgekehrt. Als er an Land kam, traf er die anderen Piratenkapitäne in einer heftigen Auseinandersetzung an. Sie stritten darüber, wie man dem neuen Gouverneur begegnen sollte, der – wie sie aus Konfidentenmeldungen wußten – in Kürze zu erwarten war.
Die beiden geachtetsten Wortführer dieser Seeräuberrepublik, die Kapitäne Jennings und Hornigold, waren dafür, zunächst abzuwarten und dem neuen Herrn keine Schwierigkeiten zu bereiten, um ihn einzuschläfern und seine Schwächen herauszufinden. Vane wollte davon nichts wissen. Empört schrie er die Versammlung an: »Der Teufel soll den Schnüffler holen! Schickt ihn noch heute nacht auf den Meeresgrund!«

Die anderen Kapitäne lächelten nachsichtig. Sie wußten, weshalb Vane sich so wütend gebärdete. Er hatte eben erst eine höchst erfreuliche Prise in den Hafen gebracht: eine nagelneue, äußerst seetüchtige Brigantine aus La Rochelle, die bis obenhin mit bestem französischem Branntwein beladen war! Erlaubte man dem neuen Gouverneur, sein Amt ungehindert anzutreten, dann lief Vane Gefahr, daß Schiff und Ladung beschlagnahmt wurden.

Gewiß, es war schade, den schönen Cognac einzubüßen! Aber wichtiger war, sich mit dem neuen Gouverneur zunächst einmal gutzustellen, bis man herausgefunden hatte, ob er sich als zugänglich erwies oder den Unnahbaren spielen wollte. Sowohl Jennings wie Hornigold waren zuversichtlich, er werde zugänglich sein. Schließlich war Rogers, wie sie wußten, selbst unter der Kaperflagge ein großer Beutemacher gewesen.

»Solche Leute sind nachher, wenn sie satt sind, die ärgsten Tugendbolde«, schrie Vane. Er ließ sich nicht umstimmen, sondern setzte sich wutentbrannt hin und schrieb Rogers einen unverschämten Brief, in dem es unter anderem hieß: »Wenn Sie mir nicht gestatten, meine Prise, die Brigantine ›Gallante‹, zu behalten, werde ich Sie über den Atlantik nach England zurückjagen, bis sie den Himmel für einen Dudelsack halten.«

Er sorgte dafür, daß ganz Nassau den Inhalt seines Briefes erfuhr. An Land wartete infolgedessen alles gespannt darauf, wie der neue Gouverneur auf diese Herausforderung reagieren würde.

Noch ehe der Lotse Turnley von Bord gegangen war, erteilte Rogers ruhig seine Befehle. Der Signalgast gab sie durch Flaggenzeichen an die beiden anderen Kanonenboote weiter. Einige Minuten später setzte die »Milford« ihre Segel, öffnete ihre Stückpforten und legte sich vor die zweite Durchfahrt der Barre. Die »Rose« bezog gleichzeitig mit feuerbereiten Kanonen Position am Eingang der Hauptpassage.

Von Land aus beobachteten Hornigold und Vane dieses Manöver. Hornigold, ein rotblonder Hüne, der neben dem fast zwergenhaft kleinen Vane wie ein Turm wirkte, sagte lächelnd: »Es sieht nicht so aus, als ob sich der neue Herr von dir zum Narren halten läßt.«

»Ich mich aber auch nicht von ihm! Darauf kann er Gift nehmen«, erwiderte Vane bissig. Er winkte einem farbigen Jollenführer und ließ sich zu der französischen Brigantine rudern.

In der folgenden Nacht war es in Nassau im Gegensatz zu sonstigen Nächten ungewöhnlich still. Weder der grölende Gesang trinkfreudiger Seeräuber noch das Geschrei der Raufbolde war zu hören, die sonst am Strand vor den Augen sachverständiger, lärmender Zuschauer bei Fackelbeleuchtung ihre Streitigkeiten mit Fäusten oder Säbeln austrugen. Die Dünung des Atlantiks rauschte und schlürfte so eintönig gegen die Barre, daß die Wache des Kanonenboots »Rose« trotz aller Mahnungen des Kommandanten allmählich in Halbschlaf fiel.

Sie bemerkte deshalb ein wenig zu spät, wie sich gegen Mitternacht ein großer schwarzer Schatten durch das Dunkel schob und auf die »Rose« zubewegte, die die eine Durchfahrt sperrte. Es war die Brigantine »Gallante«, die unter vollen Segeln die offene See zu erreichen suchte. Oder wollte sie das Kanonenboot rammen?

Erst als die »Gallante« schon bedrohlich nahe war, rappelten sich die Leute auf der »Rose« auf. Einer sprang mit der Axt zur Ankerklüse und begann wie wild auf das Ankertau loszuhacken, um dem Schiff schleunigst die Manövrierfähigkeit zurückzugeben.

In diesem Augenblick schlug auf der Brigantine eine Flamme bis zu den Segeln empor. Sie erhellte die Nacht, und Rogers erkannte sofort, daß das Schiff unbemannt war! Piratenkapitän Vane hatte sich eine List ausgedacht, um aus Nassau zu entkommen, bevor der neue Gouverneur seine Herrschaft antrat. Er hatte seine Besatzung von der Brigantine heruntergenommen, nachdem alle ihre Segel gesetzt waren, und das Ruder festgelascht. Dann ließ er mittschiffs unter der Ladeluke Feuer legen, und nun trieb die »Gallante« brennend auf das Kanonenboot zu, das die Ausfahrt sperrte.

Sobald die Flammen in der Takelung emporschlugen, hißte auch die Korvette, deren sich Vane bei seinen Piratenfahrten bediente und die der »Gallante« wie ein Schatten gefolgt war, die Segel. Vane nahm an, daß man auf dem Kanonenboot nur Augen für die brennende Brigantine haben würde, so daß seine Flucht unbemerkt blieb.

Er hatte richtig gerechnet. Auf der »Rose« dachte man nur daran, das Schiff vor den Wind und aus der bedrohlichen Nähe des Branders zu bringen. Die Verwirrung steigerte sich noch, als das Feuer auf der »Gallante« das Pulvermagazin erreichte und die Explosion mit fürchter-

lichem Getöse brennende Segelfetzen, Bretter und Balkenstücke auf die »Rose« herabregnen ließ.
Die Mannschaft des Kanonenbootes bekam alle Hände voll zu tun, um die brennenden Trümmer zu löschen oder über Bord zu werfen. Der Kommandant konnte in dieser Lage gar nicht daran denken, der Korvette Vanes den Weg zu verlegen, die nun mit hoher Fahrt an der sinkenden »Gallante« vorbeischoß und in kürzester Zeit die offene See gewann.

Rogers hatte in dieser Nacht nichts unternehmen können, um den flüchtenden Piraten abzufangen. Er wußte auch nicht, was die Piraten an Land etwa noch mit diesem nächtlichen Spektakel bezwecken mochten. Trotzdem zögerte er nicht, in der Morgenfrühe seine drei Schiffe von dem Lotsen durch die Barre in den Hafen führen zu lassen.
Während ein Beiboot ihn zum Strand ruderte, sah er, daß die Piraten von Nassau sich dort bereits versammelten. Mit Entermessern, Säbeln, Pistolen und Musketen bewaffnet, reihten sie sich auf, um ihn zu empfangen. An der Bootslände begrüßten ihn die beiden Wortführer der Seeräuber: der rotblonde Hüne Hornigold, jovial und unbefangen lächelnd, und Jennings, der wie immer verkniffen und finster dreinblickte. Sie kamen ihm mit einer Höflichkeit entgegen, die er nicht erwartet hatte, jedoch sofort als den Ausdruck eines ausgeprägten Selbstbewußtseins deutete. Nach einem kurzen Gespräch nahmen sie ihn in die Mitte, um ihn in den Ort zu geleiten.
Die Piraten hatten unterdessen zwischen der Bootslände und den ersten Häusern eine Doppelreihe gebildet. Rogers erkannte, daß ihm eine Art Spießrutenlaufen zugedacht war. Aber er verlangsamte seinen Schritt nicht einen Augenblick, sondern er zwang sich sogar zu einem Lächeln. Dies erstarb freilich, als er die Gasse zwischen den beiden Piratenreihen betrat. In diesem Augenblick nämlich zogen alle Männer ihre Pistolen und hoben sie, die Finger am Abzugshahn, in Schulterhöhe.
Für einen Sekundenbruchteil fühlte sich Rogers versucht, diese bedrohliche Geste damit zu beantworten, daß er nach seiner eigenen Pistole griff. Wenn hier schon geschossen werden sollte, dann wollte er wenigstens den ersten Schuß abgeben, ehe die Kugelsalve der Seeräuberbande ihn in den Sand streckte. Im nächsten Augenblick ging ihm jedoch auf,

daß man ihn nicht ermorden, sondern nur einer Mutprobe unterziehen wollte, die sich als Begrüßungssalut tarnte. Jeder Pirat, an dem er vorüberschritt, feuerte seine Waffe in die Luft ab. Während das Geknatter ihm in den Ohren dröhnte, schritt er so gelassen wie möglich durch die Gasse. Ohne es zu wissen, gewann er damit den widerwilligen Respekt dieser Horde von Rauhbeinen. »Weiß Gott, Angst hat der nicht«, sagten sie nachher.

Am Ende der Gasse angelangt, drehte sich Rogers auf dem Absatz um, entrollte mit betonter Feierlichkeit den Amnestie-Erlaß des Königs und verlas ihn langsam, Satz für Satz sorgsam betonend. In diesem Erlaß wurde jedem Piraten, der der Seeräuberei jetzt abschwor, für alle vergangenen Untaten Straffreiheit zugesichert, sofern er sich nicht aufs neue der Piraterie schuldig machte.

Zu Rogers' Überraschung drängten sich nach der Verlesung alle anwesenden Piraten um ihn und unterzeichneten eine vorbereitete Urkunde, auf der sie durch ihre Unterschrift gelobten, das Seeräuberhandwerk aufzugeben und sich in Zukunft als ehrenhafte Bürger und Kolonisten auf den Bahama-Inseln niederzulassen.

Rogers mußte sich sagen, daß diese Bereitwilligkeit entweder vorgetäuscht oder nicht erst in dieser Stunde geboren war. Beides traf zu. Die Mehrzahl der Piraten unterzeichnete mit der Absicht, den Gouverneur erst einmal in Sicherheit zu wiegen, bis man wußte, was von ihm zu halten war und wie man ihm beikommen konnte – ob mit Gewalt oder mit Bestechung.

Eine nicht geringe Anzahl Seeräuber von Nassau meinte es mit der Unterwerfung jedoch ernst. Die Bedingungen der Amnestie waren ihnen nicht neu. Bereits 1716 hatte ein Kriegsschiff Nassau angelaufen, und dessen Kommandant war an Land gekommen, um ihnen den Amnestie-Erlaß des Königs bekanntzugeben. Er war ausgelacht und niedergebrüllt worden. Damals führte der Piratenkapitän Charles Vane auf der Insel noch das große Wort. Er hatte den Beifall auf seiner Seite gehabt, als er dem Offizier höhnisch zurief: »Der König kann sich seinen Erlaß an den Hut stecken! Wir brauchen keine Amnestie. Mit diesem Fetzen Papier will man uns doch nur betrügen. Und Sie Hungerleider von Gnaden Seiner Majestät, Sie werden wir kielholen, wenn Sie nicht innerhalb einer

Stunde wieder von unserer Reede verschwunden sind. Der König in London kann uns kreuzweise... Hier in Nassau sind wir Piraten König, und keiner hat uns zu befehlen als die Kapitäne, die wir selbst wählen.« Damals waren die Piraten völlig überzeugt, man könne auf die Amnestie pfeifen. Sie hielten Nassau für unangreifbar. Außerdem stand nicht einmals fest, ob der britische König überhaupt noch den Titel eines Herrschers der Bahama-Inseln für sich beanspruchen konnte. Die Engländer hatten diese Kolonie nämlich 1704 verlassen, weil sie ihnen nur Kosten verursachte. Danach hatte sich London nicht mehr um die Inseln gekümmert, und auch kein anderer nahm sich ihrer an.

Aber dann scheiterte 1714 fast die ganze spanische Silberflotte, die Jahr für Jahr die Edelmetallausbeute der Bergwerke Mittel- und Südamerikas nach Spanien brachte, vor der Küste Südfloridas in einem Wirbelsturm. Eine Hilfsflotte aus Havanna arbeitete daran, das gesunkene Silber wieder zu heben. Sie hatte bereits das meiste geborgen, als ein neuer Sturm die Hilfsschiffe zwang, das Seegebiet zu räumen. Das geborgene Silber blieb jedoch an der Küste zurück, wo es in Baracken gelagert und von sechzig Soldaten bewacht wurde.

Noch bevor das Wetter sich beruhigte und die Hilfsschiffe zurückkehren konnten, erschien der englische Handelskapitän Jennings mit fünf Schiffen aus Carolina, setzte dreihundert Mann an Land und bemächtigte sich des Silbermagazins. Eine der Schaluppen dieses Geschwaders wurde übrigens von Charles Vane geführt.

Da sich Spanien und England damals in Frieden befanden, forderte der spanische Vizekönig in Havanna die Auslieferung der an diesem Raubzug beteiligten Kapitäne. Die englischen Behörden konnten Jennings und seine Kumpane nicht schützen, da diese keinen Kaperbrief besaßen. Jennings und Vane sahen sich nach einem Schlupfwinkel um, in dem sie sich vor der Verfolgung durch spanische Kriegsschiffe verstecken konnten. Dabei entdeckten sie das friedliche, von keiner Obrigkeit behelligte Nassau. Und da sie steckbrieflich gesucht wurden und ein Preis auf ihren Kopf ausgesetzt war, blieb ihnen nichts übrig, als von der Handelsschiffahrt zur Piraterie überzugehen.

Auf den Bahamas waren sie sicher. Kriegsschiffe durften sich ihres Tiefgangs wegen nicht in die flachen Gewässer des Archipels hineinwagen.

Dessen Buchten und Kanäle bildeten vorzügliche Verstecke. Hier konnte man zudem die eigenen Schiffe unbesorgt zum Kalfatern auf den Strand legen.

Und wie leicht und angenehm war das Leben auf den Bahamas! Die Strände wimmelten von Schildkröten, die Buchten und Bäche von Fischen, die Wälder von Wild. In provisorisch angelegten Gärten gedieh Obst und Gemüse ohne nennenswerte Mühe.

Das Wichtigste für die Piraten aber war, daß Nassau so nahe bei den Hauptschiffahrtswegen lag. Die Piraterie erlebte hier noch einmal goldene Jahre. Seeleute aus England, Spanien und Frankreich ließen sich auf ihren Schiffen anheuern, denn nach dem Ende des Spanischen Erbfolgekriegs – 1701–1714 – wurden in diesen Ländern viele Kriegsschiffe außer Dienst gestellt und deren Besatzungen brotlos. Nassau zog sie an wie ein Magnet. Und da die Geschäfte der Piraten blühten, sammelten sich auf der Insel Providence Kneipwirte und Frauen, vor allem aber Kaufleute zwielichtiger Art, die den Seeräubern das Beutegut abkauften und es auf die Märkte brachten.

Doch dieses jähe neue Aufblühen der Piraterie bereitete zugleich auch ihr Absterben vor. Die Handelsschiffahrt, von den Piraten ständig bedroht, kehrte reumütig zum Konvoisystem der Kriegsjahre zurück, in dem die Frachter von Kriegsschiffen geleitet und geschützt wurden. Die Anrainerstaaten der Kolonien in Westindien unterstützten sich gegenseitig bei der Piratenjagd. Das Risiko des Piratenhandwerks nahm damit zu und der Umfang seiner Beute ab. Das Seeräubertum sah sich plötzlich einer Wirtschaftskrise mit schrumpfender »Produktion« bei bedrohlich ansteigender Arbeitslosigkeit gegenüber.

So lagen die Dinge, als Woodes Rogers 1718 als neuer Gouverneur nach Nassau kam. Die Amnestie, die er den Piraten ankündigte, bot diesen keine größeren Vorteile als die im Jahr 1716 versprochene. Aber die Lage der Seeräuber hatte sich inzwischen erheblich verschlechtert.

Die politische Situation in Europa war zudem so entspannt, daß für absehbare Zeit kein Krieg drohte. Die britische Krone gewann dadurch freie Verfügung über ihre Armee. Die Piraten mußten sich deswegen hüten, die Regierung in London mutwillig herauszufordern. Eine Strafexpedition konnte jetzt leicht die Folge einer solchen Dreistigkeit sein.

Besonnene Piratenkapitäne wie Hornigold und Jennings hatten dies erkannt. Darum hielten sie es für ratsam, den neuen Gouverneur behutsam zu behandeln und durch Gefügigkeit für sich einzunehmen. War das gelungen, dann würde es nicht schwer sein, ihn durch Bestechung in die Hand zu bekommen. Sie konnten ihm immer noch mehr bieten als die Krone mit ihrer sprichwörtlichen Knauserigkeit. Es gab genug Beispiele, daß und wie sich königliche Gouverneure dazu verführen ließen, mit den Piraten gemeinsame Sache zu machen. In Jamaica sowohl wie in Barbados und Carolina war dieses Rezept erfolgreich erprobt worden.

Die beiden Piratenführer konnten nicht ahnen, daß sie in Rogers einen unbestechlichen Mann vor sich hatten, der mit dem festen Vorsatz nach Nassau kam, seinerseits die Piraten zu korrumpieren. Die britische Krone hätte keinen besseren Mann auf die Bahamas schicken können als diesen ehemaligen Kaperkapitän.

Rogers war mit dreizehn Jahren als Kadett in den Dienst der britischen Kriegsmarine getreten. Einflußreiche Verwandte verhalfen ihm bereits im Alter von neunzehn Jahren zu seinem ersten selbständigen Kommando. Er bewies seiner Mannschaft wie seinen Vorgesetzten jedoch bald, daß er diese ungewöhnlich schnelle Beförderung verdiente. In den folgenden zehn Jahren legte er bei allen Flottenaktionen, an denen sein Schiff beteiligt war, ebensoviel Umsicht und Entschlossenheit wie persönlichen Mut an den Tag.

Sein Selbstvertrauen hatte sich dadurch so gefestigt, daß er unbedenklich zugriff, als ein Konsortium von Bristoler Kaufleuten ihm das Kommando über ein kleines Geschwader antrug, das im Pazifik gegen spanische Schiffe und Häfen einen Kaperkrieg führen sollte. Daraus wurde eine dreijährige Reise um die Welt, die sein Ansehen als Seemann begründete.

Das Konsortium beschaffte ihm einen Kaperbrief, der bedeutete, daß ihm die britische Krone gestattete, unter ihrer Flagge eine Art Privatkrieg gegen spanische Schiffe und Kolonien zu unternehmen. Eine solche offiziell geduldete, ja geförderte Piraterie war damals üblich. Wer unter der Kaperflagge fuhr, konnte bei glücklichem Ausgang mit einem reichen Beuteanteil rechnen. Bei Mißgeschick mußte er allerdings darauf gefaßt

sein, vom Gegner als Seeräuber, nicht als Kriegsgefangener behandelt und hart bestraft zu werden.
Navigationsoffizier in Rogers' Geschwader, das aus den Fregatten »Duke« und »Duchess« bestand, war William Dampier. Rogers, der selbst literarische Ambitionen hatte und deshalb neben dem Logbuch sorgfältig ein persönliches Tagebuch führte, schätzte Dampier als Schriftsteller wie als Nautiker hoch ein. Mit Recht, wie sich zeigte, als man nach dem üblichen harten Ringen um Kap Hoorn einen Hafen suchte, wo man die beschädigten Schiffe ausbessern konnte, ohne einen Überfall durch spanische Kriegsschiffe fürchten zu müssen. Dampier schlug Rogers die unbesiedelte Insel Juan Fernandez vor. Obwohl während der düsteren Kap-Hoorn-Wochen die Standortbestimmungen des Geschwaders heillos in Unordnung geraten waren, wußte Dampier die Insel – ein Pünktchen in der unendlichen Weite des Pazifik – sicher zu finden.
Auf dem menschenleeren Eiland machte Rogers eine seltsame Entdeckung, die für die Literatur Folgen haben sollte. Er stöberte hier den schottischen Seemann Alexander Selkirk auf, der vier Jahre zuvor von seinem Kapitän wegen Widersetzlichkeit ausgesetzt worden war. Ziegen und Katzen, die die Insel reichlich bevölkerten, waren seine einzige Gesellschaft gewesen. Von Ziegenfleisch hatte er sich hauptsächlich ernährt; aus Ziegenfell bestand die Kleidung, die er sich mit eigener Hand genäht hatte.
Rogers nahm Selkirk in seine Mannschaft auf, obwohl der Schotte in seiner langen Einsamkeit recht wunderlich geworden war und sich anfangs nicht wieder an die Schiffsdisziplin gewöhnen konnte. Kapitän Rogers hatte aber Geduld mit ihm und ließ sich seine Inselabenteuer erzählen. Sie wurden später, als Rogers die Geschichte seiner Kaperfahrt um den Erdball veröffentlichte, ein Glanzstück dieses Buches. Dies wiederum regte einige Jahre danach einen Autor zu einer Erzählung an, die eines der berühmtesten, beliebtesten und lebenskräftigsten Bücher in der Geschichte der Weltliteratur wurde: »Robinson Crusoe«.
Mit ausgebesserten Schiffen nahm Rogers Kurs auf die Küste Südamerikas, fiel über die Stadt Guyaquil her und plünderte sie nach allen Regeln des Seeräuberhandwerks gründlich aus. Dann segelte er nordwärts in der Hoffnung, eine der großen Galleonen zu kapern, die damals dem Ver-

kehr zwischen der Philippinen-Hauptstadt Manila und dem westmexikanischen Hafen Acapulco dienten. Weil sie stets reiche Fracht an Bord hatten, waren sie stark bewaffnet. Seit 122 Jahren war es keinem Kaperkommandanten mehr gelungen, eins der Manilaschiffe zu erobern. Rogers lauerte auf der Höhe von Acapulco tagelang, bis sich schließlich die großen Segel einer Galleone am Horizont zeigten. Dann griff er unverzüglich an. Er wußte zwar, daß ihm die Spanier an Kaliber und Reichweite der Geschütze überlegen waren, aber er war überzeugt, er werde dies durch die größere Wendigkeit und Schnelligkeit seiner beiden kleineren Schiffe ausgleichen.

Das Gefecht dauerte sechs Stunden. Die englischen Schiffe umkreisten die riesige Galleone wie Hunde einen gestellten Bären. In schnellen Vorstößen versuchten sie, dem Spanier die Masten herunterzuschießen. Das gelang ihnen schließlich auch, da Rogers seine Kanoniere im Laufe der Reise unerbittlich gedrillt hatte. Die Galleone lag manövrierunfähig da, und ihr Kommandant strich die Flagge, weil er über hundert Passagiere an Bord hatte und deshalb ein blutiges Gefecht auf den Decks vermeiden wollte.

Doch bevor es so weit war, hatten die spanischen Geschütze nicht nur Rogers' »Duke« arg mitgenommen. Auch der Kaperkapitän selbst war schwer verwundet. Eine abprallende Geschützkugel traf ihn im Gesicht, zerschmetterte ihm den Unterkiefer und riß eine tiefe Wunde vom Mund bis zum Ohr. Trotzdem gab Rogers das Kommando nicht einen Augenblick ab. Weil er nicht mehr sprechen konnte, schrieb er seine Befehle auf eine Schiefertafel. Es dauerte Wochen, bis die Wunde heilte, und auch später bildeten sich immer wieder Eiterungen. Eines Tages spie er bei einem Hustenanfall mit einem Strom Blut und Eiter ein großes Stück Kieferknochen aus. Erst danach wurde er wieder ganz gesund. Nur eine gelbrote Gesichtsnarbe entstellte seitdem sein Gesicht.

Als Rogers 1711 nach London heimkehrte, brachte er eine Beute mit, die nach heutigem Geldwert mehr als zwölf Millionen Mark betrug. Dadurch wurde er nicht nur zum vermögenden Mann, denn ihm stand als Kapitän ein Zehntel der Beute zu, sondern für einige Zeit fast so etwas wie ein Nationalheld. Dies kam vor allem dem Buch zugute, das er ein Jahr später über seine Kaperfahrt schrieb und unter dem Titel »Eine

Kreuzfahrt um die Welt« veröffentlichte. Das Leserpublikum riß sich förmlich um das Buch, und Rogers durfte seinem Ansehen als Seemann und Kaperkapitän nun auch den Schriftstellerruhm hinzufügen.

Im Herbst des Jahres 1716 gelang es ihm, den berüchtigten Seeräuber Avery bei Madagaskar unschädlich zu machen. Und dieser Erfolg empfahl ihn der britischen Regierung, als sie sich 1718 entschloß, die Seeräuberrepublik Nassau zu liquidieren.

Rogers ging keineswegs unbedenklich und planlos wie ein Draufgänger an diese heikle Aufgabe heran. In einem Gespräch mit seinem Freund und Gönner Joseph Addison, der bald danach Premierminister der britischen Krone werden sollte, erläuterte er, wie er sich die Bewältigung dieses Auftrags dachte.

»Es wird nicht genügen, den Piraten durch Gewalt den Geschmack an ihrem Seeräuberhandwerk zu verleiden«, sagte er. »Dergleichen hält nur kurze Zeit vor. Man muß sie vielmehr dazu bringen, wieder ehrenhafte Leute zu werden – entweder als Seeleute oder als Kolonisten.«

»Na, na, nehmen Sie sich nur nicht zuviel vor«, wehrte Addison skeptisch ab. »Wir werden Ihnen schon sehr dankbar sein, wenn Sie uns diese gottlose Bande irgendwie vom Hals schaffen.«

»Nein«, erwiderte Rogers bestimmt, »so billig lasse ich die Kerle nicht davonkommen! Ich werde ihnen Anstand und Wohlverhalten wieder schmackhaft machen. Ich bin überzeugt, die meisten werden das verstehen und mitspielen. Wer sich jedoch nicht zu seinem Glück bekehren lassen will – nun, den werde ich aufhängen.«

Kapitän Rogers stand nun vor der Aufgabe, das Versprechen einzulösen, das er sich selbst und seiner Regierung gegeben hatte. Da er jedoch das Wesen von Seeleuten aus langer Erfahrung kannte, wußte er, daß er nichts Törichteres tun konnte, als sich sofort scharf ins Zeug zu legen. Er begnügte sich zunächst damit, daß er nicht auf eine geschlossene Front feindseliger Ablehnung stieß, und beobachtete, wie er sich später äußerte, »meine Herde, sonderte still für mich die Böcke von den Schafen und gab mich damit zufrieden, daß die Böcke fürs erste nicht an die Stoßkraft ihrer Hörner dachten«.

Es fiel Böcken wie Schafen einstweilen nicht schwer, sich ruhig zu verhalten. Es gab noch genug Rum und Lebensmittel auf der Insel. Jeder hatte Geld in der Tasche, und die Sonne beschien wie eh und je gleich freundlich Gerechte und Ungerechte. Wer bescheidene Ansprüche stellte, fand beim Würfelbecher genug Beschäftigung. Wen es nach mehr Bewegung verlangte, der konnte fischen oder jagen. Kam sein Tätigkeitsdrang auch dabei noch nicht auf seine Kosten, dann stand ihm nichts im Weg, sich an Ring- oder Faustkämpfen zu beteiligen.

Zu diesen Kämpfen fanden sich die unverbesserlichen Raufbolde zumeist abends zusammen. Es fehlte ihnen nie an sachverständigen Zuschauern. Rogers konnte deren Anfeuerungs- und Beifallsgebrüll bis in die späte Nacht hinein in seinem Gouverneurshaus hören. Ärgerte sich einer der Raufbolde während eines solchen Kampfes über den Kampfpartner, dann setzten sie ihren Streit auf dem Sandstrand mit Säbel oder Entermesser fort — oft bis zu seinem blutigen Ende. Hiergegen hätte Rogers nun einschreiten müssen. Aber er betrachtete diese blutigen Exzesse, wie er sich einmal ausdrückte, »nur mit der kühlen Ruhe eines Arztes, der seinen allzu vollblütigen Patienten zur Ader läßt und es gern sieht, wenn das Blut dabei reichlich fließt«.

Rogers legte indessen behutsam und umsichtig den Grund zu einer brauchbaren öffentlichen Ordnung auf den Bahama-Inseln. Er begann damit, daß er einen sechsköpfigen Rat aus der Reihe der Piratenkapitäne berief. Daß John Hornigold dazugehörte, war selbstverständlich, denn Rogers wußte diesen Mann schon sehr bald nach seinem wahren Wert zu schätzen.

Dann ließ er seine Infanterie-Kompanie, die bisher in Zelten hausen mußte, Baracken errichten und sie mit Gräben und Palisadenwall umgeben. Doch dieser befestigte Stützpunkt genügte ihm noch nicht. Er wollte auch das alte kleine Fort wieder auf- und ausbauen, das die Spanier geschleift hatten, als sie die Insel 1702 vorübergehend besetzten. Die Trümmer waren noch vorhanden und ergaben brauchbares Baumaterial.

Für solch eine umfangreiche Arbeit fehlte es Rogers jedoch an Geld und vor allem an Arbeitskräften, denn für Bauarbeiten waren die Piraten am wenigsten zu haben. Sonst hätten sie sich wohl längst feste, wohnliche Häuser errichtet und die zugehörigen Bequemlichkeiten wie Brunnen, Senkgruben und Straßen angelegt. Aber selbst die meisten Piratenkapitäne hausten in Zelten. Als Toiletten genügten ihnen ebenso wie ihren Mannschaften das Gebüsch oder der Strand, wo die Ebbe als Wasserspülung diente. Es war ein grotesker Anblick, kurz vor dem Tidenwechsel Kapitäne, Steuerleute und Matrosen mit entblößten Kehrseiten in langer Reihe einträchtig nebeneinander im flachen Wasser hokken zu sehen, um sich zu erleichtern.

Na, auch das wird sich ändern, dachte Rogers halb erheitert, halb verdrossen, wenn er vom Fenster seines Hauses auf dieses wunderliche Schauspiel blickte.

Rogers übte sich in Geduld, bis er spürte, daß sich bei den Piraten Langeweile und Rastlosigkeit ausbreiteten. Da rief er durch den »Rat der Sechs« eine Volksversammlung ein und legte ihr ohne Umschweife den Plan vor, mit dem er nach Nassau gekommen war. »Allein hier auf der Insel Providence haben wir genug Raum und guten Boden«, eröffnete er ihnen. »Die Krone nimmt davon nur einen geringen Teil für sich in Anspruch. Sie hat zugestimmt, den großen Rest zur Besiedlung freizugeben. Jeder von euch, der sich ansiedeln will, kann ein ausreichendes Stück Land haben.«

Die Piraten starrten ihn ungläubig und mißtrauisch an. »Soll das heißen, Sir, daß jeder von uns Land als Eigentum haben darf? Wirklich jeder?« fragte Kapitän Hornigold überrascht.

Rogers verstand dieses ungläubige Erstaunen. Er wußte, dieser Gedanke war für seine Zuhörer zu neu und ungewöhnlich, als daß er ihnen sofort einzugehen vermochte. In ihren Heimatländern hatten sie zum großen Heer der Armen, der Land- und Wurzellosen gehört, das den Besitzenden – den adligen Grundherren, den Kaufleuten und Reedern – die Tagelöhner stellte. So rauhbeinig und verwegen sie auch geworden waren, im Grunde hegten sie in ihren Herzen doch dumpf und kaum bewußt einen ganz schlichten Traum: einmal so viel Eigentum zu erwerben, daß sie sich unabhängig fühlen durften. Dieser Traum hatte sie der Seeräuberei in die Arme getrieben, die ihnen Freiheit versprach. Nur wenige von ihnen waren von Natur aus wüste, dem Verbrechen zugeborene Gesellen. Die meisten waren nur verwildert. Richtig angefaßt, würden sie einsehen, daß es sich nicht lohnte, das Leben für rasch wieder vergeudete Beuteanteile aufs Spiel zu setzen. Man mußte ihnen helfen, anstelle des Plünderns und Mordens etwas zu setzen, was Sinn und Dauer versprach.

»Ja, jeder von euch, der sich ansiedeln will, bekommt ein Stück Land«, bestätigte Rogers nachdrücklich. »Er bekommt es mit Brief und Siegel unwiderruflich als sein Eigentum. Aber eine Bedingung ist dabei: er muß sich verpflichten, sein Stück Land wirklich zu bebauen – es zu roden, zu bearbeiten, zu bepflanzen und eine feste Behausung darauf zu errichten.«

Rogers war darauf gefaßt, diese Bedingung werde abschreckend wirken. Doch er erlebte nun erstaunt, ja beschämt, daß die entwurzelten und verwilderten Tagelöhner des Meeres von der Aussicht, ein Stück Land als Eigentum zu erhalten, begeistert waren.

Innerlich frohlockend, händigte er jedem seine Besitzurkunde aus. Dabei ließ er es jedoch nicht bewenden. Sobald das Land vermessen und verteilt war, zeigte er den Siedlern, wie man mit einfachen Mitteln eine Hütte errichtete, und stand ihnen mit Rat und Tat zur Seite. Die meisten kehrten freilich ihrem Grundbesitz bald den Rücken, als sie sahen, welch harte Arbeit nötig war, ein Stück Land urbar zu machen. Und doch hatte Rogers die Genugtuung, daß 182 Gehöfte entstanden und Gärten und Felder sich begrünten, wo vorher Wildnis gewesen war. Die meisten der Kolonisten verlegten sich, wie er ihnen riet, auf den Anbau von Färberpflanzen wie Indigo und Safran. Auf diese Weise hoffte der Gouverneur, der Kolonie allmählich Einnahmen zu verschaffen, aus denen sie sich selbst erhalten konnte.

Zunächst aber war ihm am wichtigsten, daß die Piraten sich nützlich beschäftigten. Diejenigen, die sich mit der Siedlertätigkeit nicht befreunden konnten, hielt er zu Fischfang und Jagd auf Meeresschildkröten und Wild sowie zum Sammeln von Muscheln und Bienenwachs an. Häute, Schildkrötenschalen, Perlmutter und Wachs waren ein Handelsgut, das Marktwert hatte und Männern, die Arbeit nicht scheuten, dazu verhelfen konnte, ehrenhaft zu leben.

Auf diese Weise festigte Rogers unauffällig, aber zielstrebig seine Position auf der Insel. Sein klügster Schachzug dabei war, daß er sich von Anfang an auf den Kapitän Hornigold stützte und diesem Piratenhäuptling offen seine Wertschätzung zeigte. Dieser schlichte und gutmütige, aber auch energische und kluge Seemann konnte sich solchem Vertrauensbeweis nicht entziehen und war bald der beste Berater und getreueste Anhänger des Gouverneurs.

Das machte ihn den anderen Piratenkapitänen natürlich verdächtig. Sie durchschauten Rogers und suchten seine Maßnahmen zu durchkreuzen, um den Einfluß auf ihre Gefolgschaft nicht ganz zu verlieren. Wortführer dieser Opposition war der Kapitän Jack Rackham. Bei der Ankunft des Gouverneurs war er mit Vane von der Insel geflüchtet, jedoch bald wieder zurückgekehrt, und zwar einer Frau zuliebe.

Die schöne Irin Anny Bonny war die Ehefrau eines Böttchers, der zur Mannschaft Hornigolds gehörte. Doch der einfache Seemann behagte der verwegenen und ehrgeizigen Anny auf die Dauer nicht. Sie meinte, der als Pirat ungemein erfolgreiche, maulfertige und vergnügte Raufbold Rackham habe ihr mehr zu bieten. Als ihr Ehemann dann sogar zu den ersten gehörte, die auf einer Siedlerstelle seßhaft wurden, brach sie ganz mit ihm, und da er sich weigerte, seine angebetete schöne und wilde Anny freizugeben, ließ sie sich von dem forschen Kapitän rauben. Dieser Streich brachte fast die ganze Seeräuberrepublik gegen das Paar auf. Denn so locker und gesetzlos die Piraten ihr Leben auch führten, in einem Punkt waren sie bis zur Ehrpusseligkeit empfindlich und stockkonservativ: Ehebruch innerhalb ihrer Gemeinschaft galt als unverzeihliches Vergehen.

Rackham und Anny Bonny wurden deshalb geächtet. Es blieb ihnen nichts anderes übrig, als Nassau zu verlassen. Sie machten sich eines Abends auf einer gestohlenen Schaluppe mit einer Schar von Anhängern heimlich davon, um sich aufs neue dem Seeraub zu widmen. Wenige Monate später wurden sie bereits von einem spanischen Kriegsschiff aufgegriffen und an den Gouverneur der englischen Kolonie Jamaica ausgeliefert. Rackham endete am Galgen. Seine schöne Anny Bonny hätte dieses Ende wahrscheinlich teilen müssen. Da sie aber ein Kind erwartete, kam sie mit einer langen Haftstrafe davon. Einige Tage vor seiner Hinrichtung durfte sie Rackham noch einmal besuchen. Was sie ihm dabei als Trost zu sagen wußte, ist bezeichnend für den Charakter dieser Frau wie für die Denkweise der eingeschworenen Piraten überhaupt.

»Hättest du dich verhalten, wie ich es von dir erwartete«, sagte sie zu ihm, »und gegen die Spanier gefochten wie ein Mann, dann müßtest du dich jetzt nicht aufhängen lassen wie einen Hund.«

Die Opposition gegen Rogers in Nassau war durch diesen Zwischenfall zunächst führerlos geworden. Der Gouverneur konnte sein Werk, die Piraten Schritt für Schritt dem Seeraub zu entfremden, ohne ernsthaften Widerstand fortsetzen.

Den führerlosen Unzufriedenen bot sich jedoch nach einiger Zeit Hilfe von außen an. Charles Vane war nach seiner Flucht aus Nassau nach einigen Umwegen bei dem gefürchteten Seeräuber Edward Teach, besser bekannt als »Der Schwarzbart«, an der Küste von Carolina gelandet. Teach betrieb sein Räuberhandwerk mit stillschweigender Billigung des bestochenen Gouverneurs der Kolonie, wie sich später herausstellte. Trotzdem hatte der Schwarzbart das unbehagliche Gefühl, die goldenen Jahre der Piraterie seien vorüber. Er machte sich auf harte Kämpfe gefaßt und sah es nicht ungern, daß sich der rabiate und zum Äußersten entschlossene Vane zu ihm gesellte. Die beiden Piratenhäuptlinge kamen überein, die Rückeroberung von Nassau vorzubereiten. Vom Inselgewirr der Bahamas versprach sich Teach auf die Dauer besseren Schutz als von dem Rückhalt eines korrupten Gouverneurs, der jederzeit abberufen werden konnte.

Es gelang ihnen, einen Spion auf die Insel Providence zu schmuggeln, der die Stimmung der Piraten erkunden und deren etwa vorhandene Unzufriedenheit schüren sollte. Kapitän Rogers blieb die Anwesenheit dieses Agenten nicht lange verborgen. Er tat, als störe sie ihn nicht, ließ den Mann aber ständig überwachen. Erst als ihm einer seiner Vertrauensleute meldete, der Kerl hocke in einer der Strandkneipen und führe in einem großen Kreis der Piraten hetzerische Reden, beschloß Rogers, selbst einzugreifen.

Ganz allein ging er durch die noch immer verschmutzten Zelt- und Bretterbudengassen am Hafen, stieß die Tür der Kneipe auf und schritt langsam auf den Schanktisch zu. Ein dicker Dunst von Tabakrauch, Rum- und Schweißgeruch füllte den Raum, den eine einzige Stimme beherrschte. Als Rogers eintrat, sagte sie gerade: »Und das will ich euch sagen: Wenn Käptn Vane und der Schwarzbart mit ihren Vorbereitungen fertig

sind, segeln sie mit 'ner ganzen Flotte her und nageln den verdammten Schleicher Rogers mit den Ohren an den Großmast.«
»Haben Sie den Auftrag, mir das auszurichten?« Mit dieser Frage unterbrach der Gouverneur jäh den Redestrom des Agenten. Dieser fuhr erschrocken herum und starrte Rogers wie eine Gespenstererscheinung an. »N-nein, Sir«, stammelte er verlegen.
»Nun, aber ich habe eine Botschaft für Sie, die Sie Vane ausrichten können«, fuhr Rogers ruhig fort. »Hören Sie gut zu, und prägen Sie sich jedes Wort ein, damit sich Charles Vane nicht falschen Hoffnungen hingibt. Sagen Sie ihm, sobald er seine Gaunervisage hier zeigt, werde ich ihn an die oberste Rahnock seines Schiffes hängen lassen. Und ihr anderen merkt euch eines: Das gilt für jeden, der sich untersteht, in Nassau aufs neue dem Schandgewerbe der Piraterie nachzugehen.«
Ohne Hast verließ er die Schenke und stellte befriedigt fest, daß betretenes Schweigen hinter ihm zurückblieb. Die Drohung hatte gewirkt und würde sich weiterverbreiten.
Dennoch war sich Rogers klar, daß Worte allein nicht genügten, die Gefahr abzuwehren, die von Vane ausging. Er mußte die Insel verteidigungsbereit machen. Aber wie? Seine hundert Soldaten waren kaum ihren Tagessold wert, und auf die Kriegsschiffe, die in Nassau stationiert werden sollten, wartete er noch immer vergeblich. Offenbar hatte man sich in London anders besonnen oder sie anderswohin schicken müssen. Führten Vane und der Schwarzbart wirklich einen Überfall auf Nassau aus, dann hatte er der an Zahl wie an Bewaffnung weit überlegenen Piratentruppe nicht viel entgegenzustellen. Ja, er besaß nicht einmal einen befestigten Stützpunkt, der einer Beschießung oder gar einer längeren Belagerung standzuhalten vermochte.
Das alte Fort mußte schleunigst wieder aufgebaut werden. Damit bot sich zugleich eine Gelegenheit, die Piraten, die nicht siedeln wollten, zu beschäftigen. Doch Rogers konnte kaum hoffen, sie zu dieser Arbeit zu bewegen, wenn sie bemerkten, daß das Fort vor allem zur Abwehr eines Piratenangriffs dienen sollte. Wie ihnen seine Absicht schmackhaft machen?
Nach einigem Grübeln glaubte Rogers eine Lösung zu sehen. Am Abend bat er Hornigold zu sich und leerte mit ihm gemächlich eine Flasche

Portwein. Dann erst eröffnete er seinem Gast: »Kapitän, ich habe Sorgen, ernste Sorgen. Sie erinnern sich an den kurzen Besuch der Fregatte ›Pegasus‹ in der vergangen Woche? Deren Kapitän hat mir eine beunruhigende Neuigkeit mitgeteilt.«

Hornigold blickte ihn besorgt an. »Ist die Nachricht so ernst, daß Sie sie geheimhalten müssen?« fragte er. »Droht etwa ein Krieg?«

»So etwas Ähnliches«, sagte Rogers. »Drüben in den Neuengland-Kolonien läuft das Gerücht um, die Spanier hätten bei Havanna fünftausend Mann zusammengezogen und zwanzig Kriegsschiffe bereitstellen lassen. Angeblich soll es sich um eine weitgreifende Aktion gegen die Piraten handeln. Die Spanier sollen erklärt haben, sie würden dabei nicht auf irgendwelche Hoheitsrechte anderer Staaten Rücksicht nehmen, sondern die Seeräuber überall dort angreifen, wo sie zu finden sind. Sie können sich denken, Kapitän, was dann den Bahamas blüht!«

Hornigold erschrak sichtlich. Wie alle Piraten fürchtete er die Spanier am meisten. Die spanischen Gefängnisse waren dafür berüchtigt, daß die Gefangenen dort schlecht behandelt wurden. Selbst vor Folterungen schreckte man nicht zurück. Hornigold war sich zudem klar, daß die Amnestie, die die britische Krone ihm und den anderen Piraten von Nassau gewährt hatte, von den Spaniern gewiß nicht anerkannt wurde. Er und seine Freunde standen dort noch immer auf der Schwarzen Liste und mußten sich auf Schlimmes gefaßt machen, wenn sie in spanische Hände fielen.

»Aber wir haben hier fast zweitausend Mann, die zu kämpfen verstehen und auch dazu bereit sind, wenn Not am Mann ist«, rief er aufgebracht. »Wir werden die verdammten Spanier in die See schmeißen, wenn sie landen!«

Rogers lachte ihn aus. »Das wissen die Spanier auch! Sie werden es nicht darauf ankommen lassen, sondern sich mit ihren großen Kriegsschiffen vor die Barre legen und mit ihren weittragenden Kanonen erst die Schiffe in der Bucht, dann unsere Zelte und Buden wegpusten! Daß unser befestigtes Lager keinen Schutz bietet, wissen sie bestimmt längst.«

»Zum Teufel, dann lassen Sie das geschleifte Fort wieder aufbauen!« rief Hornigold.

»Woher die Hilfskräfte dafür nehmen?« fragte Rogers.

»Dafür werde ich sorgen, Sir«, erwiderte Hornigold entschlossen. »Bestimmen Sie nur, wann die Arbeit anfangen soll!«
Rogers bedankte sich erfreut, hatte dabei aber leichte Gewissensbisse. Nur leichte, denn er sagte sich, daß er Hornigolds Zusage nicht durch eine glatte Lüge erpreßt hatte, sondern durch die halbe Wahrheit. Die Spanier planten damals wirklich eine großangelegte Aktion gegen die Piraten. Doch Engländer wie Franzosen hatten sie sofort wissen lassen, daß sie Übergriffe gegen ihre Hoheitsgebiete auf keinen Fall dulden und mit der Kriegserklärung beantworten würden. Dies letzte verschwieg Rogers dem Piratenkapitän.
Hornigold hielt sein Versprechen. Schon drei Tage später begann der Wiederaufbau des alten Forts. Schwitzende Piraten karrten wochenlang Steine und Erde, um Mauern und Wälle aufzurichten. Sie hoben tiefe Gräben aus und befestigten die Geschützstände der Bastionen. Nach anderthalb Monaten war der Hafen Nassau verteidigungsbereit.

Nach diesem Zwischenspiel war es den Piratenkapitänen, die noch immer zögerten, Hornigolds Beispiel zu folgen und sich endgültig von der Seeräuberei loszusagen, ganz klar geworden, daß der neue Gouverneur sich weder einschüchtern noch bestechen ließ. So blieb ihnen nur noch die Wahl, die Insel zu verlassen oder Rogers umzubringen. Da sie den sichersten Schlupfwinkel, den sie bisher besessen hatten, jedoch nicht aufgeben wollten, beschlossen sie, die Insel Providence wieder unter ihre Herrschaft zu bringen und sie aufs neue zum Paradies der Piraten zu machen.
Um diese Absicht zu verwirklichen, fand sich eine Verschwörergruppe zusammen. Ihr schlossen sich nicht nur Piraten, sondern auch einige Unteroffiziere der Infanterie-Kompanie an. Das verriet deutlich, wie gefährdet die Position des Gouverneurs trotz seiner Erfolge noch war.
Die Zahl der Verschwörer war jedoch zu groß und die Insel zu klein, als daß dieses Komplott verborgen bleiben konnte. Es dauerte deshalb nicht lange, bis Rogers die Namen der Verschwörer kannte. Sofort führte er einen Gegenschlag. Diesen konnte er freilich nur wagen, weil es unter seinen Anhängern einige Männer gab, die furchtlos genug waren, die unausbleibliche Rache der Piraten nicht zu scheuen.

Als er sich der Mitwirkung dieser vier Männer versichert hatte, ließ Rogers seine Infanterie-Kompanie im Hof des neuen Forts zur Parade antreten. Das einleitende Trommel- und Pfeifengetön lockte viele Zuschauer an. Damit hatte Rogers gerechnet. Erst als sich eine stattliche Menge von Piraten im Hof eingefunden hatten, ließ er das Tor schließen und die Kompanie in Linie aufmarschieren, und zwar so, daß er sowohl die Soldaten als auch die Zuschauer vor sich hatte und den ganzen Hof überblicken konnte.

»Mir ist zu Ohren gekommen, daß in Nassau geplant wird, mich umzubringen und die Seeräuberherrschaft wieder aufzurichten«, sagte er zu der Versammlung. »Ich habe Beweise und Zeugen dafür, daß es sich nicht um ein Kneipengeschwätz handelt, sondern um ein ernstzunehmendes Komplott gegen die Krone, als deren Vertreter ich hier stehe. Es handelt sich also um Hochverrat. Ich habe mich entschlossen, dies für alle und jeden sichtbar zu machen. Deshalb rufe ich jetzt meine Zeugen auf.«

Er nannte die Namen, und die vier Männer traten vor. Sie bekundeten nun unter Eid öffentlich, was sie Rogers schon vorher insgeheim anvertraut hatten, und nannten dabei die Namen der Verschwörer, und zwar sowohl die der Soldaten wie die der Piraten, die in das Komplott verwickelt waren.

Als die Zeugen gesprochen hatten, legte Rogers die Hand leicht auf den Kolben seiner Pistole und rief den Zuschauern zu: »Nun, meine Herren Verschwörer, die Gelegenheit ist günstig! So, wie ich hier stehe, biete ich ein gutes Ziel für den, der Nerven genug hat, die Gelegenheit wahrzunehmen. Ich weise allerdings darauf hin, daß der erste, der eine Pistole hebt, von mir eine Kugel bekommt.«

Er hatte bisher in einem leichten, ironischen Ton gesprochen. Jetzt aber gab er seiner Stimme den harten Klang des Kommandantentons und wandte sich den Soldaten zu: »Euch aber, Soldaten des Königs, habe ich folgendes zu sagen: Ich stehe hier zwar allein, auf die Kugel eines Mörders gefaßt. Doch das bedeutet nicht, daß ich vor Hochverrat und Meuterei kapituliere. Ihr habt dem König den Fahneneid geleistet. Wer diesen Eid bricht, hat härteste Strafe zu erwarten. Welche Strafe ich für angemessen halte, sollt ihr jetzt erfahren.«

Auf einen Wink hin gingen seine vier Zeugen an der Linie der Soldaten entlang und griffen die Rädelsführer der Verschwörung heraus. Der Profos riß ihnen die Uniformröcke herunter und band jeden auf einer Kanone fest. Dann ergriff er die Peitsche – die berüchtigte neunschwänzige Katze – und vollzog die Strafe. Rogers war bei deren Bemessung noch weit unter dem sonst üblichen Maß geblieben. Statt zwanzig Hiebe bekam jeder nur zehn. Doch das genügte bereits, wie das Schmerzensgeheul der Verurteilten und das Erblassen der anderen Soldaten verriet.

Rogers musterte die Kompanie eisig, als die Geprügelten fortgeschafft wurden. »Es gibt unter euch noch ein Dutzend Schweinehunde, die ebenfalls verdient hätten, die Katze zu kosten«, sagte er. »Aber ich hoffe, sie haben jetzt begriffen, wie hoch der Preis für eine Meuterei ist.«

Damit kehrte er Soldaten und Zuschauern den Rücken und verließ langsam den Hof des Forts, bei jedem Schritt darauf gefaßt, daß ihm eine Kugel in den Rücken fuhr. Aber es fiel kein Schuß. Nicht einmal ein Laut war zu vernehmen, bis sich das Tor hinter ihm geschlossen hatte. Rogers hatte auch diese Runde im Kampf um Nassau gewonnen, und das durch einen einfachen, aber klug angewendeten psychologischen Kunstgriff: Er hatte den Mut bewiesen, sich der Gefahr offen und allein zu stellen, und hatte zugleich, statt über alle Meuterer die Todesstrafe zu verhängen, wie es damals üblich war und in seiner Macht gelegen hätte, nur die Rädelsführer herausgegriffen und mit der Peitsche Bekanntschaft machen lassen. Nur wer so viel Selbstvertrauen besaß wie Kapitän Woodes Rogers, konnte es sich leisten, diesen Mut an den Tag zu legen und Härte mit Milde zu verbinden. Was ihn das Wagnis gekostet hatte, erfuhr nur sein Diener. Als Rogers das Haus betrat, troff er, obwohl es ein wolkenverhangener kühler Tag war, am ganzen Körper von Schweiß.

Die Gefahr eines Aufruhrs auf der Insel war damit fürs erste gebannt. Doch für Rogers wurde die Last der Sorgen kaum geringer. Als nächstes stellte es sich heraus, daß den Schenken von Nassau der Rum auszugehen begann. Das bedrohte ernstlich den Frieden der Insel. Keinem Piraten – mochte er nun zu den Bekehrten gehören oder nicht – war das Leben lebenswert ohne eine tägliche, nicht zu knapp bemessene Ration seines Lieblingsgetränks. Rumnachschub mußte also schleunigst be-

schafft werden. Das sah Rogers ein. Deshalb beschloß er, ein kleines Handelsgeschwader nach Barbados zu schicken. Er tat es ungern und mit einem unguten Vorgefühl.
Das Geschwader bestand aus drei ehemaligen Piratenschaluppen, die Ladung aus Salz, Mahagoniholz, Torf, Baumwolle, Palmöl, geräuchertem Schildkrötenfleisch, Häuten, Bienenwachs und Perlmutterschalen. Staat war damit nicht zu machen und auf einen nennenswerten Ertrag auch nicht zu hoffen. Aber es war immerhin ein Anfang und gab der Welt ein Zeichen, daß die Bahama-Inseln nicht nur als Piratenparadies gelten wollten.
Rogers blieb nichts übrig, als die Schiffe mit ehemaligen Piraten zu bemannen. Andere Seeleute hatte er nicht. Ganz vertrauenswürdig waren eigentlich nur zwei Männer: Der Fähnrich Carr und der Lotse Turnley. Geschwaderführer wurde Kapitän Auger, ein erfahrener und tüchtiger, aber launenhafter Seemann. Als das Geschwader an einem windigen Oktobertag in See ging, fragte sich Rogers noch immer, ob er recht daran tat, das Experiment schon jetzt zu wagen und bewaffnete Schiffe ehemaligen Seeräubern anzuvertrauen. Hieß das nicht, den Bock zum Gärtner machen?
Das Unheil ließ nicht lange auf sich warten, denn die drei Schiffe mußten schon am folgenden Tag wegen schwerer See im Lee der kleinen Bahama-Insel Green Key ankern. Am Abend bekam der Fähnrich Carr auf der »May« Besuch von den beiden Seeleuten Bunce und MacCarthy, die ihn von früher her kannten. Die beiden brachten in ihrem Boot noch zwölf Mann mit, was durch die rauhe See so glaubhaft begründet war, daß Carr keinen Verdacht schöpfte. Er fiel sogar auf einen alten Trick herein, den Bunce anwendete. Bunce bat ihn, ihm seinen Offizierssäbel zu zeigen und ihm ein paar Fechterkniffe beizubringen.
Während Bunce Carr damit ablenkte, schlich sich MacCarthy in die Waffenkammer der »May« und versorgte sich und seine Bootsmannschaft mit Säbeln und Musketen. Sobald das geschehen war, stimmte er laut das Lied an: »Hast du mir nicht versprochen: wir geh'n zum Traualtar...«, worauf Bunce in der Kajüte ebenso laut mit der Gegenstrophe antwortete: »Gewiß werd' ich das tun: Ich bin ja selbst der Pfarr'...«
Nachdem die beiden Kumpane dieses vorher vereinbarte Signal ausge-

tauscht hatten, setzte Bunce dem überraschten Fähnrich dessen eigenen Säbel auf die Brust und sagte barsch: »Hände hoch und Schnauze halten, wenn dir dein Leben lieb ist!«

Wenige Minuten später waren Bunce und MacCarthy Herren des Schiffs. Kapitän Auger schloß sich den Piraten an, ebenso die Besatzungsmitglieder. Carr, Turnley und die Kapitäne der beiden anderen Schaluppen sowie alle Matrosen, die nicht wieder zum Seeraub zurückkehren wollten, wurden auf Green Key an Land gesetzt. Man nahm ihnen vorher nicht nur die Waffen, sondern auch die Kleidung ab.

Am nächsten Morgen gingen die Schiffe wieder in See, doch nun nicht mehr als Handels-, sondern als Seeräubergeschwader. Sechs Wochen lang trieben die rückfälligen Piraten ihr altes Handwerk, aber mit geringem Erfolg. Das machte sie so ungeduldig, daß sie sich verleiten ließen, bei der Bahama-Insel Exuma drei große Schiffe anzugreifen, die sie für Frachtschiffe aus New York hielten.

Es stellte sich zu ihrer peinlichen Überraschung heraus, daß sie drei schwerbewaffnete spanische Kaperkreuzer vor sich hatten, deren Geschütze in wenigen Minuten die drei Piratenschaluppen vernichteten. Nur sechzehn Seeräuber retteten sich schwimmend an Land, die anderen wurden von den Spaniern aufgefischt und kurzerhand aufgehängt. Sechs Seeleuten glaubten die Sieger jedoch die Ausrede, sie seien von den Piraten zur Teilnahme an dem Raubzug gezwungen worden. Man gab ihnen ein kleines Boot und schickte sie nach Nassau zurück. Den schwerverwundeten Bunce durften sie mitnehmen.

Als das Boot in Nassau ankam und der Piratenstreich bekannt wurde, konnte Rogers seinen Zorn kaum bändigen. Wollten diese Narren denn nicht einsehen, daß die Kolonie ohne ehrliche Arbeit und rechtschaffenen Handel verkommen mußte? Vor allem aber erboste ihn der Vertrauensbruch, und er fragte sich: Wenn solche Kerle dreist genug waren, seine Schiffe zu entführen, wie lange würden sie dann noch zögern, ihn anzugreifen und sich der Insel wieder zu bemächtigen?

Nein, dieses Beispiel durfte nicht Schule machen! Obwohl Bunce sich vor Schmerzen krümmte und um Erbarmen wimmerte, ließ Rogers ihn sofort ins Gefängnis schaffen. »Ich werde den Teufel tun und Mitleid mit diesem Gauner haben«, schrie er Hornigold an, der um Nachsicht für Bunce bat. »Er hat sein Wort gebrochen und damit die Amnestie verscherzt! Ich werde an ihm ein Exempel statuieren, damit anderen die Lust zu ähnlichen Scherzen vergeht. Ist dir klar, Bunce, welche Strafe du dir durch deinen Leichtsinn eingehandelt hast?«

»Vollkommen klar, Sir«, antwortete der hartgesottene Seeräuber und zwang sich dabei ein Grinsen ab. »Aber Spaß hat es doch gemacht, mal wieder das Entermesser zu schwingen und Beute zu machen.«

Rogers mußte sich abwenden, um nicht herauszuplatzen vor Lachen. Er beschloß, Bunce unter dem Galgen zu amnestieren. Aber Bunce starb schon in der nächsten Nacht.

Nachdem der erste Zorn verflogen war, überlegte Rogers seine nächsten Maßnahmen sehr sorgfältig. Er dachte zunächst daran, seine Soldaten nach Exuma zu schicken, die dort untergeschlüpften Piraten aufzustöbern und auf der Stelle füsilieren zu lassen. Damit würde dann ein dicker, wenn auch blutroter Schlußstrich unter dieses leidige Zwischenkapitel gezogen sein.

Je länger er jedoch darüber nachdachte, um so klarer wurde ihm, daß man ihm in Nassau ein solches Vorgehen als Racheakt auslegen konnte. Lasse ich sie sozusagen in aller Stille hinrichten, sagte er sich, besteht die Gefahr, daß meine unsicheren Kantonisten hier auf der Insel ihre ehemaligen Kumpane als Märtyrer der Gouverneurswillkür ansehen, und ihr Widerwillen gegen die neue Ordnung erhält damit neue Nahrung. Das darf nicht geschehen. Sie müssen zu der Einsicht kommen, daß dem Wortbrüchigen in einem öffentlichen, ordentlichen Gerichtsverfahren eine verdiente Strafe zudiktiert wird. Und habe ich selbst nicht auch ein Teil Schuld daran, daß es zu diesem Zwischenfall kam? Ich hätte die Kerle so früh noch nicht wieder in Versuchung führen dürfen.

Er entschied sich für ein gewagtes Spiel. Gewann er dabei, so durfte er hoffen, endgültig die Aufgabe gelöst zu haben, die er auf Nassau übernommen hatte. Unterlag er, war alles wieder verloren, was er bisher auf der Insel erreicht hatte. Doch darauf mußte er es ankommen lassen.

Er beschloß, eine Schaluppe nach der Insel Green Key zu beordern, um die dort ausgesetzten Seeleute abzuholen. Eine andere Schaluppe unter dem Kommando des Kapitäns Hornigold sollte nach Exuma segeln, um die rückfällig gewordenen Piraten nach Nassau zu bringen.

Er wählte mit Absicht Hornigold für dieses Kommando. Erlag auch dieser vertrauenswürdige Mann der Versuchung, wieder zur Seeräuberei überzugehen, oder gelang es ihm nicht, seine Mannschaft bei der Stange zu halten, dann mußte der Gouverneur seinen Versuch für gescheitert erklären, das Paradies der Piraten zu zähmen. Mehr noch: Er mußte darauf gefaßt sein, außer seiner Reputation als Kapitän und Mann auch sein Leben einzubüßen. Ohne Hornigold und seinen Einfluß stünde er ganz allein einem Schwarm rücksichtsloser Feinde gegenüber. Erkannten sie seine Schwäche, dann würden sie ohne Gnade über ihn herfallen.

Doch das gewagte Spiel gelang. Kapitän Hornigold ging ohne Gewissensbisse mit einer Piratenlist gegen seine ehemaligen Piratenkumpane vor. Als er bei Exuma ankerte, ließ er MacCarthy an Bord kommen, trank und schwatzte mit ihm, schimpfte dabei auf den Gouverneur und die Langeweile eines rechtschaffenen Kolonistenlebens und überwand damit das anfängliche Mißtrauen des Piraten. Und als Hornigold ihm gar andeutete, er habe den Auftrag, nach Charleston zu segeln, und nichts dagegen, MacCarthy und seine Leute mitzunehmen, hatte er gewonnenes Spiel.

Der Ire überredete seine Kumpane, an Bord zu kommen. Hornigold labte sie so ausgiebig mit dem langentbehrten Rum, daß sie schließlich steif wie Klötze auf dem Deck lagen. Erst am anderen Morgen, als sie erwachten und sich gefesselt im Laderaum wiederfanden, ging ihnen auf, wie sehr man sie angeführt hatte.

Sie kamen in Nassau sofort vor Gericht. Sechs von ihnen wurden freigesprochen, weil sie nachweisen konnten, daß man sie mit vorgehaltener Waffe zur Teilnahme an dem Piratenstreich von Green Key gezwungen hatte. Den Rest traf das Urteil: Tod durch den Strang!

Die Verhandlung wurde unter dem Vorsitz des Gouverneurs öffentlich und mit aller Sorgfalt geführt. Das Verhör der Angeklagten wie der Zeugen erfolgte nach den Regeln einer ordnungsgemäßen Prozeßführung. Dies wurde Rogers später ausdrücklich bestätigt, als man ihn wegen seiner Amtsführung als Gouverneur zur Rechenschaft zog. Getadelt wurde nur, daß er sich die Würde eines Gerichtsvorsitzenden angemaßt hatte.

Dazu wäre er nicht berechtigt gewesen; er hätte die Angeklagten vielmehr einem ordentlichen Gericht im Heimatland zuführen müssen. Man ließ bei der Untersuchung jedoch seinen Einwand gelten, er habe, da es sich um einen Fall von Meuterei auf einem der Krone gehörenden Schiff handelte, das Recht eines Kriegsschiffskapitäns auf ein Kriegsgerichtsverfahren in Anspruch genommen. Das habe ihn ermächtigt, an Ort und Stelle Gericht zu halten und ein Urteil zu fällen.

Das Urteil wurde, wie damals üblich, vor den Augen der Öffentlichkeit vollstreckt. Fast die ganze Bevölkerung von Nassau scharte sich um die zehn Galgen, um sich das grausige Schauspiel nicht entgehen zu lassen. Als die zehn Verurteilten zu den Leitern geführt wurden, auf denen sie zur Schlinge hinaufsteigen sollten, kam es zu einem Zwischenfall. Dennis MacCarthy hatte sich für seinen Todesgang wie zu einem Fest gekleidet. Nach Seeräubergeschmack prunkte er mit bunten Seidenbändern, die ihm in langen losen Schleifen von Mütze, Ärmeln, Hüften und Knien herabhingen. Als er die Sprossen emporstieg, rief er den Zuschauern erbost zu: »Verdammt noch mal, vor gar nicht langer Zeit gab's hier auf der Insel noch genug anständige Kerle und Kameraden, die nicht geduldet hätten, daß ich hier wie ein Kalb krepieren muß. Ich frage mich nur, wo sind diese feinen Kerle geblieben?«

Diese Worte riefen in der Menge spürbare Erregung hervor. Kapitän Rogers empfand das sofort. Er bemerkte auch, daß sich Fäuste ballten oder nach Dolch und Pistole tasteten, sah ferner, daß einige bereits mit drohenden Gesichtern nach vorn drängten. Da begriff er, daß ihm keine Zeit mehr blieb, das zu tun, was er eigentlich beabsichtigte: von den zehn Verurteilten acht noch unter dem Galgen zu begnadigen. Nur MacCarthy und Kapitän Auger als die Anstifter der Meuterei sollten davon ausgenommen werden.

Doch angesichts der deutlich wachsenden bedrohlichen Unruhe wurde Rogers blitzartig klar: Wollte er die aufkeimende Hysterie der Menge ersticken und den unruhigen Geistern zugleich ein für allemal den Schneid abkaufen, dann blieb ihm nichts anderes übrig, als auf der Stelle ein Exempel zu statuieren – so hart und grausam und unmißverständlich, daß es sich auch den Raubtierseelen in der Masse unauslöschlich abschreckend einprägte.

Grauen und Entsetzen würgten ihn so, daß er dem Henker und seinen Gehilfen nur wortlos das Zeichen geben konnte, die Exekution vorzunehmen. Im nächsten Augenblick war das Unwiderrufliche geschehen. Die Menge stöhnte auf, verharrte jedoch wie gebannt. Nur eine Frauenstimme schrie gellend auf und deutete mit ausgestrecktem Arm auf Rogers: »Da steht der Mörder! Er gehört an den Galgen, nicht die armen Kerle da! Hängt ihn auf, hängt ihn, hängt...« Die Stimme erstarb in einem krächzenden Gurgeln. Irgend jemand hatte der Schreierin den Mund zugehalten. Sonst rührte sich nichts.

Da wandte sich Kapitän Woodes Rogers mit einem kleinen Lächeln des Triumphs auf dem erblaßten Gesicht ab und ging zu seinem Haus. Er ging ganz langsam und sorglos. Er wußte, nun war er endgültig Herr über das Paradies der Piraten geworden. Niemand konnte ihm seinen Sieg entreißen. Das Ziel, das er sich selbst gesteckt hatte, die Seeräuber von Nassau zu bändigen, war erreicht. Doch nicht nur die zehn törichten Menschen, die dort am Galgen hingen, auch er hatte einen hohen Preis dafür zahlen müssen.

Das Piratentum in der Karibischen See und ihrer Nachbarschaft war durch Rogers' Sieg über die Seeräuber von Nassau noch nicht endgültig besiegt oder gar ausgerottet. Aber seine günstig gelegene Basis hatte es damit eingebüßt. Es war nur noch eine Frage der Zeit, wann es die schwarze Flagge mit dem Totenkopf für immer streichen mußte.

Von den beiden Piratenhäuptlingen, die Nassau und Rogers noch einmal ernstlich hätten bedrohen können, ging als erster der berüchtigte »Schwarzbart« Edward Teach im November 1718 zugrunde. Er fiel, vom Landungskommando eines Kriegsschiffes gestellt, an der Küste von Virginia nach blutigem Kampf. Charles Vane wurde einige Monate später weniger dramatisch zur Strecke gebracht.

Den Sieg über ihn errang, wenn auch nur indirekt, Kapitän Rogers. Vane erlitt im Februar 1719 bei den Florida Keys Schiffbruch. Die Ironie des Schicksals wollte es, daß ihm ein alter Freund aus Piratentagen zu Hilfe kam. Vane glaubte sich deshalb nicht nur aus den Wellen, sondern auch vor den Spaniern gerettet, die ihm auf den Fersen waren. Aber dieser Freund hatte sich zu den Reformen des Gouverneurs Rogers bekannt. Er war entschlossen, seinen Schwur, nie wieder an der Piraterie teilzunehmen oder sie zu unterstützen, nicht zu brechen. Er ließ Vane zwar nicht in die Hände der Spanier fallen, legte ihn jedoch in Eisen und lieferte ihn dem Gouverneur von Jamaica aus. Dort kam Vane vor Gericht und wurde gehängt.

Im Sommer 1719 verlor Rogers den Piratenkapitän, ohne dessen Unterstützung er die Seeräuber von Nassau wohl kaum hätte bändigen können. Kapitän Hornigold ging während einer Handelsreise nach Mittelamerika im Golf von Mexiko mit Schiff und Mannschaft unter. Aber Rogers' Stellung auf den Bahamas war nun so gefestigt, daß diesem Verlust kein ernsthafter Rückschlag mehr folgte.

Die Lage der Inseln blieb jedoch weiterhin schwierig. Es wollte Rogers nicht gelingen, Landwirtschaft und Handel in der Kolonie so zu entwickeln, daß sie ohne finanzielle Unterstützung des Mutterlandes auskam. Er machte auf eigene Kosten Anbauversuche mit Zuckerrohr und Gewürzpflanzen. Sie mißlangen und ruinierten sein Vermögen. Als er 1721 abberufen wurde und nach England zurückkehrte, war er so verschuldet, daß seine Gläubiger ihn ins Schuldgefängnis steckten.

Erst als einflußreiche Freunde sich für ihn einsetzten, kam er wieder frei. Sie sorgten auch dafür, daß ihm die Regierung schließlich nach endlosen Verhandlungen die Auslagen ersetzte, die er aus eigener Tasche aufgewendet hatte, um die Wirtschaft der Kolonie Bahama zu fördern und die Stadt Nassau zu verschönern. Seine Freunde erreichten endlich auch, daß Rogers von dem Vorwurf freigesprochen wurde, er habe in Nassau »das Regiment eines brutalen Tyrannen errichtet und trage Schuld daran, daß sich die Kolonie nicht von ihrer verwerflichen Vergangenheit gelöst habe«.

Im Jahre 1729 wurde er erneut zum Gouverneur der Bahama-Inseln bestellt. Die Kolonie begrüßte seine Rückkehr mit großer Freude. Sie bewies ihm schnell, daß ihre Piratenvergangenheit nur noch ein verdämmernder Schatten war. Er durfte es deshalb wagen, seine Familie nachkommen zu lassen. Drei Jahre später ist er auf der Insel Providence gestorben.

Kein Denkmal erinnert dort an sein Wirken. Nur noch jene lateinische Inschrift an der Residenz des Gouverneurs läßt etwas davon ahnen, auch wenn sie den Namen Woodes Rogers nicht nennt.

Auf der Straße des wandernden Todes

Sie kamen den Rio Palenque herauf – die vier Kautschuksucher Pablo, José, Manuel und Juan. Langsam, bald paddelnd, bald stakend trieben sie ihr Boot gegen die Strömung am Ufer entlang, immer auf der Suche nach einer Bucht, einem Seitenarm des Flusses, wo in der Nähe genug Castilloa-Bäume wuchsen, die den besten Rohgummi liefern. Mühsam war die Fahrt stromaufwärts, mühsam und langwierig. Aber die vier hatten Zeit, denn Gummisaft kann man zu jeder Jahreszeit zapfen, und an die Mühe waren sie gewöhnt; sie zogen nicht zum erstenmal als Caucheros in den Urwald am Rio Palenque.
Endlich, nach gut zwei Wochen Fahrt, hatte ihr Vormann, ihr »Boß« Pablo, ein Revier ausgemacht, das sich vielversprechend anließ. Gleich nach dem ersten Erkundungsgang konnten sie sich so große Hoffnungen auf eine ergiebige Ausbeute machen, daß Pablo beschloß, mit Juan stromabwärts nach der Stadt Quevedo zurückzufahren, um dort noch ein paar Hilfskräfte anzuwerben.
»Spätestens in zwei Wochen sind wir wieder hier«, sagte Pablo beim Abschied zu José und Manuel. »Ihr beiden baut unterdessen die Hütte. Sie soll für mindestens zehn Leute ausreichen. Wie sie beschaffen sein muß, wißt ihr. Vergeßt nur nicht, die Stützpfähle für die Fußbodenplattform hoch genug zu machen, damit wir vor Schlangen und Wildschweinen einigermaßen sicher sind. Habt ihr dann noch Zeit, mit dem Gummizapfen anzufangen, um so besser! Aber denkt dabei an die Steigeisen! Hört ihr, ihr beiden Leichtfüße, denkt an die Steigeisen!«
José und Manuel nickten gehorsam zu dieser Mahnung, die Pablo ihnen jeden Tag vor der Gummisuche einzuschärfen liebte, seit sie ihn kannten und unter seiner Führung im Urwald arbeiteten. Sie waren schon so daran gewöhnt, daß ihnen die mahnenden Worte zum linken Ohr hinein und sofort zum rechten wieder hinausgingen. Außerdem waren sie beide im stillen längst entschlossen zu tun, was ihnen paßte, sobald sie wieder allein waren. Denn: »Ein Cauchero muß sich dranhalten, wenn ihm Geld in der Tasche klimpern soll!« Hatte ihnen Pablo dies nicht auch immer wieder eingeschärft?

Freilich, die Hütte bauten sie, und sie achteten dabei sogar sehr sorgsam darauf, daß die Pfähle, die den Fußboden trugen, hoch genug waren und die Bodenplattform dicht gefügt. Vor Giftschlangen und vor den rücksichtslos angriffslustigen Wildschweinen des Urwalds, den Javelinas, hatten sie wie alle Gummisucher gehörigen Respekt. Aber mehr als drei Tage brauchten sie trotzdem nicht für den Hüttenbau. Erstens macht ein Cauchero dabei nicht viel Umstände, und zweitens gab der Wald in der Nähe der kleinen Uferlichtung, die Pablo als Standort ausgesucht hatte, mehr als genug geeignetes Stangenholz her. Außerdem war das Gebäude, das die beiden errichteten, gerade groß genug für vier Mann und nicht etwa für zehn. Mochten die Neulinge, die Pablo aus Quevedo heranholen wollte, gefälligst selbst sehen, wie sie zu einem Dach über dem Kopf kamen! Denen ein gemachtes Bett hinstellen, das hätte José und Manuel gerade noch gefehlt...
Sie hatten es viel zu eilig, mit dem Anzapfen der Castilloa-Bäume zu beginnen. Jede Stunde, die sie vom Hausbau dafür abknapsen konnten, verschaffte ihnen einen Vorsprung vor den anderen, und diesen Vorteil dachten sie nach Kräften auszunutzen. Denn jeder Cauchero arbeitet – von dem »Zehnten« abgesehen, den er dem Vormann, dem »Boß«, schuldet, der das Boot, den Proviant und die Werkzeuge zu stellen hat – auf eigene Rechnung. Und da der Rohgummi pfundweise bezahlt wird, muß man schon eine ansehnliche Menge davon zusammenbringen, wenn sich die Plackerei in der feuchten Hitze des Urwalds lohnen soll.
Schon am vierten Tag ging jeder der beiden auf eigene Faust auf die Gummisuche. Kaum, daß sie sich dabei an die erste und einfachste Vorsichtsregel der Caucheros hielten, für einander in Rufweite zu bleiben. So eilig hatten sie es; so gierig waren sie auf den Gummisaft.
José traf es gut. Er fand bald einen großen, vielversprechenden Baum. Castilloa-Bäume sind nämlich im Baum- und Blattgewirr des Urwalds nicht so leicht auszumachen, weil sie immer nur vereinzelt, niemals in Gruppen wachsen und leicht vom dichter und tiefer belaubten Nachbarn verdeckt werden. Es gehört schon ein erfahrenes Auge dazu, Castilloa-Bäume ausfindig zu machen.
Sobald José den ersten Baum entdeckt hatte, ging er ihn unverzüglich an. Sonst wartet ein Cauchero damit, bis er zehn oder zwölf gefunden und mit

seiner Marke gekennzeichnet hat. Aber diesmal hielt José es nicht für nötig; er hatte ja noch keine Konkurrenz zu fürchten. Seine Steigeisen hatte er zwar pflichtgemäß mitgenommen. Doch jetzt, beim Anblick des ersten Castilloa-Stamms, übermannte ihn der Gummihunger so sehr, daß er die Eisen verschmähte. Pablo, der Boß, war ja weit weg und sah es nicht. Steigeisen, dachte José und schürzte verächtlich die Lippen, pah! Das war etwas für Angsthasen und Grünlinge! Er hatte schon als kleiner Knirps gelernt, wie man auch am dicksten Baum hinaufkletterte. Ein Tauring genügte dabei vollkommen und bot genug Sicherheit; das konnte ihm auch der Boß nicht ausreden. Überdies kletterte man viel leichter und schneller ohne die Last der plumpen Eisen an den Füßen! Und José hatte es nun einmal sehr eilig, möglichst schnell an den kostbaren Rohgummi heranzukommen.

Behend schob er sich in den Tauring und kletterte mühelos etwa sechs Meter hoch den mächtigen Stamm des Castilloa-Baums empor. Dann stemmte er die Füße gegen den Stamm, den Rücken gegen den Tauring, und trieb mit der Machete den ersten Einschnitt in die Rinde, aus dem der Kautschuksaft fließen sollte. Fünf oder sechs solcher Einschnitte konnte er diesem Baumriesen wohl zumuten, ohne daß er verblutete, überlegte José, während er nach einem der Auffangbecher griff, die an seinem Leibriemen baumelten.

Als er den ersten Becher unter dem Einschnitt befestigte, geschah es: Der Knoten des Taurings, in der Hast wohl zu nachlässig geknüpft, gab unter der Last des Menschenkörpers nach. José fiel hintenüber, überschlug sich einmal im Sturz und landete auf seinen Füßen. Die Fußknöchel mußten die ganze Wucht des Aufpralls auffangen. Und wenn der Boden des Urwalds auch weich ist, es war zuviel für die Knöchel. Sie brachen, und mit einem gellenden Schmerzensschrei fiel José vornüber.

Manuel war zum Glück nahe genug, um den Schrei zu hören. Aufgeschreckt lief er herbei, lud sich José auf den Rücken und schleppte ihn zur Hütte. Dort hob er ihn in die Hängematte und flößte dem Wimmernden, da er den schmerzstillenden Mitteln im Arzneikasten des Vormanns mißtraute, zunächst einmal das Allheilmittel der Caucheros ein: den scharfen Maisschnaps, der seinen Namen Aguardiente – Feuerwasser – zu Recht trägt. Einige lange Züge aus der Flasche halfen José denn auch über den Schrecken und die erste grimmigste Qual der Schmerzen in seinen Füßen hinweg.

Nach einer Weile hatte er sich so weit gefaßt, daß die beiden Gummisucher besprechen konnten, was nun geschehen mußte. »Hilfe können wir frühestens erwarten, wenn der Boß aus Quevedo zurückkommt«, sagte Manuel. »Meinst du nicht, daß du es bis dahin aushalten kannst?« Er dachte an den Kautschuk und hätte nur ungern den Vorsprung fahren lassen, den ihnen der schnelle Hüttenbau verschafft hatte.

»Aushalten schon«, erwiderte José. »Aber selbst wenn der Boß pünktlich zurückkommt, dauert es immer noch zwei Tage, bis ich nach Quevedo ins Hospital komme. Manuel, das ist zu lange! Ich darf so lange nicht warten. Jede Stunde zählt bei einem Knöchelbruch, du weißt es!«

Manuel nickte. Er wußte, was dem Gefährten drohte, wenn er nicht bald in die Hände eines Arztes kam. Trotzdem zögerte er. »Ich müßte zu Fuß nach Quevedo gehen«, sagte er zweifelnd. »Und das kann eine Woche dauern oder sogar mehr, nützt also auch nichts, selbst wenn sie aus der Stadt gleich das Motorboot heraufschicken.«

»Aber vielleicht findest du unterwegs Holzfäller oder Caucheros, die dir ein Boot leihen«, sagte José und ächzte vor Schmerzen. »Du mußt dich beeilen, Manuel! Auf Pablo können wir nicht warten.«

Manuel überlegte: »Ich könnte mir ein Floß zusammenbinden und damit den Fluß hinunterfahren, bis ich irgendwo ein Boot auftreibe... Riskant wäre es, aber es ginge... Dann könnte ich Quevedo vielleicht schon in zwei, drei Tagen erreichen... Schicken sie dann sofort das Motorboot herauf, wärest du schon in ein paar Tagen versorgt...«

»Tu das, Manuel, tu das«, drängte José. »Mach dir ein Floß, riskiere die Fahrt! Beeile dich, por dios, beeile dich, Manuel«, bettelte er. »Die Mutter Gottes möge es dir vergelten!«

Drei Stunden später hatte Manuel aus Balsastämmen ein schmales Floß zusammengebündelt. Ehe er aufbrach, befestigte er Josés Hängematte so, daß sie dicht über dem Boden hing. Er rückte ihm den Wasserkrug und die Schnapsflasche in Reichweite, dazu einen Beutel gezuckerte Machica – geröstetes Mehl, das ungekocht gegessen werden kann. Dann trat er seine Fahrt an. Beim Abschied hatte er dem vor Schmerzen stöhnenden José noch einmal in die Hand versprochen, er werde sich nach Kräften beeilen.

Sie wußten beide: Kam die Hilfe für den Verletzten nicht schnell, dann war dieser kaum noch zu retten. Aber keiner sprach aus, was José drohte. Caucheros sind abergläubisch. Sie sagen: Vom Tod sprechen, heißt ihn herbeirufen...

Von den Schmerzen in seinen Füßen abgesehen, hatte es José am nächsten Tag so gut, wie er es sich nur wünschen konnte: Was gut gegen Hunger und Durst war, war zur Hand, und er durfte schlafen, soviel er wollte. Das ist ein Vorzug, den sich ein Cauchero, wenn er in seinem Arbeitsrevier angelangt ist, nur selten gönnen kann. Aber diesmal schlief José nicht mit Genuß, und er griff zur Schnapsflasche nur, um seine Angst zu übertäuben.

Lag er nämlich wach, so suchte sein Blick immer wieder, ob er nun wollte oder nicht, seine nackten Füße. Jedesmal, wenn er dann wahrnahm, daß sie zwar nach wie vor dick angeschwollen, aber noch nicht blauschwarz verfärbt waren, ließ er sich erleichtert wieder zurücksinken. Doch die Furcht, sie einmal verfärbt zu erblicken, verließ ihn nie und hielt ihn in quälend angstvoller Spannung. Färbten sich Füße und Knöchel erst bläulich, dann schwarz, so bedeutete dies, daß sich zum Bluterguß im gebrochenen Gelenk eine Entzündung gesellte. Und hieraus wurde, sofern nicht bald ärztliche Hilfe kam, in der Tropenhitze unweigerlich rasch der Kalte Brand. Dieser wiederum führte mit Sicherheit zum Tod oder zumindest zur Amputation beider Unterschenkel, und das lief nach Meinung der Caucheros ungefähr auf dasselbe hinaus. José griff eiligst zur Aguardiente, wenn ihm diese schreckliche Aussicht vor die Augen trat, und der Schnaps half ihm jedesmal freundlich, für eine Weile Schlaf und Vergessen zu finden.

Am Morgen des dritten Tags, als José erwachte und durstig nach dem Wasserkrug langte, wurde er jäh aus seiner Schlafbenommenheit aufgeschreckt. Er sah zwei schwarze Ameisen auf dem Fußboden der Hütte hin und her laufen, als ob sie etwas suchten. Doch sie ließen den Machica-Beutel unbeachtet, und das sagte José genug: Er hatte die Fährtensucher eines wandernden Ameisenvolkes vor sich! Sie hatten nichts anderes im Sinn, als den Weg für das nachfolgende Volk zu erkunden. Bald würden sie umkehren und ihr Volk heranführen — einen endlosen, schwarz wimmelnden Heerwurm bissiger, todbringender, kleiner Krieger.

Dann mochte Gott allen Lebewesen gnädig sein, die sich auf der Straße dieses wandernden Todes befanden und sich nicht mehr rechtzeitig in Sicherheit zu bringen vermochten.

Daß er diesen gnadenlosen Vernichtern hilflos ausgeliefert sein sollte, jagte José namenlose Angst ein. Stöhnend richtete er sich auf und zog einen seiner Stiefel heran. Mit aller Willenskraft, deren er noch fähig war, lauerte er angespannt, bis die beiden Ameisen in Reichweite kamen. Dann schlug er blitzschnell mit dem Stiefel zu. Doch er traf nur eine von ihnen. Die andere flüchtete hakenschlagend so geschwind, daß sein zweiter Hieb sie verfehlte. Sie flüchtete in eine Ritze und entkam.

José erging sich minutenlang in wüsten Flüchen über seine Ungeschicklichkeit. Angst schüttelte ihn dabei wie ein Fieberschauer. Es dauerte geraume Weile, bis er wieder eines klaren, ruhigen Gedankens fähig war. Aber dann bereitete er sich auf eine Verteidigung bis zum letzten vor mit der ingrimmigen Entschlossenheit eines Mannes, der weiß, was ihm bevorsteht, sich jedoch nicht ohne Gegenwehr darein ergeben will.

Er hob den Machica-Beutel in die Hängematte und legte den Stiefel griffbereit daneben. Und dann tat er noch etwas, was er seit vielen, vielen Jahren so andächtig nicht mehr getan hatte: Er betete. »Lieber Gott«, flehte er inbrünstig, »steh mir bei! Laß der entkommenen Ameise eine Spinne oder eine Eidechse über den Weg laufen, ehe sie ihr Volk erreicht! Oder lenke den Weg des Ameisenzugs so, daß er an meiner Hütte vorüberführt...«

Danach gönnte er sich einen langen Zug Aguardiente. Dieser linderte ihm die Schmerzen in den Füßen, die nach der Anstrengung erneut tobend aufflammten, und schenkte ihm ein sanftes Dösen.

Nach einer Stunde etwa schreckte er auf. Diesmal weckte ihn nicht der Schmerz in seinen Füßen, sondern ein ungewohntes Geräusch – ein seltsam mahlendes, reibendes Geräusch, das er noch nie gehört hatte, dessen Bedeutung er jedoch sofort erfaßte. Sein Herz begann in wilder Angst zu hämmern, und ihm war, als fahre eine würgende Hand nach seiner Kehle. Er mußte allen Mut zusammenraffen, um seinen Kopf zu drehen und dem Verhängnis ins Gesicht zu blicken, das sich jetzt mit gnadenloser Unbeirrbarkeit heranschob.

Zögernd wandte er das Gesicht der Tür zu, und da sah er, wie sich die

Vorhut des Ameisenvolkes hereindrängte – ein lockerer Schwarm zuerst; aber gleich dahinter folgte die Hauptstreitmacht des wandernden Todes. Als meterbreiter, scharf abgegrenzter Bach, tintenschwarz und stinkend, rückte das Heer winziger, mordbereiter Krieger vor, strömte es durch den Raum der Hütte, unter der Hängematte hindurch.

Hin und wieder hoben einige von ihnen die Fühler vibrierend empor, als ob sie über ihren Köpfen gute Beute witterten. Dieses Wittern brach den Bann des Grauens, das José lähmte. Eine wahnwitzige Wut flammte in ihm auf und entlud sich in einem rauhen Schrei. Mit bebenden Fingern griff José in den Mehlbeutel und streute das gezuckerte Mehl in den Ameisenstrom. Der Zug staute sich einen Augenblick, und im Gewimmel bildete sich ein kreisender Wirbel.

Da packte José seinen Stiefel und schlug, schlug wie ein Drescher mit dem Flegel immer wieder darauf los. »Da und da und da«, brüllte er bei jedem Hieb in aberwitziger Mordlust, schlug und schlug und beobachtete mit böser Freude, wie seine Hiebe breite Bahnen der Vernichtung in den schwarzen Strom rissen... Oh, er wollte diesen winzigen stinkenden Teufeln da drunten schon zeigen, daß er nicht so wehrlos wie ein Brocken Zucker inmitten der Straße des wandernden Todes lag! »Und wenn ich auch lahm bin wie ein alter Hund«, knirschte er keuchend, »mich kriegt ihr nicht so leicht, mich nicht!«

Doch der wandernde Tod ließ sich durch die blindwütigen Angriffe des tobenden Caucheros ebensowenig aufhalten wie durch einen Wasserlauf oder durch einen Steinwall. Unaufhörlich kletterten Ameisen die Seitenholme der Stiege herauf, die vom Erdboden zur offenen Plattform der Hütte führte, schlossen sich auf der Plattform zur Marschsäule zusammen, strömten zur Tür herein, drängten voran, ohne sich um die Opfer der wilden Hiebe Josés zu kümmern... Nur weiter, weiter, wie es der dunkle, übermächtige Trieb ihnen befahl!

Schließlich kam, was kommen mußte: Josés Arme erlahmten; seine gebrochenen Füße, von den heftigen Körperbewegungen erschüttert, schmerzten unerträglich; das Feuer seiner irren Wut brannte aus. Keuchend sank José zurück. »Hätte mir der Trottel, der Manuel, doch lieber das Gewehr in Reichweite gestellt«, stieß er verzweifelt hervor. »Dann könnten mich diese stinkenden Bestien wenigstens nicht bei lebendigem

Leib auffressen!« Tränen rannen ihm über das schweißnasse Gesicht. »Madre de dios«, stammelte er, »hilf mir doch, hilf mir doch!«
In diesem Augenblick stach es wie mit glühenden Nadeln in sein Genick. Er schlug mit der Hand danach, warf sich herum und sah: Sie waren da, sie hatten den Weg zu ihm herauf gefunden. Das Kopftau der Hängematte wimmelte bereits von Ameisen.
José brüllte auf wie ein gemartertes Tier. Fliehen, nur fliehen! Eines anderen Gedankens war er nicht mehr fähig. Er schnellte seinen Körper hoch wie ein Fisch, der den Angelhaken in den Kiemen fühlt, und ließ sich auf den Rand der Hängematte fallen, daß sie heftig schwankte, sich nach unten neigte und ihn abstieß.
Er rollte über den Rand und fiel mitten hinein in den Strom der schwarzen Ameisen.
Dumpf klatschte sein Leib auf, und gleich darauf war ihm, als sei er in einen Haufen glühender Kohlen gestürzt. Qual und Angst schnellten seinen Körper abermals empor. Er rollte, rutschte weiter wie ein Fisch auf dem Trockenen – der Tür entgegen, auf den Vorbau hinaus, die Stiege zur Erde hinab, den Uferhang hinunter zum Strom. Unzählige Ameisenbisse stachen dabei glühend wie höllische Nadeln in sein Fleisch. In den gebrochenen Knöcheln tobte der Schmerz wilder als je zuvor. Doch José robbte, rollte, schnellte sich weiter, schreiend und blindlings um sich schlagend, bis er das flache Wasser am Ufer des Stroms lind und kühl wie das Leinentuch eines frischen Hospitalbettes an seinen Gliedern spürte.
Hier, im seichten Wasser der Bucht, fanden sie ihn am Abend des folgenden Tages. Seine rechte Hand hatte sich so fest um eine Baumwurzel gekrallt, daß es Mühe kostete, sie wieder zu öffnen. Aber dieser Griff um die Wurzel hatte ihn davor bewahrt, daß ihn die Strömung abtrieb, denn er war bewußtlos. Die Ohnmacht umfing seine Sinne so dunkel und schwer, daß man ihn zunächst für tot hielt, als man ihn aufhob. Doch es war noch ein Funke Leben in ihm, und dieser Funke war sogar so stark, daß José auch den zweitägigen Transport im Boot nach Quevedo und danach die Operation im Hospital überstand, die ihm die Füße rettete. Daß diese so lange und gründlich vom Wasser gekühlt wurden, habe wahrscheinlich den Kalten Brand verhindert, meinte der Arzt.
Sechs Monate später stieß José wieder zu Pablos Gummisuchertrupp am

Oberlauf des Rio Palenque. Was hätte er auch sonst tun sollen? Er hatte nichts anderes gelernt als das Handwerk des Caucheros, und ein Cauchero muß sich nun einmal dranhalten, wenn er ein ergiebiges Castilloa-Revier gefunden hat und der Rohgummi seine Taschen mit Geld füllen soll.

Die Läuse des Herrn Ermenonville

»Ein typischer Fall von Wirtschaftsspionage!«
So würde man wohl heutzutage das nennen, was Monsieur Ermenonville im Jahr 1777 unternahm. Wie man es damals nannte, weiß ich nicht. Aber eines ist sicher und damals wie heute gleich: Was er getan hat, fanden die einen höchst lobenswert und patriotisch, die anderen überaus heimtückisch und abscheulich – je nachdem, ob die profitierende oder die geschädigte Partei sich darüber aussprach.
Was Monsieur Ermenonville unternahm, mutet auf den ersten Blick recht seltsam an: Er zog aus, Läuse zu stehlen. Man sollte meinen, niemand würde eine lange und beschwerliche, ja lebensgefährliche Reise auf sich nehmen, um sich in den Besitz einer Handvoll dieser unliebsamen Krabbeltiere zu bringen. Ermenonville hatte es jedoch nicht auf die gewöhnliche Kopf- oder Kleiderlaus abgesehen. Davon hätte er in seiner französischen Heimat ohne Mühe jede beliebige Menge auftreiben können.
Es handelte sich vielmehr um die Cochenille-Laus, und diese war seinerzeit in bester Qualität nur an einem einzigen Ort unserer Erde zu finden: in und bei der mexikanischen Stadt Oaxaca.
Wahrscheinlich kann sich heute kaum noch jemand ein Bild von dem wirtschaftlichen Wert machen, den die Cochenille-Laus damals darstellte, und vermutlich weiß außer Fachgelehrten auch niemand ganz genau, wo dieses Tierchen in der Zoologie unterzubringen ist. Wir werden deshalb nicht darum herumkommen, zunächst einmal einen kurzen Ausflug in die Wirtschaftsgeschichte des 18. Jahrhunderts und in die Wissenschaft der Entomologie, der Kerbtierkunde, zu unternehmen.
Monsieur Ermenonville stand als Botaniker im Dienst König Ludwigs XVI. von Frankreich. Er hatte den Auftrag übernommen, die Cochenille-Laus

aus dem damals noch zum spanischen Kolonialreich gehörenden Mexiko in die französische Kolonie Haiti zu verpflanzen. Dies war ein Auftrag von weitreichender Bedeutung. Das wird sofort klar, wenn man sich die Tatsache vor Augen hält, daß Frankreich um 1770 jährlich nicht weniger als eine halbe Million Livre – nach heutigem Geldwert etwa zwei Millionen Mark – für die Einfuhr dieser Ware ausgab. Und es leuchtet ebenfalls ein, daß Spanien, dessen Kolonie Mexiko die einzige Quelle dieser kostbaren Ware war, die gewinnbringende Cochenille-Laus eifersüchtig hütete. Ebenso verständlich ist jedoch, daß andere handeltreibende Nationen, vor allem aber das damals mit tropischen Kolonien noch reich gesegnete Frankreich, auf Mittel und Wege sannen, den Spaniern das Monopol abzujagen.

Den Spaniern war der Wert der Cochenille-Laus bereits aufgegangen, als Cortez Mexiko erobert hatte. Einer seiner Gefolgsleute entdeckte, daß die Azteken aus dieser Laus einen roten Farbstoff von großer Leuchtkraft, Schönheit und Haltbarkeit gewannen. Dieser Mann erkannte sofort, daß man damit einen Farbstoff gefunden hatte, der dem Saft der seit dem Altertum bekannten und hochbegehrten Purpurschnecke gleichwertig war und wie dieser mit Gold aufgewogen werden mußte.

Für die französische Wirtschaft spielte die Einfuhr des roten, aus der Cochenille-Laus gewonnenen Farbstoffs eine wichtige, aber kostspielige Rolle. Mit seiner Hilfe gewann man nämlich ein farbechtes Rot für die Seiden- und Musselinstoffe, vor allem aber auch für Schminken, Puder und Lippenstifte: für Waren also, mit denen die französische Industrie im 18. Jahrhundert die halbe Welt belieferte und stattliche Einnahmen erzielte.

Das Insekt, das diesen wunderbaren, vielbegehrten roten Farbstoff produzierte, gehört nun keineswegs zur Gattung der Läuse. Es ist vielmehr eine Fliegenart. Der Farbstoff bildet sich im Leib der flügellosen Weibchen, das als Schmarotzer nur auf den Blättern einer einzigen Kaktusart gedeiht: der Nopal. Das Weibchen stirbt, ehe seine Jungen auf die Welt gekommen sind. Sein Leichnam dient ihnen als Nahrungsquelle und Schutzhülle, bis sie ausschlüpfen. Das beste Rot wird aus den getrockneten Körpern junger, eben befruchteter Weibchen gewonnen. Man fegt sie mit einem ganz weichen Pinsel von den Nopalblättern herunter, tötet sie mit

heißem Wasser ab und läßt sie dann in der Sonne dörren. Ein einziges, kaum linsengroßes Cochenille-Läuschen genügt, um ein großes Glas Wasser karminrot zu färben.
Soviel von der Wirtschaftsgeschichte und Zoologie um die Cochenille-Laus.

Die beste, farbkräftigste Spielart der Cochenille-Laus gedieh, wie schon gesagt, in und bei der mexikanischen Stadt Oaxaca, die etwa vierhundert Kilometer südwestlich der Hafenstadt Veracruz liegt.
Hier in Veracruz finden wir Monsieur Ermenonville eifrig damit beschäftigt, Pläne für die Reise nach Oaxaca zu schmieden und seine Vorbereitungen für den beabsichtigten Läusediebstahl zu treffen. Er begriff sehr schnell, daß er dabei äußerst vorsichtig zu Werke gehen mußte.
Bei seiner Ankunft hatte er sich arglos als Botaniker zu erkennen gegeben, und das genügte bereits, um ihn den Spaniern verdächtig zu machen. Sie hatten vermutlich schon unliebsame Erfahrungen mit den Schnüffelnasen und scharfen Augen dieser Vertreter der sanften Wissenschaft gemacht. Die Behörden zögerten jedenfalls auffällig lange damit, ihm das Einreisevisum zu erteilen.
Ermenonville fehlte es leider auch an Mitteln, das Verfahren zu beschleunigen und zu seinen Gunsten zu beeinflussen. Er war jämmerlich knapp bei Kasse, konnte sich also die Türen der Ämter und das Wohlwollen der Beamten nicht durch das bewährte Verfahren zugänglich machen, das man »die Hände vergolden« nennt.
Man hatte ihm in Paris ursprünglich sechstausend Livres als Reisegeld bewilligt. Aber dann brach unter der Regie des neuen, strengen Finanzministers Necker eine Welle ungewohnter Sparsamkeit über Frankreich herein, und Ermenonvilles Reiseetat wurde auf dreitausend Livre gekürzt. Tausend Livre hatten Verwandte und Freunde noch zugeschossen. Aber auch mit viertausend Livre ließen sich keine großen Sprünge machen. Vor allem verboten sich Bestechungsversuche; sie hätten nur zu leicht ein Faß ohne Boden geöffnet.
In Veracruz hörte Ermenonville, daß man im Gebiet von Oaxaca auch Vanille anbaute. Das verlieh seiner Sehnsucht nach dieser Stadt noch mehr Flügel. Er beschloß sofort, sich auch von dieser kostbaren Gewürz-

pflanze Saat- und Pflanzgut zu verschaffen und es aus dem Land hinauszuschmuggeln.
Doch einstweilen war noch nicht einmal die Frage gelöst, wie er nach Oaxaca gelangen sollte. Man ließ ihn wissen, sein Einreisevisum müsse auf die Städte Mexiko und Orizaba beschränkt bleiben. Ermenonville nahm das achselzuckend zur Kenntnis. Er war zufrieden, wenn man ihn überhaupt ins Binnenland hineinließ. Er würde sich dann eben auf dem Weg nach Orizaba nach Oaxaca verirren!
Er war gerade dabei, sich zur Abreise nach Orizaba bereitzumachen, da traf ihn ein Schlag, mit dem er nicht mehr gerechnet hatte. Der Gouverneur der Küstenprovinz ließ ihm den Paß wieder abnehmen und ihn zugleich wissen, man werde ihn mit dem nächsten französischen Schiff, das Veracruz anlief, abschieben. Bestürzt erkundigte sich Ermenonville, warum man mit ihm, dem harmlosen Botaniker, so hart verfuhr.
Der Beamte, bei dem er vorstellig wurde, erwiderte spöttisch und sehr von oben herab: »Monsieur, Sie scheinen sich einzubilden, wir Spanier seien Schlafmützen! Uns ist zu Ohren gekommen, daß Sie sich mit auffälligem Eifer immer wieder nach dem Zustand der Straßen nach Oaxaca erkundigen. Daraus haben wir unsere Schlüsse gezogen. Meinen Sie, wir wüßten nicht, was einen französischen Botaniker Oaxaca so verlockend macht?«
Ermenonville tanzte, wie er berichtet, in seiner Unterkunft »vor Wut Krakowiak«, als man ihn so schnöde behandelte. Doch nachdem er seinen Gefühlen Luft gemacht hatte, setzte er sich, als ein wissenschaftlich gebildeter Mann, an den Tisch, schnitt sich eine Feder zurecht und begann, mit deren Hilfe scharf nachzudenken und seine Aussichten nach Soll und Haben abzuwägen.
Auf der Habenseite verbuchte er:
1. Ich bin noch in Veracruz, und das nächste französische Schiff ist frühestens in vier Wochen zu erwarten.
2. Ich bin zwar nicht weise, aber klug genug, um dem Dummstolz dieser aufgeblasenen Spanier ein Schnippchen zu schlagen.
3. Ich habe dank der Großmut meiner Freunde genug Geld, daß ich mich durchs Land schlagen kann, ohne durch schäbige Knauserei behindert zu sein.

4. Ich bin fest entschlossen, mich meinen Freunden dadurch dankbar zu erweisen, daß ich meinen Auftrag mit Erfolg zu Ende führe.

Doch wie wollte, wie sollte er den Entschluß in die Tat umsetzen? Da konnte nur Verwegenheit helfen. Er, der bisher nicht als Mann der Tat, sondern als stiller Beobachter und Pfleger der Pflanzenwelt durch das Leben gegangen war, fand in diesem Auftrag die ermutigende Kraft, sich zu einem Plan von tollkühner Dreistigkeit durchzuringen.

Er beschloß, in der nächsten mondlosen Nacht ohne Gepäck Veracruz zu verlassen und sich zu Fuß nach Oaxaca zu begeben.

Was sprach gegen diesen Entschluß? Auch das schrieb Ermenonville sorgsam Punkt für Punkt auf:

1. Ich habe keinen Paß. Es ist also höchst wahrscheinlich, daß man mich unterwegs an jedem dritten Meilenstein anhält und spätestens am Tor der nächsten größeren Stadt verhaftet und in Eisen legt.

2. Ich spreche nicht geläufig Spanisch.

3. Ich weiß nicht einmal genau, an welchem Stadttor von Veracruz die Straße nach Oaxaca beginnt. Frage ich danach, so muß ich mich aufs neue verdächtig machen und riskieren, daß man mich schon hier hinter Gitter bringt.

4. Der Weg nach Oaxaca ist mehr als dreihundert Meilen lang – nüchtern betrachtet zu lang für jemand, der ihn ohne Gepäck, also ohne Kleider, Schuhe und Wäsche zum Wechseln unter die Füße nehmen muß.

Besonders dieser letzte Punkt bereitete ihm Sorgen, nicht weil er sonderlich eitel gewesen wäre, sondern weil er sich folgendes überlegte: Sein magerer Geldbeutel und die Furcht vor der Polizei würden ihm unterwegs nicht gestatten, die Gasthöfe aufzusuchen. Seine Mahlzeiten und sein Nachtquartier mußte er deshalb bei einfachen Leuten suchen. Um deren Gastfreundschaft zu gewinnen, durfte ein Landfremder nicht zerlumpt und schmutzig daherkommen, sollte er nicht für einen Landstreicher oder gar für einen Räuber gehalten werden.

Nicht weniger heikel war der zweite Punkt auf seiner Liste. Er mußte dort, wo er Gastfreundschaft fand, einleuchtend erklären können, weshalb er so schlecht Spanisch sprach. Da Ermenonville ein vielseitig gebildeter Mann war, kam er schnell auf eine plausible Ausrede. Er beschloß, sich als Katalane auszugeben, denn er wußte, daß man in Katalanien einen

Dialekt sprach, der viele Anklänge an das Französische hatte. Deshalb würde es nicht auffallen, wenn er französische Brocken in sein Spanisch mischte.
Stirnrunzelnd ging er noch einmal alle Punkte seiner Soll-und-Haben-Liste durch. Es stand, gelinde gesagt, ziemlich windig um die Voraussetzungen für sein gewagtes Unternehmen. Aber bessere waren nun einmal unter den gegebenen Umständen nicht zu schaffen. »Wer kein Taschentuch hat, muß sich die Nase mit dem Handrücken wischen«, sagte er und ging kurz entschlossen zu Bett, um sich weiteren Grübeleien zu entziehen, die doch kein anderes Ergebnis hätten bringen können.
Zwei Tage später, an einem Freitag, kam der Mond erst spät herauf, wie sein Kalender ihm verriet. Gegen Mitternacht verließ er unauffällig seine Behausung, kletterte unbemerkt über die Stadtmauer und suchte die Straße nach Oaxaca zu gewinnen. Es gelang ihm jedoch nicht. Er verirrte sich rettungslos in den Sanddünen, die Veracruz umgaben, denn der Wegweiser, auf den er gehofft hatte, der schneebedeckte Gipfel des Pik Orizaba, der ihm die Richtung hätte angeben können, blieb die ganze Nacht von Wolken verhüllt. Er mußte schließlich froh sein, daß er im ersten Morgengrauen auf einen alten Indio stieß, der ihn zur Mauer zurückbrachte. Noch ehe die Sonne aufging, schlich er sich wieder in sein Quartier – ziemlich beschämt über den lächerlichen Fehlstart, aber keineswegs entmutigt oder gar an seinem Entschluß irregeworden.
Schon in der nächsten Nacht wagte er sich aufs neue hinaus. Diesmal war der Himmel klar. So half ihm der spät aufgehende Mond, die Richtung zu finden, die er einschlagen mußte, denn das Gestirn beleuchtete den Schneekegel des Pik Orizaba so hell, daß er wie eine geisterhaft bleiche Pyramide über der Landschaft schwebte. Hinter diesem Gipfel lag das Ziel seiner Hoffnungen: Oaxaca.
Als die Sonne kam, schloß er sich für eine Weile einem Maultiertreiber an und begann mit ihm ein Gespräch. Dabei fragte er den Arglosen unauffällig über den besten Weg nach der nächsten Stadt, nach San Lorenzo, aus. Als er erfahren hatte, was er wissen wollte, ließ er den braven Mann mit seinem Langohr weiterziehen, rastete eine Weile und machte sich tapfer daran, die weite, sonnenglühende Ebene zu durchqueren, die sich nun vor ihm ausbreitete.

Durst quälte ihn von Stunde zu Stunde schlimmer, denn es gab nirgendwo Wasser. Nur Kaktusfeigen wuchsen am Weg in Menge, und obwohl er wußte, wie sehr die feinen, spitzen Stacheln dieser Früchte zu fürchten waren, blieb ihm schließlich nichts übrig, als sich an ihnen zu erquicken, wenn er nicht vor Durst in der Sonnenglut ermatten wollte. Unerfahren, wie er noch war, wußte er es nicht zu vermeiden, daß ihm trotz aller Vorsicht einige Stacheln in die Zunge drangen. Die Schmerzen, die sie ihm verursachten, waren noch schwerer zu ertragen als der Durst.

Ziemlich verdrossen schleppte er sich weiter, bis er gegen Abend die Hütte eines Schafhirten erreichte. Er bat nicht vergebens um dessen Gastfreundschaft und wurde zunächst mit Schafsmilch ausgiebig gelabt. Dann bekam er sogar einen halben gebratenen Truthahn vorgesetzt, und nachdem er diesen verzehrt hatte, »fühlte ich mich wieder menschlich und mit der Welt einverstanden«, bemerkt sein Reisebericht.

Einmal freilich jagte ihm sein Gastgeber einen gehörigen Schrecken ein. Er fragte nämlich: »Woher kommt Ihr, Señor? Denn daß Ihr kein Criollo seid, sieht man sofort.«

»Woran sieht man das?« fragte Ermenonville beklommen.

»An den langen Schritten, mit denen Ihr daherkommt, Señor! So gehen nur die Spanier drüben im alten Land. Die hierzulande Geborenen gehen mit kurzen Schritten.«

Ermenonville atmete auf. Sein schlechtes Spanisch hatte ihn diesem Mann also nicht verdächtig gemacht. Er hielt es trotzdem für angebracht, dem Schafhirten zu erklären, er sei Katalane, und deshalb spreche er die Landessprache nicht geläufig.

Am nächsten Morgen machte er seinen Gastgeber überglücklich, indem er ihm vier Reales – etwa zwei Mark – schenkte. Der Hirt bedankte sich überschwenglich für das Geschenk und bestand darauf, seinen Gast bis zur Fähre am Jannupa-Fluß zu geleiten, damit er den Weg nicht verfehle. Seiner Fürsprache verdankte es Ermenonville auch, daß ihn der Fährmann, ein vergnügter junger Neger, kostenlos übersetzte. Außerdem fragte ihn der Schwarze nicht nach Wohin und Woher. Später fand Ermenonville heraus, daß ihn der gastfreundliche Schafhirte wie auch der freundliche Negerfährmann durch ihre Dienstwilligkeit vor einer Falle bewahrt hatten: Die Fähre, die er benutzte, lag nicht an der Hauptstraße, sondern an einem nur von den Einheimischen benutzten Nebenweg. An der Fährstelle der Hauptstraße aber stand ein militärischer Wachtposten. Am zweiten Tag seiner Wanderung sah er keinen Menschen. Nur wilde Truthühner und Kaninchen tauchten hier und da auf, bis er an ein Gehöft kam, wo ihn eine uralte Negerin grob abwies. Er irrte weiter durch tief eingeschnittene, trockene Flußbette. Dort konnte er zwar seinen brennenden Durst nicht löschen, aber sein Botanikerherz durfte sich an den baumhohen Blütenständen unzähliger Yucca-Pflanzen erfreuen.

Es war schon Nacht, als er in einem prasselnden Gewitterschauer das Gehöft Calabuca erreichte. Hier verbrachte er eine höchst unbehagliche Nacht, denn der Hofbesitzer machte ihm »mit argwöhnischen Fragen und verfänglichem Gerede sehr zu schaffen«. Wahrscheinlich war es ein ganz harmloses Geschwätz. Aber weil Ermenonville übermüdet war, nach dem Gewitterguß in durchnäßter Kleidung fröstelte und sich deshalb nach dem Bett sehnte, ging ihm die begreifliche Neugier und Redseligkeit des einsamen Landbewohners so auf die Nerven, daß er selbst hinter unschuldigen Fragen eine Falle witterte.

Der strahlend schöne Morgen verscheuchte seinen Mißmut schnell. Da der Gipfel des Orizaba bereits höher vor ihm aufragte, überquerte Ermenonville mit frischer Zuversicht das letzte Stück der dürren, von tiefen Flußbetten durchschnittenen Ebene. In den Vorbergen wich die Öde grünen Wäldern. Peinlich waren dem nicht ganz schwindelfreien Botaniker nur die schwankenden, schmalen und meist geländerlosen Brückenstege, auf denen er die reißenden Flüsse überqueren mußte. Doch davon abgesehen, kam er ohne unliebsame Begegnungen und Abenteuer nach San Lorenzo, und weil dort gerade ein heftiger Regenschauer niederging, ließ ihn die Torwache unbefragt passieren.

Er gönnte sich nur eine kurze Rast, mietete sich ein Pferd und ritt unverzüglich weiter. Das Tier war ungewöhnlich munter und kräftig. Ermenonville konnte deshalb die ganze Nacht hindurch ohne Schlafpause weiterreiten und erreichte schon am Vormittag Cordova. Hier kümmerte sich niemand um ihn. Er betrachtete mit Muße die hübsche Kleinstadt, bewunderte deren geräumige Plätze und schöne Brunnen und ritt nach einer guten Nachtruhe am nächsten Tag unbehelligt bis Orizaba.

Ermenonville kann sich in seinem Reisebericht gar nicht genugtun, die Schönheit dieses Städtchens zu rühmen. »Nie«, schreibt er, »sah ich eine so hübsche Stadt in eine ähnlich schöne Landschaft eingebettet. Waldige Hänge und wild zerrissene Bergzacken umgeben sie auf allen Seiten, und wo man in den wohlgepflasterten Straßen geht und steht, schaut die beinahe vollendet gleichmäßige Pyramide des schneebedeckten Orizaba-Gipfels herein. Sie leuchtet noch lange goldgelb und rosig, goldrot, dann silberhell in der Morgenfrühe, wenn die Stadt selbst noch unter dem dunklen Mantel der Nacht friedlich schlummert. In allen Straßen rauschen und plätschern die zahllosen Brunnen. Üppige Gärten atmen die süßesten Düfte um alle Häuser, und die Luft ist auch am hohen Mittag noch morgenfrisch.«

In Orizaba unternahm Ermenonville einen weiteren, klug ausgedachten Schritt, um sich für den Rest seiner gewagten Reise zu sichern. Er suchte den Konvent der Karmeliter-Mönche auf, wurde von dessen Subprior empfangen und erzählte dem Mönch ein erdachtes Geschichtchen.

»Ich bin«, so sagte er ihm, »ein katalanischer Arzt und Botaniker und bereise seit drei Jahren Mexiko. Eines Tages geriet ich während eines Unwetters in große Gefahr. Damals gelobte ich, zu Fuß eine Wallfahrt zur Nostra Señora de la Soledad in Oaxaca zu unternehmen. Ich sehe jedoch, daß diese Wanderung allmählich über meine Kräfte geht. Würde es mir, Ehrwürdiger Vater, wohl erlaubt werden können, das letzte Stück meiner Wallfahrt zu Pferde zurückzulegen, wenn ich der Muttergottes dafür eine namhafte Spende zukommen lasse?«

Er tischte dem Mönch dieses Märchen mit der Absicht auf, um von ihm möglichst genaue Auskünfte über die Länge und Beschaffenheit des Weges zu erhalten, den er noch vor sich hatte. Der gutgläubige geistliche Herr fiel darauf herein. Er könne sich durchaus durch eine Spende von der beschwerlichen Fußwanderung loskaufen, erklärte er ihm und beschrieb ihm den Weg nach Oaxaca genau. Ja, er gab Ermenonville sogar noch ein Empfehlungsschreiben an den dortigen Karmeliterkonvent mit.

»Denn«, so sagte er, »unsere Brüder dort besitzen einen schönen großen Garten voll seltener Pflanzen. Den dürfen Sie sich als Botaniker auf keinen Fall entgehen lassen.«

Hochbefriedigt verließ Ermenonville das Kloster und marschierte vergnügt zur Stadt hinaus, den Bergen entgegen. Da er, ohne Gepäck und wie ein harmloser Spaziergänger gekleidet, mit einem Stöckchen in der Hand daherschlenderte, fragte ihn die Torwache nur nach seinem Namen und nicht nach Woher und Wohin. Und als man auf der Wache gar noch hörte, er sei Arzt, fiel man ihm vor Freude fast um den Hals. Er mußte sofort den Offizier der Wache untersuchen und ihm eine Kur verschreiben. Da es sich um einen leichten Fall einer verschleppten Bronchitis handelte, fiel dies Ermenonville, der früher einmal Medizin studiert hatte, nicht weiter schwer. Er gab freundlich seine Ratschläge, wünschte gute Besserung und durfte alsdann unbehelligt seinen Spaziergang fortsetzen.

Die nächste Nacht verbrachte er in der Hütte einer Indio-Familie. Sobald Ermenonville auf die mexikanischen Indianer zu sprechen kommt, gehen ihm Herz und Mund über. Ihre schlichte Gastfreundlichkeit scheint es ihm besonders angetan zu haben: »Sie behandelten mich überall mit der größten Gutmütigkeit. Aber auch untereinander begegneten sich diese armen, schlichten Menschen so höflich und freundlich, wie ich es nirgends sonst in der Welt beobachtet habe. Der Besitzer jener Hütte bei Orizaba, in der ich die Nacht verbrachte, war ein bettelarmer und sichtlich schlecht ernährter Indio. Er kam hundemüde von einem Tag voll schwerer Arbeit zurück. Trotzdem begrüßte er Frau und Kinder mit großer Zärtlichkeit, hatte für alle ein gutes Wort und half seiner Frau, es mir so bequem wie möglich zu machen.

Am nächsten Morgen ließ er sich nicht davon abhalten, in aller Frühe, lange vor dem Morgengrauen, mit mir aufzustehen und mir den Weg zu zeigen, den ich zur Paßhöhe einschlagen mußte. Mehr als eine Stunde lang gab er mir durch den bitterkalten Frühnebel das Geleit, damit ich meinen Pfad nicht verfehlte.

Als der Orizaba-Gipfel im ersten Strahl der Morgensonne vor uns aufglühte, begab sich etwas Merkwürdiges. Es erschütterte mich so, daß mir die Tränen der Scham in die Augen schossen. Beim Anblick des leuchtenden Gipfels blieb ich andächtig stehen und entblößte vor seiner Schönheit und Reinheit ehrfürchtig das Haupt. Der Indianer beobachtete mich schweigend, offensichtlich erstaunt. Schließlich berührte er zaghaft

meinen Arm und sagte: »Du brauchst den Berg nicht so anzustaunen, Herr! Der Gipfel besteht nämlich nicht aus Silber, sondern nur aus Eis und Schnee!«
So hart und habgierig also erscheinen wir Weißen den Indios, daß sie uns ein unverstelltes Gefühl der Andacht und Bewunderung vor der Schönheit der Natur gar nicht mehr zutrauen!

Gegen Mittag erreichte Ermenonville auf einem vielfach gewundenen Pfad den Paß, der Orizaba mit Tecuacan verbindet. Hier tat sich ihm eine ganz neue Welt auf – die Zone gemäßigten Klimas in Mexiko. Sein Botanikerherz schwelgte bei jedem Schritt in neuen Eindrücken. Eichenwälder begleiteten die Straße. Geranien, Heliotrop, Fuchsien, Tradescantien – ihm bisher nur als Gartengewächse bekannt – blühten und gediehen hier als Wildblumen in einer unbegreiflich üppigen Fülle.
Bald lag das Tal von Tecuacan, eine der schönsten Landschaften Mexikos, vor ihm. Ermenonville fühlte sich an die Lombardei erinnert, denn hier war jedes Fleckchen Erde kultiviert: Bewässerungsgräben durchzogen die von Städten und Dörfern dicht besetzte Ebene, und Obstgärten wechselten mit wogenden Getreidefeldern. Er umging die Stadt Tecuacan, kaufte nur in einem Vorort Brot und wanderte weiter nach San Francisco. Hier verbrachte er die Nacht, brach sehr früh auf und erreichte zeitig am Morgen San Antonio, wo er sich ein Pferd beschaffen wollte. Dies gelang ihm, und er durchstreifte das Tal nun wie im Flug, bis er bei Aquiotepec die Talschlucht des Rio Grande de Tecuacan erreichte, den er passieren mußte, um die Bergkette vor Oaxaca zu überwinden.
Über diese Bergkette führte nur ein kaum zwei Schritt breiter Pfad und zwar an der Steilwand der Talschlucht entlang, hoch über dem Flußbett des Rio Grande. Das Tosen der reißenden Strömung tönte drohend zu dem schmalen Band des Weges hinauf. Der Blick in die tiefe Schlucht war mehr, als Ermenonville ertragen konnte. Es war ihm, als ob ihn die Tiefe magisch anzog. Ihm wurde so schwindlig, daß er sich nicht länger auf dem Rücken seines Pferdes halten konnte. An allen Gliedern zitternd, stieg er ab und führte das Pferd am Zügel weiter. Mit schlotternden Knien schob er sich so eng wie möglich an der Bergwand entlang, um sich der saugenden Gewalt des Abgrunds zu entziehen.

Doch an manchen Stellen verengte sich der Pfad derart und wand sich in so scharfen Biegungen bergauf, daß Ermenonville sich nur noch mit geschlossenen Augen an der Felswand weiterzubewegen wagte. Selbst sein Pferd geriet mehrmals in Gefahr abzustürzen, denn der Weg wurde zudem auch noch glitschig und bröckelig, je mehr er sich der Paßhöhe näherte. Schließlich stand der Bergsteiger am Rand einer sechshundert Meter tief abstürzenden Steilwand. Hier versagten ihm Kraft und Mut. Erst nach einer längeren Rast fügte er sich seufzend der Einsicht, daß es nun einmal keinen bequemeren Weg nach Oaxaca gab.

Schweißüberströmt und erschöpft kam er abends in der hübschen alten Stadt Trucallan an. Hier wollte ihm das Glück wohl. Er suchte Herberge bei den Franziskanern und lernte dabei einen vergnügten alten Mönch kennen, der sich erbot, ihn am folgenden Morgen bis nach Oaxaca zu begleiten. »So durfte ich denn«, notiert Ermenonville erleichtert, »auch diesen greulichen Tag am Ende noch zu den erfreulichen meiner Wanderung zählen.«

Auch die nächste Etappe seiner Reise war alles andere als bequem. Er mußte mit seinem Begleiter das gewundene enge Tal des Rio de los Vueltas passieren und dabei den reißenden Fluß mehr als vierzigmal auf Fähren, durch Furten oder auf Pferderücken überqueren. Noch einmal ging es bergauf, und zwar fast so steil wie am Paß von Aquiotepec. Doch als dieses schwierige Wegstück überwunden war, lag sein gelobtes Land, die Ebene von Oaxaca, vor Ermenonville. Wie er gewissenhaft notiert, zählte er nicht weniger als »fünfzig Dörfer mit weißen Häuschen und roten Ziegeldächern« in der Ebene, die sich vor seinem Blick bis weit in die Ferne, der Grenze von Guatemala entgegen, erstreckte.

Aber mehr noch als die Landschaft faszinierte ihn eine Pflanze, deren schöne blutrote Blüten die Berghänge bedeckten. Es war, wie sein geschultes Auge alsbald feststellte, die St.-Jago-Lilie. Über ihrem Anblick vergaß er für geraume Weile sogar die mehr aufs Nützliche gerichteten Absichten seiner Reise und deren gefährliche Begleitumstände.

Während sein Herz und sein Auge noch im Genuß dieses ebenso schönen wie seltenen Blumenbildes schwelgten, erreichte er gemächlicheren Schrittes den ersten Ort in der Ebene von Oaxaca, das Dorf St. Juan del Rey. Hier erblickte er zum erstenmal eine Nopalpflanzung. Dies erinnerte ihn an seine Aufgabe, und er ging unverzüglich daran, sich aus erster Hand durch den Augenschein über diese Pflanze und ihren Schmarotzer, die Cochenille-Laus, zu unterrichten. Wieder wollte ihm das Glück wohl: Die erste Nopalpflanzung, in die er dreist eindrang, gehörte ausgerechnet dem Bürgermeister des Dorfes, einem Neger von ungewöhnlicher Schwärze. Nun waren im spanischen Mexiko zwar alle Rassen gleichgestellt, und Neger konnten durchaus auch öffentliche Ämter bekleiden. Trotzdem wurden sie von den Kreolen – also den im Land geborenen Weißen – mit Verachtung behandelt.

»Man kann sich deshalb vorstellen«, erzählt Ermenonville in seinem Reisebericht, »wie es diesem kohlrabenschwarzen Mohren von St. Juan del Rey und seiner kaum weniger schwarzen Eheliebsten schmeichelte, als ein wohlgekleideter weißer Herr auf sie mit dem Hut in der Hand zutrat, sich höflich vor ihnen verbeugte und mit wohlgesetzten Worten bescheiden um Erlaubnis bat, die Pflanzung besichtigen zu dürfen.« Es versteht sich, daß er auf alle Fragen erschöpfende Auskunft erhielt.

Der Bürgermeister beschaffte Ermenonville außerdem bereitwillig ein Pferd. Es war zwar eine greuliche alte Mähre, aber sie trug ihn doch leidlich bequem bis zum Stadtrand von Oaxaca. Hier, wo jeder Fleck Kulturland mit Nopalgärten besetzt war, stieg er wieder ab und schlenderte mit der gelassenen Miene eines Mannes, der gerade von einem kleinen Spaziergang zurückkehrt, an der Torwache vorüber in die Stadt hinein und zum Konvent der Karmeliter. Die erste Hälfte dieser Reise war beendet. Nun galt es, ihren Erfolg zu sichern.

Oaxaca imponierte Ermenonville sehr. Er fand schöne Häuser, prächtige Kirchen und schattige Arkaden an den wohlgepflegten breiten Straßen. Die Stadt »besitzt das angenehme, erfrischende Klima eines ewigen Frühlings, erhält von den Bergen über Aquädukte das trefflichste Trinkwasser, und immer weht eine sanfte duftende Brise durch die Gassen«, notiert er. »Sie könnte ein Paradies sein, wäre sie nur nicht von Spaniern bewohnt.«

Gerechterweise muß man freilich feststellen, daß ihn weder die spanischblütigen Kreolen noch die anderen Bewohner von Oaxaca schlecht behandelten. Man erwies ihm vielmehr überall die größte Höflichkeit; niemand schöpfte Verdacht gegen ihn oder ließ ihn sein mangelhaftes

Spanisch entgelten. Unbehelligt erstand er die Kisten, die er zum Abtransport seiner Beute brauchte, und als er sich diese Beute gesichert hatte, halfen ihm die Karmelitermönche bereitwillig, die fünf Pferde zu beschaffen, auf die er seine Kisten verladen wollte.

Selbst der Diebstahl der Cochenille-Läuse verlief reibungslos. Schon am ersten Tag entdeckte er am Stadtrand eine Handelsgärtnerei, die neben Blumen und Gemüse auch Nopalpflanzen anbaute. Er betrat sie unter dem Vorwand, er wolle Blumen kaufen. Während man ihm die Sträuße band, hatte er Zeit und Gelegenheit genug, die Nopalpflanzen genau zu betrachten. Mit Vergnügen sah er, daß deren fleischige Blätter von Cochenille-Läusen wimmelten.

Schon am nächsten Morgen stellte er sich in aller Frühe bei dieser Gärtnerei mit zwei Indiodienern des Karmeliterklosters wieder ein. Dem Gärtner erklärte er, er sei Arzt und wolle Nopalblätter mitsamt Cochenille-Läusen kaufen, um daraus ein Pflaster gegen die Gicht zu bereiten. Daraufhin war der Gärtner sofort bereit, ihm soviel zu verkaufen, wie er wollte. Ermenonville ließ sich einen Armvoll abschneiden, bezahlte dafür mit vier Realen, wickelte die Blätter in feuchte Tücher und ließ sie in seine Klosterherberge schaffen. Nicht eine Seele begegnete ihm zu dieser frühen Stunde auf der Straße. »Ich hätte am liebsten vor Freude laut gesungen«, erzählt er, »aber die Besorgnis, man könnte auf mich und meine Beute aufmerksam werden, verschloß mir den Mund.«

Der Erfolg machte ihn kühn. Da ihm die Mönche des Konvents bestätigten, in der Nähe der Stadt werde Vanille angebaut, entschloß er sich, auch davon Pflänzlinge fortzuschmuggeln. Die arglosen Mönche besorgten ihm einen Spanier als Wegführer. Am folgenden Tag ritt er mit diesem Begleiter los und kam noch am Abend mit einem dicken Bündel von Vanillestengeln zurück.

Doch nun brannte ihm der Boden unter den Füßen. Deshalb eröffnete er bei der Rückkehr seinen klösterlichen Gastgebern, er werde anderntags in aller Frühe abreisen. Sie ließen ihn nur mit Bedauern scheiden und drängten ihm sogar noch zwei von ihren Indiodienern auf, die ihn über die Berge bis Orizaba begleiten sollten. Noch vor Morgengrauen ritt er mit seiner kleinen Karawane davon. Die verschlafene Torwache ließ ihn unbehelligt passieren, und schon gegen Mittag erreichte er St.

Juan del Rey. Hier wie auch in Gliatitlan, wo er übernachtete, kaufte er noch weitere Bündel von Nopalblättern mit Cochenille-Läusen, ohne damit auch nur den geringsten Verdacht zu erregen.
Er durfte sich getrost überall als Gast der Karmelitermönche ausgeben, denn seine Indiobegleiter bestätigten dies jedesmal in gutem Glauben. Deshalb fand er bei allen Dorfbürgermeistern freundliche Aufnahme. Seine französische Höflichkeit trug das Ihre dazu bei, jedes etwa aufkommende Mißtrauen schnell zu zerstreuen.
Erst in Tecuacan interessierte sich eine Torwache für den Inhalt seiner Kisten. Das Herz schlug ihm bis in den Hals hinein, als er sie öffnete. Aber er setzte eine gleichmütige Miene auf und sagte das Sprüchlein auf, das er sich für solche Gelegenheiten ausgedacht hatte. »Ich bin Arzt und brauche Nopalblätter mit Läusen, um daraus ein Pflaster gegen die Gicht herzustellen.«
»Und das hilft tatsächlich«, fragte der Offizier der Torwache überrascht. Als Ermenonville dies mit Nachdruck bejahte, sagte der Offizier: »Das muß man sich merken! Reisen Sie glücklich, Doktor!«
Dieser kleine Dialog wiederholte sich ähnlich bei jeder Torwache, die Ermenonville anhielt. Keiner der Wächter schien auch nur zu ahnen, welche Kostbarkeit der Franzose unter ihren Augen zur Küste transportierte und daß deren Ausfuhr von der Regierung streng untersagt war. Nein, von dieser Seite drohten ihm keine Schwierigkeiten. Verdruß machte ihm eigentlich nur, daß es ihn überall so viel Mühe kostete, ohne haarsträubende Preise brauchbare Pferde aufzutreiben.
Schneller, als er dachte, gelangte er mit seiner Schmuggelware nach Veracruz. Hier, so argwöhnte er, waren die Torwachen sicher besser darüber unterrichtet, daß Besitz und Ausfuhr von Cochenille-Läusen Landfremden verboten war. Deshalb beschloß er, es mit einem Trick zu versuchen. Er richtete es so ein, daß er nachts ankam, und ließ seine kleine Karawane vor dem Orizabator stehen. Dann eilte er in seine Unterkunft, wechselte die Kleidung und ging gemächlich zur Innenseite des Tors. Hier wartete eine böse Überraschung auf ihn: Seine Pferde samt dem Gepäck waren verschwunden! Es stellte sich heraus, daß eine Patrouille sie aufgegriffen hatte und gerade im Begriff war, mit ihnen zur Hauptwache zu ziehen.

»Wozu das?« rief Ermenonville. »Seid ihr denn nicht klug und Manns genug, mein Gepäck selbst zu begutachten?«
Das traf sie in ihrer Eitelkeit. Sie holten die Pferde zurück und begnügten sich – wie alle anderen Torwachen vorher – ebenfalls mit der Erklärung, die er ihnen gab. Sehr erleichtert zog er mit seiner Beute durch die verschlafenen Straßen von Veracruz zu seiner Wohnung, die er vor genau drei Wochen verlassen hatte. Er verbrachte den Rest der Nacht damit, die Nopalabsenker in Töpfe zu pflanzen. Erst als die Sonne heraufkam, sank er todmüde, aber glücklich ins Bett.
Anderntags erfuhr er, daß ihn noch in dieser Woche ein Schiff nach Haiti mitnehmen konnte. Doch als er dessen Namen hörte, sank ihm erneut das Herz in die Hosen. Ausgerechnet mit dem Kapitän dieses Fahrzeugs hatte er sich vor einiger Zeit so heftig gezankt, daß es fast zu einem Duell gekommen wäre. Ohne die Unterstützung des Kapitäns konnte er jedoch kaum hoffen, seine kostbare Beute an Bord zu schmuggeln.
Kapitän Juneau war aber klug genug, um zu erkennen, welche Bedeutung der Verpflanzung von Cochenille-Läusen in die französischen Kolonien zukam. Er zeigte sich deshalb bereit, die persönlichen Mißhelligkeiten zu vergeben und zu vergessen. Der Kuriosität halber sei erwähnt, daß es zum Streit zwischen dem Kapitän und dem Gelehrten gekommen war, weil Ermenonville – obwohl als Wissenschaftler freisinnig und vorurteilslos – die Kirche gegen einige pöbelhafte Beschimpfungen durch den Seemann in Schutz genommen hatte.
Es gelang dem Kapitän, Ermenonvilles kostbare Beute durch den Hafenzoll zu schmuggeln. So wurden die Cochenille-Laus und die damals beste Vanilleart aus Mexiko herausgebracht und in die französischen Kolonien verpflanzt. Sie akklimatisierten sich dort nach Wunsch, und damit war das bisherige Monopol Spaniens schon nach wenigen Jahren gebrochen. Ermenonville konnte mit Recht auf diesen Erfolg stolz sein. Er wird auch dadurch nicht geschmälert, daß keine hundert Jahre später die natürlichen Farbstoffe durch Erfindungen der Chemiker abgelöst wurden. Wir dürfen Ermenonvilles Leistung auch heute noch getrost als das würdigen, was sie vor allem war – als das pfiffige Wagestück eines Mannes, der seiner Natur nach alles andere als ein Draufgänger und Wagehals war.

Zwölf Tage weit jenseits des Stroms

»Tief drinnen in den Wäldern, zwölf Tage weit jenseits des Stroms...«
Als George Halkett in den Aufzeichnungen seines Bruders auf diese Zeile stieß, legte er das Papierbündel beunruhigt beiseite. Von einer jäh auftauchenden Erinnerung angerührt, die sich auf dieses Stichwort hin plötzlich meldete, stand er auf und ging vor der Bücherwand seines Zimmers suchend auf und ab. Dabei schälte sich allmählich aus einem nebelhaften Gebrodel langvergessener Erinnerungen ein Bild: Er sah sich selbst und seinen Bruder William, wie sie – damals zwölfjährig – auf dem Boden des alten Gutshauses in Yorkshire herumstöberten, das dem Großvater Halkett gehört hatte. Er sah, wie sie über einen Stapel verstaubter Bücherkisten gerieten und in stockfleckigen, alten Schmökern aus dem Anfang des vorigen Jahrhunderts wühlten, bis William eines der Bücher aufschlug, im Stehen zu lesen begann und sich dann, noch immer lesend, auf den Rand einer Kiste hockte. Und er hörte sich selbst neugierig fragen: »Was hast du denn da gefunden, Bill? Muß ja was ganz Tolles sein.« Und er hörte William wie aus einem Traum halb erwachend murmeln: »Ja, du, etwas ganz Unglaubliches.« Und zugleich hielt William seinem Bruder das Buch hin und fuhr fort: »Lies nur die ersten Sätze. Mir sind sie durch Mark und Bein gegangen.«
George Halkett drehte die Leselampe so, daß ihr Licht voll auf die Bücherregale fiel, und begann dort, wo die alten Bücher in Doppelreihen hintereinander standen, aufgeregt zu suchen. Er meinte sich zu erinnern, daß sich jenes Buch wiederfinden müßte, das den Bruder damals so mächtig angerührt hatte. Denn William, der es sich damals kurzerhand angeeignet hatte, war Jahre später mit dem Buch noch einmal zu ihm gekommen und hatte ihn gebeten: »Lies es doch wieder, und sage mir, was du davon hältst. Muß man es für ein reines Phantasieprodukt halten? Oder soll man das, was darin berichtet wird, für bare Münze nehmen?«
George erinnerte sich jetzt, daß er den alten Schmöker nochmals flüchtig durchblättert hatte. Er fand ihn ausgesprochen altmodisch und abgestanden: »Ein Abenteuerroman, und noch dazu einer von der langweiligsten Sorte«, hatte er dem Bruder geantwortet. »Ich weiß gar nicht,

was wir als Jungen daran gefunden haben. Man spürt doch sofort, das ist alles erstunken und erlogen. Eine Stadt im Urwald... Welch ein Unsinn! Man sollte diesen Schund ins Feuer werfen!«

Zu seinem Erstaunen war William von dieser Antwort sehr betroffen gewesen: »Schade, ich hatte es mir so schön gedacht«, hatte er sichtlich enttäuscht geantwortet. »Aber einem Phantom nachzujagen wäre wohl nicht das Richtige. Ich hätte gern versucht herauszufinden, was hinter der Geschichte steckt.«

Jetzt erst, fast dreißig Jahre später, dämmerte es George Halkett, daß er damals, ohne es zu ahnen, über die Berufswahl seines Bruders mitentschieden hatte. William war seinerzeit, wie ihm wieder einfiel, drauf und dran gewesen, Geographie zu studieren – sehr zum Ärger ihres Vaters, der ein solches Studium für brotlose Kunst hielt und von seinen Söhnen erwartete, daß sie einen praktischen, gewinnbringenden Beruf ergriffen. Sie hatten nach jenem Gespräch nie wieder über das alte Buch gesprochen. George nahm deshalb an, auch William habe es sich aus dem Kopf geschlagen. Doch das traf offenbar nicht zu.

Dies alles ging George Halkett durch den Kopf, während er Buch um Buch beiseite räumte. Schließlich hatte er den alten Schmöker in der Hand – einen abgewetzten, dunkelgrauen Pappband mit handgeschriebenem Rückenschild, dessen Schrift bräunlich verblaßt war. George schlug das Buch hastig auf. Auf stockfleckigem, lappigem Papier stand der Titel: »Das Geheimnis der Urwaldstadt – Aus dem Portugiesischen des Dom Jayme Feire da Sousa. Gedruckt und verlegt bei Charles Wilkins. Bristol, 1820.« Und die erste Textseite begann mit dem Satz, den George Halkett soeben in den Aufzeichnungen seines Bruders William fast wortgetreu wiedergefunden hatte.

»Zwölf Tagereisen weit jenseits des Stroms, den die Indianer den Araguay nennen, tief in den Wäldern des Matto Grosso sollen uralte, geheimnisvolle Städte liegen – Städte, die vielleicht älter sind als alle Bauwerke, die lange vor Ankunft der Weißen von Inkas und Azteken auf dem Boden Amerikas errichtet wurden, älter sogar als die Tempel und Totenstädte Ägyptens. Schon bald, nachdem sich Europäer an den Küsten Brasiliens festgesetzt und Niederlassungen gegründet hatten, liefen Gerüchte bei ihnen um, die von solchen alten Städten im Binnenland wissen wollten und von weißen Indianern fabelten, die diese Städte bewohnten...«

Der Einleitung folgte ein mehrere Seiten langer umständlicher Bericht über die Reisenden, die solche Gerüchte gehört und zur Küste gebracht hatten, und dann fuhr der Verfasser fort: »Diese Gerüchte als Märchen abzutun ist ebenso leicht, wie es geringe Mühe bereitet, sie immer weiter auszuspinnen und immer phantastischer auszuschmücken. Beides ist denn auch immer wieder geschehen, bis im Jahre 1730 sich in São Paolo ein Mann allen Ernstes anheischig machte, jene Märchen als nichtsnutzige Fabeleien zu entlarven oder aber den stichhaltigen Beweis dafür zu erbringen, daß es im unerforschten Inneren des Matto Grosso solche uralten Indianerstädte wirklich gibt oder doch wenigstens gegeben hat. Dieser Mann hieß Simon Portell. Er begegnete zunächst nur spöttischer Ablehnung. Als er jedoch durchblicken ließ, er sei überzeugt, man werde im Herzen des Matto Grosso nicht nur verschollene Städte oder ihre Ruinen finden, sondern auch Gold und Silber in Mengen, stieß er schon auf geneigtere Ohren. So konnte er im Jahre 1734 mit einer wohlausgerüsteten Expedition, die aus zweiundvierzig Weißen und der doppelten Anzahl Negersklaven bestand, nach dem Westen aufbrechen.

Wie sehr dieser Simon Portell vom Erfolg seines ebenso kühnen wie gefahrvollen Unternehmens überzeugt war, geht wohl am deutlichsten daraus hervor, daß er sich nicht scheute, seinen jüngsten Bruder Luis, einen Jüngling von eben siebzehn Jahren, und seinen einzigen Sohn Manuel, einen Knaben von nur zwölf Jahren, auf die beschwerliche Urwaldfahrt mitzunehmen...«

Nachdem George Halkett die ersten, einleitenden Abschnitte des alten Schmökers aufs neue gelesen hatte, wurde ihm der Inhalt der ganzen Geschichte wieder lebendig.

Danach mußte Simon Portell ein zwar abenteuerlustiger, aber keineswegs goldgieriger Mann mit durchaus ernst zu nehmenden Forscherabsichten gewesen sein. Da er sich jedoch, um solche legitimen Absichten zu verwirklichen, mit einer Bande raublustiger Glücksritter umgeben mußte, war seine Expedition bald in all jene Widerwärtigkeiten hineingeraten, die von anderen Konquistadorenzügen hinreichend bekannt sind. Es kam zu Meutereien, zu blutigen Übergriffen gegen Indianerdörfer und schließlich, nachdem man – wirklich oder vorgeblich – die Ruinen wenigstens einer verlassenen Stadt im Urwald entdeckt hatte, zu einem vollständigen Desaster, dem als einziger Simon Portells Bruder Luis entrann.

George Halkett fragte sich, als er sich den Ablauf der Portell-Expedition wieder vergegenwärtigte, unwillkürlich: »War mein Bruder William besser vorbereitet als dieser Portell, von dem es im Buch heißt, er sei vor der Unheilsreise in den Urwald Artillerie-Offizier im Dienst der königlich-portugiesischen Armee gewesen?« Besaß William mehr geographische und völkerkundliche Kenntnisse als jener Berufssoldat Portell, mehr Menschenkenntnis und Urwalderfahrung?

Im Grunde deutete im Berufs- und Lebensweg William Halketts wenig darauf hin, daß er eines Tages aus den geordneten Bahnen jäh ausbrechen und sich auf das Abenteuer einer Urwaldexpedition einlassen würde. Daß ein solches Abenteuer in den Träumen seiner Schuljungenjahre für ihn viel Verlockendes gehabt hatte, ließ sich nicht leugnen. Doch wer träumt in diesen Jahren nicht von einer solchen verwegenen Flucht aus dem Alltag? Doch aus solchen Träumen wächst man gemeinhin ebensoschnell heraus wie aus den kurzen Hosen. Nur Männer, die aus irgendwelchen Gründen nie ganz ausreifen, jagen bis an ihr Lebensende Traumphantomen nach. George Halkett konnte sich nicht entsinnen, daß seinem Bruder William nach seinem zwanzigsten Lebensjahr auch nur das mindeste von einem ungelösten Rest solcher Unreife anzumerken gewesen wäre. Nachdem William zum Bergbauingenieur ausgebildet worden war, hatte er zielstrebig darauf hingearbeitet, sich in diesem Beruf einen Namen zu machen. Dies war ihm so gut gelungen, daß er schon mit dreißig Jahren als ein gesuchter Fachmann für Tagebauten im Erzbergbau galt. Falls Fernweh und Abenteuerlust untergründig in ihm noch lebendig waren, bot ihm sein Beruf Gelegenheit genug, sie zu befriedigen. Er wurde nach Indien, Malakka, Kanada und Australien gerufen, kam also weit in der Welt herum und brachte es dabei zu ansehnlichem Wohlstand.

Trotzdem war William Halkett vor nunmehr zwei Jahren von heute auf morgen in die Urwälder des Matto Grosso gegangen mit dem Ziel, nach jenen rätselhaften Indianerstädten zu suchen, von denen der alte Schmöker in der Geschichte des Simon Portell fabelte! Der Keim dazu war offenbar dadurch gelegt worden, daß William im Jahre 1906 einen Auftrag der bolivianischen Regierung annahm: »Eine interessante Aufgabe, die auch eine ganz hübsche Summe für mich abwirft«, hatte er, ehe er die Reise nach Südamerika antrat, seinem Bruder anvertraut. »Unbequem und strapaziös voraussichtlich auch. Man wird in dem kaum erforschten Grenzgebiet zwischen Bolivien und Brasilien keinen Komfort erwarten dürfen. Aber die Sache reizt mich nicht nur des Honorars wegen sehr. Es soll da noch allerlei Hinterlassenschaften der alten Inka geben, die noch niemand näher untersucht hat. Gefahren? Aber keine Spur, George«, hatte er die Besorgnisse des Bruders überlegen abgewehrt. »Jedenfalls nicht mehr als in den kanadischen Bergen und in der australischen Wüste! Und dort ist mir ja auch kein Haar gekrümmt worden.«

Einen regelmäßigen und ausführlichen Briefwechsel zu führen war bei den Brüdern nicht üblich. Deshalb war George durch keine Andeutung seines Bruders darauf vorbereitet, als dieser ihm im zweiten Jahr seines Bolivienaufenthalts plötzlich mehrere Hefte eines berühmten geographischen Magazins schickte. In diesen hatte William einen Fortsetzungsbericht über Inkabauten im östlichen Bolivien veröffentlicht, die – längst vom Urwald überwuchert – als verschollen galten, und es wurde ersichtlich, daß sich William in Südamerika oder auch schon vorher sehr eingehend mit der Geschichte und Eigenart der Inkakultur befaßt haben mußte. Sonst hätte er über seine Untersuchungen kaum so anschaulich und sachkundig schreiben können. Trotzdem kam George Halkett nicht auf den Gedanken, daß dies mehr zu bedeuten haben könnte als einen kurzen Ausflug in die Gefilde eines anderen Fachgebiets.

Im letzten Brief, den William ihm aus Bolivien geschrieben hatte, war denn auch mit keiner Silbe mehr von Inkabauwerken die Rede. William teilte dem Bruder darin nur kurz mit, er habe nicht die Absicht, seinen Vertrag mit der bolivianischen Regierung zu verlängern, obwohl man ihn sehr darum bitte. Er habe sich jedoch bereit erklärt, mit einer bolivianischen Delegation nach Rio de Janeiro zu reisen, um dort als Berater bei Verhandlungen über die Grenzfragen der beiden Staaten mitzuwirken. Dies werde kaum mehr als ein Vierteljahr beanspruchen.»Zum Jahreswechsel spätestens bin ich wieder daheim«, schloß der Brief.»Am 20. Januar 1910 werde ich fünfundvierzig. Ich glaube, ich habe dann ein Recht darauf, es in Zukunft ein wenig langsamer angehen zu lassen. Meinst du nicht auch?«

Sein Bruder war daher sehr überrascht und auch beunruhigt, als ihn zu Weihnachten 1909 aus Rio de Janeiro ein Telegramm erreichte:»Heimreise verschoben. Gehe für einige Zeit ins Innere. William.« Was hieß das:»Für einige Zeit?« Ein paar Wochen? Mehrere Monate? Was nur mochte William plötzlich im Landesinneren Brasiliens zu suchen haben? Am meisten beunruhigte es George Halkett, daß William nicht genau angegeben hatte, wo im Inneren er sich aufhalten würde. Soviel George wußte, umfaßte das sogenannte»Interior« Brasiliens noch riesige, gänzlich unerforschte Gebiete. Vor allem im Matto Grosso, dieser teils von Urwäldern, teils von Savannen bedeckten Hochfläche, gab es weite Strecken, die noch kein Weißer betreten hatte. War William etwa in Rio überraschend ein sehr lukratives Angebot von einem Bergbauunternehmen gemacht worden, in dieser Wildnis bei der Erschließung von Erzlagerstätten als Berater tätig zu sein? Ja, so mußte es sich wohl verhalten. Und vielleicht bestand das Unternehmen auch darauf, möglichst lange zu verschleiern, wo es fündig geworden war. Dergleichen kam vor. Dieser Gedanke beruhigte George Halkett wieder. Denn was anderes als berufliche Interessen hätte William dazu verlocken können, in den Urwäldern des Matto Grosso herumzuschnüffeln?

Was William Halkett in Wahrheit zu seiner Reise ins»Interior« veranlaßt hatte, erfuhr sein Bruder erst, als gegen Ende des Jahres 1910 Williams Aufzeichnungen in seine Hände kamen.

Darin hieß es:»In wenigen Tagen werde ich von der Estancia Paraiso am Rio Urumascinto zu dem Unternehmen aufbrechen, zu dem ich mich bereits im November des vergangenen Jahres entschlossen habe. Obwohl ich meines Erfolges vollkommen sicher bin, will ich doch niederschreiben, wie es dazu kam und was ich plane. Da ich allein gehen werde, könnte es immerhin geschehen, daß ich unterwegs verunglücke und nicht zurückkehre. Dann soll wenigstens mein Bruder wissen, was vorgegangen ist.

Meinen Entschluß, diese Wanderung in den Urwald des Matto Grosso zu unternehmen, faßte ich buchstäblich von einer Minute zur anderen. Während der Verhandlungen, an denen ich in Rio beteiligt war, kam ich in einer Pause mit Diniz Blanco, einem Mitglied der brasilianischen Delegation, in ein privates Gespräch. Es stellte sich heraus, daß er meine Artikelserie über die verschollenen Inkabauwerke im östlichen Bolivien gelesen hatte. Das Thema interessierte ihn sehr, und er wollte von mir wissen, ob ich es für möglich hielte, daß sich der Machtbereich der Inkas noch weiter nach Osten, bis in den Matto Grosso hinein erstreckte und daß sie dort auch Bauwerke zurückgelassen haben. Ich erwiderte vorsichtig, nach den bisherigen Ergebnissen der Inkaforschung sei das nicht denkbar.

Blanco offenbarte mir daraufhin, daß er sich seit langem aus Liebhaberei mit der Geschichte der Inkakultur beschäftigte. Dabei war er eines Tages auf jene alte Mär gestoßen, die von uralten Städten tief im Innern Brasiliens munkelt, die angeblich noch älter sein sollen als die Inkabauten.

›Dies letzte halte ich nicht für wahrscheinlich‹, sagte er. ›Ich glaube vielmehr, daß sich das Reich der Inkas zumindest zeitweise viel weiter nach Osten erstreckt hat, als man bisher anzunehmen wagt.‹

›Und woraus schließen Sie das?‹ fragte ich überrascht.

›Aus einem alten Aktenstück, das ich vor einiger Zeit zufällig in unserer Nationalbibliothek aufstöberte. Ich habe es abschreiben lassen. Wenn es Sie interessiert, stelle ich Ihnen die Abschrift gern zur Verfügung, damit Sie sich selbst ein Urteil über meine Theorie bilden können‹, antwortete Blanco.

Ich nahm das Angebot mit Vergnügen an, und schon am nächsten Tag hatte ich das Schriftstück in der Hand. Obwohl mein Portugiesisch allenfalls für den Alltagsgebrauch ausreicht, fiel es mir doch nicht schwer, den ersten Satz zu entziffern. Er traf mich wie ein Schlag, denn er rief in mir Erinnerungen an längst vergangene Jugendjahre wach, in denen ich von Forscherfreuden und Entdeckerabenteuern im tropischen Urwald geträumt hatte.

Dieser Satz entsprach fast wörtlich dem, der jenes alte Buch – ›Das Geheimnis der Urwaldstadt‹ – aus der Bibliothek meines Großvaters einleitete: ›Zwölf Tage weit jenseits des Stroms, den die Indianer Araguay nennen, tief in den Wäldern des Matto Grosso stießen wir am einhundertzweiundsechzigsten Tag unseres Zugs auf die Ruinen einer alten Stadt...‹ Ich hatte schon damals, als ich zum erstenmal von diesen verschollenen Urwaldstädten im Innern Brasiliens las, das unabweisliche Gefühl gehabt, daß ich es nicht mit einer erdachten Geschichte, sondern mit einem Tatsachenbericht zu tun hatte, der vielleicht romanhaft aufgeputzt war, sich im wesentlichen jedoch an Ereignisse der Wirklichkeit hielt. Dieses Gefühl hat sich auch bei wiederholter Lektüre jenes alten Schmökers keineswegs abgeschwächt. Der Himmel mag wissen, wie oft ich ihn zwischen meinem zwölften und fünfzehnten Lebensjahr gelesen habe!

Heute erscheint es mir unbegreiflich, daß ich dann doch davon loskam, ja, mich mit Fleiß bemühte, die merkwürdige Geschichte zu vergessen, um mich an realere Ziele zu halten, wie es mein Vater verlangte. Noch mit siebzehn war ich fest entschlossen, mich der Geographie zuzuwenden und als Forscher in fremde Erdteile zu gehen. Es ist anders gekommen. Ich habe zwar einen nicht geringen Teil dieser Erde gesehen und auf meine Art dazu beigetragen, sie zu erschließen. Aber als ich in Rio durch den ersten Satz jenes Dokuments, das mir Blanco zugänglich machte, unversehens wieder mit den geheimen Sehnsüchten und Antriebskräften meiner Jugend konfrontiert wurde, stand jäh die Frage vor mir auf: ›Hast du nicht an dem vorbeigelebt, was dein wahrer Auftrag in diesem Leben sein sollte? Du hast Erfolg gehabt, ja! Aber hat er dir jemals wirklich Erfüllung geschenkt – jene tiefe Befriedigung, die da sagt: Anders hätte es nicht sein dürfen, und selbst wenn es mit Not und Elend, Krankheit und Armut hätte bezahlt werden müssen, es wäre doch das einzig Erlebenswerte gewesen?‹

Als ich mich mit Hilfe des Wörterbuchs ganz durch das alte Schriftstück hindurchstudiert hatte, war mir folgendes klar: Der Verfasser des alten Schmökers ›Die Geheimnisse der Urwaldstadt‹ hatte nicht gefabelt, sondern sich wahrscheinlich auf den gleichen Bericht gestützt.

Dieses Dokument trägt die Nummer 512 der Manuskriptsammlung der brasilianischen Nationalbibliothek. Es enthält eine so genaue Beschreibung der Ruinen im Urwald des Matto Grosso, daß man hier mit

Sicherheit einen Augenzeugenbericht vermuten darf. Er spricht von einem goldumkleideten Opferaltar und enthält sogar Zeichnungen von den Inschriften, die in die Mauertrümmer eingeritzt waren. Die Abbildungen dieser Inschriften legen den Schluß nahe, daß die Stadt im Urwald älter als die Inkabauten ist, ja sogar schon zu einer Zeit erbaut sein könnte, die weit vor allen uns bisher bekannten Kulturepochen liegt. Der Bericht spricht ferner davon, daß die Entdecker der Stadt in den Ruinen offensichtlich geschmiedete Goldplättchen aufstöberten und in den Anhöhen, die das Areal der Stadt wie ein Wall umschlossen, mehrere verlassene und halb eingestürzte Bergwerksstollen fanden.

Nun muß man sich freilich fragen, ob die portugiesischen Abenteurer, die diesen Vorstoß ins Matto Grosso 1734 unternahmen, das Alter und die kulturgeschichtliche Bedeutung der von ihnen entdeckten Überreste einer alten Stadt richtig einzuschätzen vermochten. Sie waren ja hauptsächlich auf Gold und Silber erpicht. Nur der Anführer der Expedition, Simon Portell, scheint ein leidlich gebildeter Mann gewesen zu sein. Wie aus dem Bericht hervorgeht, hatte er unterwegs die größte Mühe, seine Mannschaft bei Laune zu halten und immer wieder zur Fortsetzung des beschwerlichen Marsches zu bewegen. Dies gelang ihm nur dadurch, daß er seinen Leuten – und vielleicht auch sich selbst – immer größere goldene Berge verlockend vorspiegelte, denen sie jeder weitere Tagesmarsch näher bringen mußte.

Die Enttäuschung der Landsknechte wird groß gewesen sein, als sie nur einen wüsten Haufen alter, von Sonne, Regen und Wind vieler Jahrhunderte zermürbter Steinblöcke vorfanden. Aber beim Anblick dieser Ruinen scheint den rauhen Gesellen doch eine Ahnung aufgegangen zu sein, oder jener Simon Portell hat ihnen einzuflößen verstanden, daß ihnen eine ganz ungewöhnliche Entdeckung gelungen war. Nur so läßt sich erklären, daß – wie der Bericht sagt – sich alle Männer mit Eifer daran beteiligten, die Inschriften an den Trümmern von Erde und Pflanzenbewuchs zu säubern und die Reste der Bauwerke genau zu vermessen. Es spricht ferner für ihre Einsicht, daß sie nach dieser für Goldsucher höchst unbefriedigenden Entdeckung ohne Murren bereit waren, sofort umzukehren und sich in Eilmärschen zur Küste zurückzuziehen, damit der Bericht von ihrem Fund dort möglichst bald anlangte.

An dem Tag, bevor sie zum Rückmarsch aufbrachen, erlebten sie jedoch noch eine unerwartete Überraschung: Sie erspähten auf einer der Anhöhen zwei Männer, die sich durch eine ungewöhnlich lichte Hautfarbe und rötliches Haar deutlich von den Indianern des Urwalds unterschieden. ›Diese Männer‹ — so schließt der offenbar von Simon Portell niedergeschriebene Bericht — ›sehe ich als lebendigen Beweis dafür an, daß die Bauwerke, die wir hier entdeckten, nicht von Indianern errichtet sein können. Leider gelang es uns nicht, uns den beiden Hellhäutigen zu nähern. Obwohl wir uns bemühten, ihnen unsere friedlichen Absichten verständlich zu machen, flohen sie vor uns in den Wald und verschwanden dort spurlos, ehe wir ihrer habhaft werden konnten.‹
Aus einer offensichtlich von Kanzlistenhand nach Diktat hinzugefügten Nachschrift zu dem Bericht Portells geht hervor, daß die Expedition am Rio Paraguassu in Schwierigkeiten geriet. Sie wurde von feindseligen Indianern umstellt. Portell entschloß sich daraufhin, zwei Boten mit dem Bericht vorauszuschicken, um wenigstens diesen zu retten, falls die Expedition zugrunde ging. Einer dieser Boten war sein jüngerer Bruder Luis, dem Simon damit vermutlich das Leben retten wollte. Luis ist dann auch wirklich bis zur Küste gekommen; sein Gefährte starb unterwegs an einem Schlangenbiß. Alle anderen Teilnehmer an dieser ersten Expedition zu den verschollenen Urwaldstädten sind nicht zurückgekehrt. Sie wurden wahrscheinlich von den Indianern umgebracht oder sind an Krankheiten und Strapazen zugrunde gegangen.
Die Behörden in Rio haben den Bericht offenbar ohne Begeisterung aufgenommen. Es sieht so aus, als sei er kaum beachtet ins Archiv gewandert und dort vergessen worden. Die Herren, die damals im Namen des Königs von Portugal Brasilien regierten, waren wohl allenfalls an Goldfunden, aber weder an Ruinen noch an der Erforschung der Indianer und ihrer Geschichte interessiert. Dergleichen galt ihnen vermutlich als ein höchst überflüssiges Privatvergnügen einiger gelehrter Sonderlinge. Portells Bericht zeitigte jedenfalls keine Folgen und keine Früchte, wenn man von dem Buch des Dom Jayme Feire da Sousa einmal absieht.«

Wenige Abschnitte später mußte sich William Halkett in seinen Aufzeichnungen freilich berichtigen. Zumindest für die Familie Portell hatte das merkwürdige Urwaldabenteuer Früchte gebracht, und dies verrät, daß der damalige Vizekönig von Brasilien den Expeditionsbericht doch gelesen und gewürdigt haben muß.

Durch Blanco erfuhr William, daß dem jungen Luis Portell bald nach seiner Rückkehr aus dem Matto Grosso – offenbar als Belohnung für die Leistung seines verschollenen Bruders – ein riesiges Areal in jenem Urwaldgebiet »zwölf Tage jenseits des Araguay« als Lehen für ewige Zeit zugesprochen wurde: eine Belohnung, die eines ironischen Beigeschmacks nicht ganz entbehrt. Denn was sollte der junge Mann mit einigen tausend Quadratkilometern unerforschten Urwalds anfangen? Doch die Nachkommen des Luis Portell haben um 1850 begonnen, dieses Lehen, das es an Größe gut und gern mit einem mitteleuropäischen Herzogtum aufnehmen konnte, wirklich zu nutzen. Der jetzige Besitzer, Martin Portell, bewirtschaftete, wie William Halkett erfuhr, höchstens ein Hundertstel des riesigen Gebietes: die Estancia Paraiso am Rio Urumascinto, einem Nebenfluß des Araguay.

Als William Halkett dies bekannt wurde, stand es für ihn fest, daß er versuchen würde, die geheimnisvolle verschollene Stadt im Urwald des Matto Grosso wiederzuentdecken. Nach dem Studium des alten Expeditionsberichts hatte er nicht den geringsten Zweifel, daß es die Ruinen dieser Stadt wirklich gab und daß ihre Erforschung wichtige Aufschlüsse über die vorkolumbische Geschichte des Kontinents Südamerika zutage fördern würde.

Diesen Entschluß begründete er in seinen Aufzeichnungen so: »Wenn mein Berufserfolg und das Vermögen, das ich ihm verdanke, einen Sinn haben sollen, der über die engen Grenzen meines persönlichen Daseins hinausreicht und etwas Bleibendes bewirkt, dann muß ich dem Anruf gehorchen, der mich jetzt zum zweitenmal in meinem Leben erreicht und ebensostark angerührt hat wie damals, als ich auf das Buch ›Das Geheimnis der Urwaldstadt‹ stieß. Noch bin ich nicht zu alt, bin ich gesund und kräftig genug, diese Aufgabe zu lösen, die – davon bin ich fest überzeugt – mir vorbehalten ist. Daß ich aus meinen zwei bolivianischen Jahren einige Erfahrungen im Umgang mit dem Urwald und seinen Indios mitbringe, bestärkt mich in meinem Vorhaben.«

Als er Blanco seine Absicht andeutete, die Suche nach der Urwaldstadt

aufzunehmen, erklärte dieser zwar vorsichtig: »Mit einer finanziellen Unterstützung von amtlicher brasilianischer Seite werden Sie leider nicht rechnen können.« Doch er war bereit, den Engländer mit dem Eigentümer der Estancia Paraiso, Martin Portell, bekannt zu machen. Dieser werde es an Unterstützung gewiß nicht fehlen lassen.
Martin Portell bestätigte dies bei dem ersten Gespräch, das William Halkett mit ihm hatte. Er erhob jedoch ernsthafte Einwände, als Halkett ihm seinen Plan erörterte. Vor allem hatte er Bedenken gegen dessen Absicht, den Vorstoß allein zu wagen. Schließlich aber sagte er: »Ich möchte fast glauben, Sie sind der Mann, der sich einen solchen Alleingang zutrauen darf. Wissen Sie, warum? Weil Sie rothaarig sind! Ja, lachen Sie nur. Aber denken Sie bitte nicht, daß ich scherze. Bei den Indios am Araguay gelten nämlich rotes Haar und helle Haut als Zeichen des Verehrungswürdigen. Ich möchte fast sagen: Sie sehen darin das Kennzeichen göttlicher Abstammung. Man hat mir erzählt, daß bei ihren religiösen Festen ein Mann, dem man mit einer fettigen Tonerde die Haare rot färbt und den Körper ganz mit weißem Pfeifenton bestreicht, im Mittelpunkt des Rituals steht.«
»Könnte das nicht darauf hindeuten, daß Menschen mit sehr heller Haut und rotem Haar im Leben dieses Indio-Stammes irgendwann in ferner Vergangenheit eine beherrschende Rolle gespielt haben – vielleicht als Stifter ihrer Religion oder ihrer Stammesverfassung«, fragte William Halkett erregt.
Martin Portell zuckte die Achseln: »Soweit möchte ich nicht gehen. Nichts spricht dafür, daß sich diese Indios von den anderen Urwaldstämmen unterscheiden. Aber es ist denkbar, daß bei den Calapelo einmal ein rothaariger Europäer eine Rolle gespielt hat – zur Zeit der Konquistadoren vielleicht oder bald danach. Damals sind ja manchmal bei Raubzügen im Amazonasgebiet einzelne Soldaten versprengt worden.«
»Aber der alte Bericht spricht doch auch von rothaarigen und hellhäutigen Menschen, die sich bei den Ruinen der Urwaldstadt zeigten«, wandte Halkett ein.
Wieder zuckte Martin Portell die Achseln: »Es könnte sich um bemalte Indios gehandelt haben«, sagte er. »Ich möchte überhaupt davon abraten, jenen alten Bericht zu hoch zu bewerten.«

»Sie glauben nicht an die Existenz der Urwaldstadt? Haben Sie nie den Versuch gewagt, sie aufzuspüren?«

»Mich locken Früchte nicht, von denen ich weiß, daß sie giftig sind«, erwiderte Martin Portell. »Meine Indio-Nachbarn wehren sich gegen jeden Versuch, in ihrem Gebiet herumzustöbern. Da ich dies weiß, lasse ich sie in Frieden und respektiere ihre Grenzen. Zum Dank dafür lassen sie mich auf meiner Estancia ungeschoren. Sie ist mir mehr wert als alle Geheimnisse des Urwalds. Für Sie, Senhor Halkett«, schloß er höflich, »ist das etwas anderes. Sie gehören offenbar zu den Menschen, denen ein ungelöstes Rätsel keine Ruhe läßt. Außerdem haben Sie gute Aussichten, es zu lösen, weil Sie die Feindseligkeit der Indianer nicht zu fürchten haben. Zumindest wird man Sie nicht von vornherein als unerwünschten Eindringling betrachten. Wie es später sein wird, wenn Sie ihnen Ihre Absicht offenbaren müssen, das wage ich nicht vorauszusagen.«

»Darauf muß ich es wohl ankommen lassen«, sagte William Halkett entschlossen. »Doch weil ich auf eine solche Gefährdung gefaßt bin, will ich ganz allein gehen. Niemand soll durch mich zu Schaden kommen, wenn ich es irgend vermeiden kann. Ich wünsche deshalb auch nicht, daß nach mir gesucht wird, falls ich aus dem Urwald nicht zurückkomme.«

Die Aufzeichnungen William Halketts fahren dann mit der folgenden Schilderung fort:

»Im Häuptlingsdorf der Calapelo, am 28. März 1910. Ich werde diese Blätter hier zurücklassen, damit sie in die Hände meines Bruders George gelangen, falls mir etwas zustößt. Collas, der Häuptling dieses Stammes, hat mir versprochen, die Aufzeichnungen aufzubewahren und meinem Freund Martin Portell zu übergeben, wenn ich nach vier Monaten nicht wieder aus den Wäldern jenseits des Araguay zurückgekehrt bin, in die ich mich übermorgen hineinwagen werde. Nachdem ich mich vierzehn Tage lang auf Portells Estancia Paraiso aufgehalten hatte, kam endlich der Tag, an dem Martin mir mitteilte: ›Morgen ist es soweit. Ich habe soeben Nachricht erhalten, daß die Calapelo nichts gegen Ihren Besuch einzuwenden haben.‹

Wir trabten am frühen Morgen los – erst über die Savanne, die den

Herden der Estancia als Weideland dient, dann eine gute Stunde lang durch Sumpfwälder, in denen das Wasser unseren Pferden mitunter bis zum Sattelgurt reichte. Gegen Mittag kamen wir an eine kleine Lichtung, von der – wie man sehen konnte – schmale Urwaldpfade nach verschiedenen Richtungen abzweigten.

Hier stiegen wir ab, und während die Reitknechte, die uns begleiteten, ein Frühstück für uns herrichteten, erklärte mir Martin Portell: ›Hier beginnt das Reich der Calapelo. Verbotenes Land für alle Stammesfremden, auch für mich! Zwar gehört mir das ganze Gebiet bis hinüber zum Strom, aber nur auf dem Papier. Nur der, den die Calapelo ausdrücklich dazu auffordern, darf diese Grenze überschreiten. Mir ist diese Ehre noch nie widerfahren, wohl aber meinem Vater. Wir haben diese Grenze stets geachtet, weil wir Frieden mit den Indios wünschten. Wir sind zwar wohlhabend, aber wenn wir diese Wildnis erschließen und nutzbar machen wollten, ginge das weit über unsere Kraft, und wir müßten uns rettungslos bei den Banken verschulden.‹

›Aber jetzt werden Sie mich doch gewiß zu den Calapelo begleiten dürfen?‹

›Nein, denn nur Sie allein sind als Gast willkommen! Das hat mir der Häuptling Collas ausdrücklich zu verstehen gegeben. Mein Lieber‹, sagte Martin Portell amüsiert lächelnd, ›auch der Urwald hat seine Etikette und sein Zeremoniell, und sie sind nicht weniger streng als die eines europäischen Königshofs. Sie sind bei den Calapelo sozusagen akkreditiert – durch Ihre Haare. Ich habe mir das schon in Rio gedacht. Sie dürfen sich nämlich nicht einbilden, daß die Calapelo nicht längst genau wissen, wie Sie aussehen.‹

›Aber ich habe auf der Estancia doch nie einen wilden Indio zu Gesicht bekommen‹, warf ich verblüfft ein.

›Sehen Sie, da haben Sie bereits eines der sogenannten Geheimnisse des Urwalds‹, sagte Dom Martin lachend. ›Sie dürfen sicher sein, daß man Sie schon lange genau beobachtet und daß wir auch jetzt ständig beäugt werden. Fürchten Sie trotzdem nichts! Sie kommen mit den besten Empfehlungen zu den Calapelo, die sich denken lassen. Man wird Sie wie einen König aufnehmen und behandeln. Machen Sie das Beste daraus – für sich selbst und für die Calapelo.‹

›Was meinen Sie damit?‹ fragte ich, plötzlich mißtrauisch werdend. ›Hat der Häuptling an meinen Besuch etwa Bedingungen geknüpft, die Sie mir verschweigen?‹

›Nein, aber ich fürchte, Sie können sich noch immer nicht recht vorstellen, was ein Mann von Ihrem Äußeren für dieses Volk bedeutet. Rotes Haar und helle Haut ... Ich glaube, die Calapelo sehen darin ein Zeichen göttlicher Abkunft. Man wird daher vermutlich als einziges Gastgeschenk von ihnen erwarten, daß Sie ... Nun, sagen wir es ganz ohne Umschweife: daß Sie dem Volk ein Kind hinterlassen.‹

›Und ich werde gar nicht gefragt, ob ich damit einverstanden bin‹, wehrte ich mich empört.

›Seien Sie doch nicht töricht, Halkett‹, erwiderte Portell ärgerlich. ›Wenn Ihnen dieser Gedanke so zuwider ist, daß Sie Ihren Plan daran scheitern lassen wollen – nun gut, dann kehren wir hier wieder um. Aber ist es wirklich ein so großes Opfer, das von Ihnen verlangt wird? Erinnern Sie sich bitte, was Konquistadoren wie Balboa und Cortez ihren indianischen Gefährtinnen verdankten.‹

Unser Frühstück auf der Lichtung verlief ziemlich einsilbig. Der Gedanke an das, was die Calapelo nach Portells Auffassung von mir mit Sicherheit erwarteten, bereitete mir erhebliches Unbehagen. Aber ich mußte mich wohl oder übel sofort entscheiden, denn kaum waren wir fertig, da erschien am Rande der Lichtung der Bote, der mich abholen und zum Häuptling der Calapelo führen sollte.

Als wir Abschied nahmen, zeigte sich Martin Portell bewegter, als ich erwartet hatte. ›Seien Sie sicher, daß meine Gebete Sie täglich begleiten werden‹, sagte er herzlich. ›Und wenn Sie nicht in spätestens vier Monaten wieder zurück sind, lasse ich nach Ihnen suchen.‹

›Nein‹, erwiderte ich bestimmt, ›das will ich nicht. Sie sollen sich selbst und die Freundschaft mit Ihren Indio-Nachbarn nicht einer Sache wegen aufs Spiel setzen, an deren Wert Sie nicht glauben mögen. Ich nehme sowieso nicht an, daß mir Gefahr droht. Die einzige Klippe, die ich voraussehe, erwarte ich in der Schwierigkeit, von dem Häuptling Collas den richtigen Weg zu den Ruinen zu erfahren. Ich hoffe aber, er wird mir die Auskunft nicht verweigern, wenn – wenn ich seinem Volk das Gastgeschenk hinterlasse, das man nach Ihrer Meinung von mir erwartet.‹«

271

Der Bote, der William Halkett in Empfang nahm, war ein junger Mann. Obwohl er sich mit Halketts gesamtem, allerdings nicht sonderlich umfangreichem Gepäck beladen hatte, bewegte er sich auf den manchmal kaum noch erkennbaren Urwaldpfaden so sicher und schnell, daß Halkett ihm kaum folgen konnte. Kein Mensch zeigte sich an der ganzen Wegstrecke. Dennoch hatte Halkett das Gefühl, ständig beobachtet zu werden. Als er glaubte, am Ende seiner Kräfte zu sein, und schon überlegte, wie er seinem unbeirrt vorauseilenden Begleiter bedeuten könne, daß er eine Rast brauche, hörte der Wald plötzlich auf.

Vom dichten Urwald allseits wie von einem dunkelgrünen Wall umschlossen tat sich eine Lichtung auf. Grasflächen, Mais-, Maniok- und Bohnenfelder umrahmten einen kleinen See, an dessen Ufern ein Dorf lag. Ein freier Platz, der sich zum See hin öffnete, bildete die Mitte des Ortes. Die Stirnseite des Platzes nahm eine Palmstrohhütte ein, die alle anderen Gebäude an Breite und Höhe weit übertraf.

Hierhin führte der Bote den Gast; es mußte also wohl das Haus des Häuptlings sein. Als sich die beiden Männer dem Dorf näherten, ließ sich kein Mensch sehen oder hören. Nicht einmal ein Hund lief im Freien herum. Erst als die beiden den Dorfplatz betraten, strömten plötzlich aus allen Häusern die Indios herbei. Aber keiner äußerte auch nur einen Laut. Stumm hielten sie sich in respektvoller Entfernung.

Collas, der Häuptling, und die sechs Ältesten des Stammes begrüßten Halkett. »Collas« – bemerkt Halkett in seinen Aufzeichnungen – »sprach das Portugiesische besser als ich, wenn auch nicht so gut, daß ich mich vor ihm hätte schämen müssen. Doch außer ihm war nur noch ein junger Mann der Landessprache der Weißen mächtig. Er diente mir in den folgenden Tagen als Dolmetscher, aber auch als Lehrer der Calapelo-Sprache, von der ich mir so schnell wie möglich recht viel anzueignen suchte.«

Im Haus des Häuptlings nötigte Collas den Gast auf den einzigen vorhandenen Stuhl, und dann begann eine seltsame Zeremonie. Die Ältesten umringten Halkett und betasteten einer nach dem anderen dessen Haar. Nachdem diese Untersuchung zur Zufriedenheit ausgefallen war, geleiteten sie ihn am See entlang zu einer etwa zweihundert Schritt abseits vom Dorf stehenden Hütte. Halkett erfuhr später von seinem Dolmetscher, man habe dieses Haus eigens für ihn gebaut.

Nachdem Halkett das Haus besichtigt und sich zufrieden gezeigt hatte, erlaubte man ihm, sich durch ein Bad im See zu erfrischen. Das ganze Dorf schaute ihm dabei in ehrfürchtigem Schweigen zu. Danach führte man den Gast ins Haus des Häuptlings zurück. Hier war inzwischen ein Festmahl angerichtet. Vor jedem Platz lagen auf Palmblättern Fisch-, Fleisch- und Fruchtgerichte, die in Blätter eingeschlagen waren. »Da von außen nicht zu erkennen war, was sich in den Blättern verbarg, war es eine ebenso amüsante wie schmackhafte Lotterie«, notierte sich Halkett. »Ich habe selten ein so gutes und bekömmliches Essen genossen wie während der zehn Tage, die ich bei den Calapelo verbrachte. Alle Mahlzeiten wurden in Kochgruben bereitet, in denen die in Blätter eingewickelten Gerichte auf erhitzten Steinen unter einer Schicht aus grünem Laub und Erde im eigenen Saft garten.«

Das Volk der Calapelo bewohnte fünf Dörfer und umfaßte nach Halketts Schätzung höchstens drei- bis viertausend Menschen. Sie lebten in ihrem rings von Urwald und breiten Wasserläufen umschlossenen Reich wie auf einer Insel. Halkett fand, daß sie ansehnlicher waren als die Indios, die er im Osten Boliviens kennengelernt hatte: »Sie bewegten sich mit einer natürlichen Anmut und hielten sehr auf Sauberkeit. Ihre Haut hatte das Nußbraun, das man bei den Berbern findet; an diese erinnerte mich auch ihr Gesichtsschnitt... Alle bemühten sich, mir jeden Wunsch von den Augen abzulesen. Ich machte ihnen dies freilich nicht besonders schwer, denn ich hatte kaum Wünsche; so paradiesisch leicht erschien mir das Leben hier.«

Die erste Nacht in diesem Paradies wurde ihm allerdings nicht ganz leicht. Als er nach dem Festmahl in seine Hütte kam, fand er dort nicht weniger als neun junge Mädchen vor. Es dauerte eine Weile, bis er begriff, daß man ihm einen Harem der Schönsten des Landes zugedacht hatte. Da er sich mit den jungen Damen nicht verständigen konnte und sich scheute, den Dolmetscher rufen zu lassen, geriet er in große Verlegenheit. Daß die Indioschönen jede seiner Bewegungen aufmerksam verfolgten, stimmte ihn nicht heiterer. Aber dann beschloß er, wie er notiert, sich »kurzerhand zum Schlafen niederzulegen und abzuwarten, was dann geschehen würde«.

Kaum hatte er sich ausgestreckt, da trat eines der Mädchen an sein Lager, beugte sich über ihn und begann, ihm – bei der Stirn beginnend – den Saft frischer Blütenblätter in die Haut zu massieren. Halkett blieb mit geschlossenen Augen liegen und ließ sich diese seltsame Massage gefallen, die sich von der Stirn über die Wangen und den Hals langsam den Körper hinabbewegte. »Soll dies ein Zauber sein«, fragte er sich verwundert. Es war jedenfalls nicht unangenehm, nur sanft betäubend – »ein milder Rausch, in dem ich mir selbst und all meinen Europäervorurteilen sanft schwebend entglitt.«

Als er am nächsten Morgen erwachte, fühlte er sich seltsam leicht und frei. Die Mädchen hatten die Hütte verlassen, ohne daß er es bemerkte. Nur das eine, das ihn mit dem Blütensaft eingerieben hatte, lag neben ihm auf der Matte. Sobald es bemerkte, daß Halkett erwacht war, lächelte es ihm zu und entfernte sich schweigend.

Dieses Erlebnis wiederholte sich in gleicher Weise in jeder der neun Nächte, die Halkett bei den Calapelo verbrachte. Jeden Abend führten die Männer des Dorfes neun Mädchen zu seiner Hütte. Halkett konnte dabei niemals auch nur das leiseste Zeichen von Eifersucht oder Widerwillen auf den Gesichtern der Männer ablesen, obwohl doch wahrscheinlich die Väter, Brüder oder Liebhaber der Mädchen zum Geleit gehörten. »Ich konnte mir gut vorstellen, wie paradiesisch behaglich einem rothaarigen Seemann oder Söldner zumute gewesen sein muß, der in eine solche Hörselberg-Atmosphäre verschlagen wurde und nach all den Plagen seines vorherigen geschundenen Daseins hier plötzlich ein wahres Pascha-Leben führen durfte«, bemerkt Halkett in seine Aufzeichnungen. »Stundenweise war selbst für mich die Verlockung unwiderstehlich süß und groß, alles andere zu vergessen und mich ganz und für immer in dieses pflichten- und ziellose Dahintreiben versinken zu lassen.«

Aber eben nur stundenweise... Der Gedanke an die Aufgabe, die er sich selbst gewählt hatte, stellte sich mahnend und fordernd immer wieder ein. Halkett war nicht der Mann, selbst dort, wo man ihn wie einen Halbgott verehrte, seine Tage nur mit Essen, Schlafen, Schwimmen, Ballspiel, Siestaschlummer und Liebesgenuß auszufüllen. Obwohl er keine dieser Freuden verschmähte, blieb ihm noch Zeit genug, den Häuptling Collas über die Geschichte seines Stammes und über die verschollene Urwaldstadt und den Weg dorthin gründlich auszufragen.

Von den Stammesüberlieferungen sprach Collas gern und ausführlich. Doch was er darüber mitteilte, half Halkett wenig, dem Rätsel der Urwaldstadt näherzukommen. Immerhin erfuhr er, daß die Calapelo ihr Reich einst jenseits des Stroms gehabt hatten. Dann aber waren sie durch einen von Norden her eindringenden Stamm, die sehr kriegerischen Diot, verdrängt worden. Seitdem herrschte Todfeindschaft zwischen den beiden Völkern.

»Und wann ist das geschehen«, fragte Halkett. »Ist die Stadt im Urwald damals zerstört worden?«

Collas sagte, jener erste Krieg mit den Diot habe sich lange vor der Ankunft der ersten Weißen am Araguay abgespielt. Doch die Stadt im Urwald hätten die Calapelo bereits als Ruine vorgefunden, als sie an den Strom kamen und sich dort niederließen.

»Aber eure Vorfahren fanden dort noch Leute vor, die ähnlich aussahen wie ich – hellhäutig und rothaarig?« fragte Halkett weiter.

Der Häuptling schüttelte den Kopf. »Davon ist bei den Calapelo nie erzählt worden, sondern immer nur, daß die Götter dann und wann, wenn sie sich auf uns besinnen, einen ihrer Boten von Osten her zu uns schikken, um uns zu zeigen, daß sie unseren Untergang noch nicht beschlossen haben. Doch warum fragst du danach? Wer wüßte das besser als du!«

»Deute ich all dies richtig«, vermerkt Halkett bei der Wiedergabe des Gesprächs in seinen Aufzeichnungen, »dann dürfte zumindest sicher sein, daß die Urwaldstadt nicht eine Gründung der Inkas sein kann, denn deren Reich dehnte sich erst im Jahrhundert vor der Ankunft Pizarros in Peru über die Anden nach Osten aus. Man muß vielmehr annehmen, daß die Stadt älter als die Inkabauwerke ist und daß sie von hellhäutigen und rothaarigen Menschen gegründet wurde, die aus dem Osten kamen. Gehörten sie dem rätselhaften Volk der Guanchen an, deren Reste die Spanier auf den Kanarischen Inseln antrafen? Auch die Guanchen waren angeblich hellhäutig und hellhaarig – rot oder blond, und manche Forscher nehmen an, daß sie in vorgeschichtlicher Zeit von den Iberern und Berbern aus Spanien und Marokko verdrängt wurden und übers Meer auf die Inseln flüchteten. War ihnen diese Meerfahrt möglich, warum sollte es dann nicht auch denkbar sein, daß es einigen ihrer Schiffe gelang, die südamerikanische Küste zu erreichen?«

Von Halketts Absicht, über den Strom nach Westen weiterzuziehen und nach der verschollenen Urwaldstadt zu suchen, hörte Collas nur ungern. Er warnte seinen Gast immer wieder eindringlich vor der Feindseligkeit der Diot, gab jedoch zu, daß auch bei diesem Stamm Menschen mit rotem Haar und heller Haut sehr geachtet seien – so hoch geachtet, daß die Diotmänner beim Erntefest oder beim Jagd- und Kriegstanz die Haare rot gefärbt trugen. Collas wußte ferner, wenngleich nur vom Hörensagen, daß die Diot alle sieben Jahre beim Mondfest einen Menschen opferten und daß dieses Opfer weiß bemalt und auf dem Kopf rot gefärbt werde . . . Halketts Bitte, ihm Wegführer durch den Urwald jenseits des Stroms mitzugeben, lehnte Collas freilich ab. Jeder Calapelo, der auf die andere Seite des Stroms gerate, sei ein verlorener Mann und habe vor seinem Tod gräßliche Martern zu erwarten. Getreu seinem Entschluß, kein Mensch solle seinetwegen in Gefahr geraten, bestand William Halkett nicht weiter auf Wegführern. Er ließ sich's genügen, daß der Häuptling ihm den Weg zu den Ruinen beschrieb.

Dieser Weg führe vom Stromufer an ständig leicht bergan durch den Wald, sagte Collas. Er sei daran zu erkennen, daß er sich an einen Fluß halte, dessen Wasser zum Araguay ströme. Seine Quelle entspringe auf der Höhe dicht bei den Ruinen. Am Ufer dieses Flusses seien überall im Abstand eines Tagesmarsches Steinsäulen aufgestellt.

»Gut«, sagte Halkett, »das genügt. Ich werde jeden Abend, wenn ich auf meiner Wanderung eine solche Säule erreicht habe, ein großes Feuer anzünden. Seht ihr dessen Rauch aufsteigen, dann wißt ihr, daß ich noch lebe. Melde dies, falls ich trotzdem nicht zurückkomme, Dom Martin Portell und übergib ihm dann diese Blätter. Ich werde sie in deinen Händen zurücklassen, sobald ich Abschied von dir nehme.«

Das letzte Blatt von William Halketts Aufzeichnungen meldet: »Bis zum Nachmittag des neunten Tages verging mir die Zeit im Dorf der Calapelo wie ein bunter Traum . . . Dann aber sah ich, daß meine Gastgeber die Abreise vorbereiteten, die ich auf den zehnten Tag festgesetzt hatte. Sie sammelten sich vor meiner Hütte und ließen mich durch den Dolmetscher bitten, ich möge jedem erlauben, mein Haar noch einmal zu berühren. Ich willigte ein und erlebte nun, wie sie – Männer, Frauen und Kinder – mit einer rührend scheuen, zarten Ehrfurcht sanft über meinen Kopf

strichen. Es mögen mehr als tausend Menschen gewesen sein, denn viele waren zu dieser Abschiedszeremonie aus den anderen Dörfern herbeigekommen.
Am nächsten Morgen geleitete mich der Häuptling mit den Ältesten des Stammes zum Ufer des Araguay. Dort stand schon ein Kanu für mich bereit. Als ich über den breiten Strom spähte, an dessen anderem Ufer der Urwald sich wie ein dichtes dunkelgrünes Vlies über die sanft ansteigende Flanke eines langen Höhenzugs ausbreitet, strichen meine Begleiter einer nach dem anderen noch einmal über mein Haar.
Und während ich diese letzten Zeilen niederschreibe, ehe ich meine Aufzeichnungen Collas übergebe, schärfte mir der Häuptling nochmals ein: ›Halte dich an den Fluß und an die Steinsäulen an seinem Ufer! Dann wirst du finden, was du suchst – tief in den Wäldern, zwölf Tage weit jenseits des Stroms.‹«

Den Aufzeichnungen William Halketts lag ein Brief bei, den Martin Portell an Williams Bruder George gerichtet hatte. Darin heißt es unter anderem: »Als William Halkett sich nach vier Monaten weder bei mir noch bei den Calapelo zurückgemeldet hatte und auch anderswo nichts über ihn bekannt wurde, habe ich mich bemüht, ihn aufzufinden – leider ohne Erfolg. Von welcher Seite ich auch mit einer Gruppe urwalderfahrener Gefährten versuchte, zu den waldbedeckten Höhen vorzudringen, in denen sich die verschollene Urwaldstadt angeblich befindet – es gelang uns nicht, über die Randzone des Stammesgebietes der Diot-Indianer hinauszugelangen. Überall stießen wir auf erbitterten bewaffneten Widerstand.
Es wäre mir dank meiner guten Beziehungen zu den Behörden nicht schwer geworden, eine militärisch ausgerüstete Suchexpedition aufzubieten. Ich bin jedoch sicher, im Sinn Ihres Bruders gehandelt zu haben, daß ich darauf verzichtete und nun auch Sie bitte, nichts von dieser Art zu unternehmen. Er hat mir gegenüber – und wie ich aus seinem Tagebuch ersehe, auch Ihnen gegenüber – mehrfach mit allem Nachdruck geäußert, er wünsche nicht, daß seinetwegen auch nur ein Mensch zu Schaden käme.
Das Tagebuch, das ich Ihnen heute als das letzte Lebenszeichen Ihres

Bruders übersende, wurde mir von dem Calapelo-Häuptling Collas übergeben. Collas berichtete mir, welchen Weg ins Innere des Urwalds jenseits des Stroms Ihr Bruder auf seinen Rat hin einschlug. Er sagte mir auch, Ihr Bruder habe beim Abschied versprochen, am Abend eines jeden Tages ein Rauchzeichen zu geben. Die Calapelo haben zwölf Tage am Ufer des Araguay gewartet. Collas sagte mir, während dieser zwölf Tage habe stets gute Sicht geherrscht. Trotzdem hätten sie die Rauchzeichen nur während der ersten fünf Tage beobachten können...«

Nachwort

Mancher Aussaat ist erst spät eine Ernte beschieden. Diese Erfahrung blieb auch mir, zumindest als Autor kürzerer Geschichten, nicht erspart. Lange Zeit wollte es mir nicht gelingen, einem Verleger den Vorschlag schmackhaft zu machen, eine Auswahl meiner Erzählungen als Buch herauszubringen. Eine solche Ware sei beim Lesepublikum nicht sonderlich beliebt, wurde mir bedeutet – mit Recht wahrscheinlich.
Ich beugte mich der Einsicht. Aber sie schmerzte. Denn wenn ich auch das Vergnügen hatte, die meisten der etwa 180 Erzählungen, Geschichten und Anekdoten, die zwischen 1935 und 1965 entstanden, in Zeitungen, Zeitschriften, Jahrbüchern und Kalendern veröffentlicht zu sehen, lechzte ich insgeheim doch danach, ihnen auch noch die vermeintlich würdigere und dauerhaftere Gestalt eines Buches zu verschaffen.
Autoren-Eitelkeit? Erwerbssinn? Ja, auch das spielte mit; warum es ableugnen? Aber der Hauptantrieb war doch, daß ich die Form der Erzählung, die sich von einem anekdotischen Kern aus entwickelt, von jeher allen anderen Formen des Erzählens vorzog, weil ich nach vielem Experimentieren herausgefunden hatte, daß sie meiner Art, Menschen und Ereignisse zu sehen und darzustellen, besonders entsprach.
Allmählich hatte ich mich mit mir darüber verständigt, daß dieser Schatz in den Schubladen meines Schreibtischs vergraben bleiben sollte. Doch da kam es 1968 unversehens zu einer Erweckung dieses Scheintoten. Der Verleger Hans Frevert bat mich um einen Beitrag für seine »Signal-Bücherei«. Ich bot ihm eine Auswahl meiner Geschichten an, und wenn ihm auch – man beachte die Formulierung! – »ein richtiges Buch lieber gewesen wäre«, akzeptierte er sie und brachte sie unter dem Titel »Jeder lebt von seinem Traum« heraus. Aus dieser inzwischen vergriffenen ersten

Sammlung sind vier Stücke (»Jeder lebt von seinem Traum«, »Die Königin von Comstock«, »Erinnerung an Rio Gonzalo« und »Nur ein Punkt auf der Landkarte«) nunmehr in die jetzt vorliegende dritte Sammlung übergegangen.

Einen zweiten Griff in meine Schubladen tat dann 1969 mein Freund Heinz Vonhoff. Er suchte sich 22 anekdotische Geschichten für einen Großdruckband heraus, der beim Verlag F. Bahn, Konstanz, unter dem Titel »Turmmusik« erschienen ist.

Betrachtet man's genau, dann erweisen sich freilich auch meine Bücher »Hinter den Bergen das Gold« (Arena-Verlag, Würzburg, 1971) und »Kapitäne – Schiffe – Abenteuer« (Loewes Verlag, Bayreuth, 1971) als Sammlungen von Erzählungen. Nur war dies nicht so augenfällig, weil die darin enthaltenen Geschichten um ein Zentralthema kreisen. Sie wurden deshalb wohl als einheitliche Komposition empfunden, wie sie die landläufige Vorstellung von »einem richtigen Buch« verlangt. Wäre es anders gewesen, ich fürchte, man hätte diesen beiden Büchern wohl kaum 1972 den Gerstäcker-Preis der Stadt Braunschweig zuerkannt. Oder sollte die Abneigung gegen Erzählungen inzwischen so sehr geschwunden sein?

Selbst ein so gewiegter und wohlwollender Kenner wie Professor Malte Dahrendorf konnte ja sein Erstaunen darüber nicht ganz verbergen, daß es in meinem »Schaffen eine solche Nebenlinie gab, die bisher kaum bekannt war« und meinem »Prosawerk eine weitere Dimension hinzufügt«, wie er in seiner Einleitung zu dem Taschenbuch »Jeder lebt von seinem Traum« schreibt. Er wird, so hoffe ich, in dieser dritten Auswahl meiner Erzählungen seine Auffassung bestätigt finden, daß »das breit angelegte Chronikhafte aufs Anekdotische verkürzt« ist und daß es sich nach wie vor »um die Darstellung von Persönlichkeiten handelt, an denen Lütgen die einzelne Tat, die Zuspitzung zur Gestaltung reizte, die ihr Leben in einem Ereignis erfuhr – einem Ereignis, welches das Gesetz, nach dem sie angetreten, scharf hervorstechen ließ.«

Treffender könnte man auch die Geschichten nicht kennzeichnen, die in dem hier nun vorliegenden Buch »Nur ein Punkt auf der Landkarte« vereinigt sind. Sie wollen nicht mehr, aber auch nicht weniger sein als erzählend illustrierende Begleittexte zu einigen Blättern im Atlas – allen denen zugeeignet, die noch naiv und phantasievoll genug sind, beim auskunftsuchenden Blick auf ein Kartenblatt zu ahnen, daß jeder Punkt auf der Landkarte nicht nur etwas im geographischen Ordnungssystem bedeutet, sondern immer auch ein Ort war, ist oder werden kann, an dem sich menschliches Schicksal vollzieht.

Bad Salzuflen, im Mai 1973. *Kurt Lütgen*

Arena-Jugendbücher und Arena-Sachbücher berichten spannend und fesselnd aus allen Wissensgebieten. Auf abenteuerlichen Wegen führen sie den Leser durch die ganze Welt. Sie vermitteln den Geist und das Wissen unserer Zeit in lebensnaher, anschaulicher Form.
Wer sich ausführlich über das Arena-Programm informieren möchte, erhält gern das kostenlose Gesamtverzeichnis vom Arena-Verlag Georg Popp, 87 Würzburg 2, Postfach 11 24, Talavera 7—11.

Arena-Bücher erschließen die Welt

Abenteuerliche Bücher von Kurt Lütgen:

Das Rätsel Nordwestpassage
Deutscher Jugendbuchpreis 1967
»Ein Buch, das in jeder Hinsicht gelobt werden kann.«
344 Seiten, illustriert   Radio Basel
Auch als TB 1220

Der große Kapitän
Gerstäckerpreis für das beste deutsche Jugendbuch
»Dies Buch steckt prall voll bunter Abenteuer.«
280 Seiten, illustriert   Düsseldorfer Nachrichten

Nachbarn des Nordwinds
Bestliste zum Deutschen Jugendbuchpreis
»Menschliche Grenzsituationen im Bannkreis des ewigen Eises werden hier packend geschildert.«   Die Zeit
232 Seiten, illustriert

Lockendes Abenteuer Afrika
Bestliste zum Deutschen Jugendbuchpreis
»Lütgen hat ein höchst amüsantes, spannendes und kluges Buch geschrieben.«   Hamburger Abendblatt
240 Seiten

Vorwärts, Balto!
Erstaunliche Geschichten von Pelztierjägern und Schlittenhunden
»Lütgens packende und sprachlich konzentrierte Erzählweise macht das Buch weit über den engeren Kreis passionierter Tierfreunde hinaus interessant und lesenswert.«   VJA Niedersachsen
192 Seiten, illustriert

Preisgekrönte Bücher von Kurt Lütgen

Kein Winter für Wölfe
Deutscher Jugendbuchpreis
Die Besatzung einer Walfangflotte ist an der Nordküste Alaskas vom Packeis eingeschlossen. Der mörderische Winter kam unerwartet früh. 275 Männer sind dem Tod des Verhungerns ausgeliefert. Da faßt der Steuermann Jarvis einen bewundernswerten Entschluß, um das Leben dieser Menschen zu retten: 1500 Meilen bringt er eine Rentierherde über Gebirge und Tundren.
»... ein beispielhaftes, gutes Jugendbuch.«   Die Zeit
280 Seiten, illustriert, mehrfarbiger Schutzumschlag
Auch als TB 1168/69

Wagnis und Weite
Friedrich-Gerstäcker-Preis 1972
Auch in diesem Buch führt Kurt Lütgen seine Leser weit hinaus in die Welt: an die Hudson-Bai, nach Florida und um den ganzen Erdball. Er schildert das Leben von vier außergewöhnlichen Frauen, deren Erlebnishunger und Wissensdrang, deren menschliche Einsatzbereitschaft, Klugheit und Willensstärke den Rahmen ihrer Zeit sprengten.
228 Seiten, vierfarbiger Schutzumschlag

Hinter den Bergen das Gold
Friedrich-Gerstäcker-Preis 1972

»Der Verfasser weiß, daß die echten Abenteuer meist packender sind als die erfundenen. So erzählt er von den Schicksalen berühmter Schatzsucher, von Geheimnissen, Enttäuschungen und packenden Funden. Spannung ist Trumpf – sie wächst aus den Fakten und einer glänzenden Darstellung.«   Literatur-Report
200 Seiten, illustriert, Karten, mehrfarbiger Schutzumschlag

Arena-Sachbuch-Reihe »Wissenschaft und Abenteuer«

Laszio E. Almásy: Die verschollene Oase
Ein Team von Wissenschaftlern sucht eine geheimnisvolle Oase in der Libyschen Wüste.

Desmond Doig: Auf den Spuren des Schneemenschen
✗ Jagd auf den geheimnisvollen Yeti im ewigen Eis.

Charles L. Woolley: Das Rätsel der Königsgräber
Interessante Ausgrabungen in der sumerischen Königsstadt Ur beweisen die Sintflut.

Howard Carter: Ich fand Tut-ench-Amun
Einer der sensationellsten archäologischen Funde war die Entdeckung dieses Pharaos.

Eugen W. Pfizenmayer: Mammuts und Schamanen
Die abenteuerliche Bergung vorgeschichtlicher Mammuts.

Wendell Phillips: Flucht aus dem Jemen
Gefährliche Erlebnisse eines amerikanischen Archäologen-Teams.

Franz Behounek: Sieben Wochen auf der Eisscholle
Eines der tragischsten Kapitel in der Geschichte der Erforschung des Nordpols.

Marcel F. Homet: Geheimnis am Amazonas
✗ Die Suche nach der verschollenen Stadt im Amazonasbecken.

Jeder dieser Bände, von Heinrich Pleticha herausgegeben und bearbeitet, hat 72 Seiten, eine zweifarbige Karte und mehrfarb. lamin. Schutzumschlag.

Spannende Abenteuererzählungen in Übersetzung

Jeannette Mirsky
Ohne Kompaß und Schwert
Die Geschichte einer zehnjährigen abenteuerlichen Irrfahrt durch den Süden Nordamerikas
»Der bekannte Jugendbuchautor Kurt Lütgen hat diese Geschichte einer zehnjährigen Irrfahrt aus dem Amerikanischen ins Deutsche übertragen. Die Sprache ist klar und flüssig, der Inhalt spannend. Der junge Leser findet schon nach dem Schmökern weniger Seiten Interesse an der Expedition, die mit 600 Mann ausfuhr, um La Florida zu erobern.«   Bundesverband der Lehrer
200 Seiten, eine Karte, mehrfarbiger Schutzumschlag

Henry A. Larsen
Die große Fahrt
Ein Leben der Bewährung in den eisigen Weiten der Arktis
Auch das zwanzigste Jahrhundert bietet noch Gelegenheit zu echten Abenteuern:
»Man kann diesen Bericht, den Larsen über seine Dienstjahre in der Arktis geschrieben hat, durchaus als ein Abenteuerbuch lesen und tut ihm damit gewiß nicht unrecht, denn er schildert darin ein Leben voll abenteuerlicher Ereignisse. Doch man sollte dabei nicht darüber hinweglesen, daß es sich erstens um ein ›Abenteuer im Dienst‹ und zweitens um ein Zeitdokument von menschlichem und völkerkundlichem Wert handelt. Mit einem Nachwort und einem Geleitwort versehen von Kurt Lütgen.«   Das Bücherblatt, Zürich
260 Seiten, mehrfarbiger Schutzumschlag

Spannende Unterhaltung mit Arena-Büchern:
»Arena-Bibliothek der Abenteuer«

Eine Auswahl der wichtigsten und spannendsten Abenteuerromane der Weltliteratur liegt hier in moderner und einheitlich künstlerischer Gestaltung vor. Die Reihe wendet sich an alle Freunde der Abenteuerliteratur.

Marjorie Bowen: Der Tyrann von Mailand
Cervantes: Leben und Taten des Don Quijote
J. F. Cooper: Der letzte Mohikaner / Der Pfadfinder
Alexandre Dumas: Die drei Musketiere
Gabriel Ferry: Der Waldläufer
F. Gerstäcker: Die Regulatoren in Arkansas
C. von Grimmelshausen: Die Abenteuer des Simplizissimus
Jack London: Alaska-Kid / Kid und Co.
Herman Melville: Moby Dick
Walter Scott: Der Bogenschütze des Königs
Charles Sealsfield: Tokeah und die Weiße Rose
H. Smith / H. Höfling: Das Schatzschiff
R. L. Stevenson: Die Schatzinsel
Mark Twain: Tom Sawyers Abenteuer
Mark Twain: Huckleberry Finns Abenteuer
Jules Verne: Der Kurier des Zaren
Jules Verne: Reise um die Erde in 80 Tagen

Diese Reihe wird eine Bibliothek der großen Abenteuerromane, die kein Jugendlicher in seinem Bücherschrank missen sollte; demnächst erscheinen Romane von Defoe, Traven und anderen bekannten Autoren.

Jeder Band hat 272 bis 576 Seiten Umfang und einen vierfarbigen laminierten Schutzumschlag.